Con voz de mujer
Entrevistas

Virgen Gutiérrez

Con voz de mujer
Entrevistas

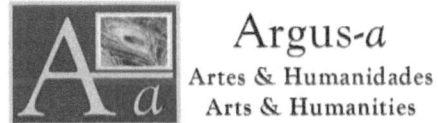

Buenos Aires, Argentina - Los Ángeles, USA
2021

Con voz de mujer. Entrevistas

ISBN 978-1-944508-43-2

Obra de tapa: *Virgen de los libros*, gentiliza de la artista
Cristina Fonollosa
Diseño de tapa: Argus-*a*.

© 2022 Virgen Gutiérrez

All rights reserved. This book or any portion thereof may not be reproduced or used in any manner whatsoever without the express written permission of the publisher except for the use of brief quotations in a book review or scholarly journal.

Editorial Argus-*a*
1414 Countrywood Ave., # 90
Hacienda Heights, California 91745
U.S.A.

argus.a.org@gmail.com

Reserva tu derecho a pensar,
porque incluso pensar equivocadamente
es mejor que no pensar en absoluto.

Hipatia de Alejandría

No hay barrera, cerradura ni cerrojo
que puedas imponer a la libertad de mi mente.

Virginia Woolf

Toda mujer que ejerce una profesión
es, de alguna manera, un poco feminista.

María Cascales

INDICE

Palabras al lector   i

1-GLORIA ROLANDO (Cineasta) Cuba   1
2-NANCY BERTHIE (Investigadora) Francia   21
3-NORMA ARENCIBIA (Teatro-música) Cuba   33
4-MARINA CULTELLI (Teatro- artes visuales) Uruguay   45
5-ÁNGELA ORAMAS (Periodista-escritora) Cuba   57
6-BELÉN RICO (Periodista) España   67
7-ANA MARTIN (Música) Cuba   75
8-NATALIA CONTESSE (Música) Chile   85
9-ADYS CUPULL (Profesora-historiadora) Cuba   93
10-TERESA GÓMEZ (Profesora Poeta) España   105
11-LESBIA DE LA FE DOTRES (Poeta-artesana) Cuba   113
12-GLADYS ILARREGUI (Poeta-Profesora) Argentina-E. U.   119
13-MAGDA CONZALEZ (cineasta- profesora) Cuba   131
14-LUCIANA BISEO (Poeta-Profesora) Italia-Costa Rica   145
15-LOURDES DE LOS SANTOS (Cineasta) Cuba   155
16-TATIANA GROSTKO (Traductora) Rusia   163
17-ISABEL GARCÍA GRANADOS (Radialista-profesora) Cuba   173
18-NONI BENEGAS (Poeta-investigadora) Argentina-España   185
19- IVETTE FUENTES (Ensayista-investigadora) Cuba   195
20- MARÍA ÁNGELES MORA (Poeta) España   203
21- CIRA ROMERO (Investigadora-ensayista) Cuba   209
22-CONCHA GARCIA (Poeta) España   217
23- LOURDES DE ARMAS (Narradora) Cuba   227
24-OLALLA CASTRO (Poeta) España   235
25- ANA VERA (Antropóloga-investigadora) Cuba   247
26- CRISTINA FONOLLOSA (Pintora-grabadora) España   255
27- ZAIDA CAPOTE (Investigadora-ensayista) Cuba   263

PALABRAS AL LECTOR

En el año 2018 la Editorial Argus-*a* Artes y Humanidades/Arts & Humanities me publicó el primer volumen de entrevistas que reuní bajo el título *Mujeres de entremares*, pues mis entrevistadas fueron tanto de Cuba como de otros seis países. En las Palabras al Lector de aquel primer volumen, auguraba que publicaría un segundo libro pues faltaron otras mujeres representativas de diferentes esferas del arte y la cultura. Me propuse buscar especialmente a cineastas, cantantes, investigadoras, las no incluidas en el predecesor, sin dejar de lado, naturalmente, a las escritoras, que son mayoría, aunque generalmente comparten otros campos culturales.

Este nuevo volumen se titula *Con voz de mujer* y se abre justamente con la entrevista a una inmerecidamente ignorada cineasta cubana, Gloria Rolando, a quien conocí cuando el primer volumen de entrevistas había salido, en 2018; es un homenaje muy particular a esta excelente artista del mundo del audiovisual, que desde la década de 1990 comenzó a trabajar en el medio y, aunque su centro laboral es el Instituto Cubano de Arte e Industria Cinematográfica (ICAIC), no encontró allí el apoyo imprescindible para realizar su obra documental. Dentro de esta profesión, cineastas, aparecen otras dos cubanas además de una hispanista francesa que ha realizado investigaciones sobre cine español y cubano. Aparecen por primera vez entre mis entrevistadas profesiones como traductora, antropóloga y dos mujeres que pertenecen al mundo de la música: una cantante y una pianista y compositora

Si en *Mujeres de entremares* se juntaron seis países, además de Cuba, en éste se reúnen ocho países, tres de los cuales están aquí por primera vez: Francia, Italia y Rusia.

Con voz de mujer cambió la metodología para su ordenamiento, algo que siempre ofrece dudas a la hora de armar un libro: en el anterior el orden era cronológico; en este caso es temático, acorde a la profesión que ellas ejerzan y, siempre que puedo acercarlas, va una cubana y otra extranjera, aunque no coincidan exactamente en la misma profesión, sin dar preferencia a ningún país ni campo intelectual.

Con voz de mujer

Hubiera querido aumentar la cantidad de entrevistadas, pero estos casi dos años de pandemia me imposibilitaron no ya visitar otras provincias, como era mi intención cuando ideé conformar este segundo volumen; ni siquiera pude ver a personas a las que tenía en lista en la propia Habana, las que quedarán para un tercer volumen, si la pandemia me lo permite.

Pese a los contratiempos de este largo período pandémico esta entrega alcanza la cifra de 27 entrevistadas, es más variada en su temática que las incluidas en *Mujeres de entremares*, puesto que incluye creadoras cuyo quehacer aparece por primera vez en este volumen pese a ser entrevistas grabadas tres años atrás y que, por problemas con mis equipos, estuve meses sin trabajar justamente debido al contexto impuesto por la pandemia.

Como en el anterior volumen, aquí las cubanas son mayoría, le sigue España. Y tres países aparecen por primera vez: Rusia, Francia e Italia. Las entrevistas ocurrieron en los últimos cinco años. La más antigua es de 2016 y la última de finales de 2021. Porque, aunque *Mujeres de entremares* salió publicado en 2018, el proceso de escritura, edición, revisión e impresión demoró casi un lustro.

Los dejo, pues, con la lectura de este segundo libro donde creadoras de Europa y Latinoamérica aparecen unidas por la misma vocación creativa y las mismas ansias de reivindicación por la igualdad de género.

Granada, España-La Habana, Cuba. Enero 2022

EL CUARTO DE EDICIÓN FUE MI VERDADERA ESCUELA

Gloria Rolando Casamayor
La Habana, 1953[1]

Entre 1984 y 1998 impartí clases de cine en la Universidad Tecnológica de Cuba, conocida como CUJAE. En 1993 preparé un programa de Cine Cubano que impartí como asignatura opcional desde 1994 hasta ese año de 1998. Hasta esa fecha nunca conocí la labor de Gloria Rolando; vine a saber de su quehacer como cineasta bien avanzado el presente siglo, pues en los libros estudiados en aquella época, nadie la nombraba y en los publicados en ésta apenas se le cita. Fue en Casa de las Américas donde la conocí personalmente hace dos o tres años. Y en 2017 pude grabarle la entrevista que hoy les presento de esta mujer silenciada por casi todos los medios de este país, pese a su ya larga filmografía. Me da mucho gusto poder publicar esta conversación con la infatigable cineasta Gloria Rolando.

Gloria, vamos a comenzar por el principio. Tu familia, tu infancia...
Nací el 4 de abril de 1953, en La Habana. Me crié en el barrio chino. Mis padres fueron Olga América Casamayor Armas, habanera; mi padre Antonio Rolando Delgado, de Jovellanos, Matanzas, pero vino muy joven a vivir aquí, a la Habana. De modo que mi infancia transcurre totalmente aquí en la capital. Mi abuela fue Inocencia Leonarda Abreu, de Santa Clara, a quien le hice el documental *Diálogo con mi abuela*.

Yo vivía en Rayo entre Dragones y Salud, ahí pasé mi infancia, entre chinitos, negros, judíos, españoles, porque el barrio chino de La Habana siempre tuvo esa característica: no vivían sólo chinos, había de todo. Yo les tenía pánico a las procesiones de los dragones, iba a la iglesia de la Caridad del Cobre. El barrio donde vivía estaba lleno de muchas cosas: bares, victrolas, posadas. Desde niña supe que ése era un lugar de mujeres

---
[1] Entrevista grabada en la casa de Gloria Rolando, en Centro Habana, en agosto de 2017.

"malas", así era como les decían. También había mucha música que salía de esas victrolas ubicadas en las bodegas.

A mí me enviaron muy temprano a la escuela; cuando ocurren las acciones del 13 de marzo de 1957 ya asistía a la escuela que está en Zanja, frente a la estación de policía, ese día mi padre fue a recogerme. Aún recuerdo el tiroteo. Mi papá era zapatero y mi mamá modista. Fui la primera hija. Estudié música. Desde los 11 hasta los 18 años vivía en el conservatorio Amadeo Roldán. Digo vivía porque allí daban clases tanto de la enseñanza secundaria como la música. En mi aula todos los niños estudiaban música, recuerdo a Beatriz Márquez, Sara González, Jorge Reyes, una de las hijas de Marta Jean-Claude, Lucía Huergo. Yo estudiaba piano. Pero no era buena en ese instrumento, eso lo supe siempre, pero sí tenía habilidades musicales y terminé el bachillerato a los 18 años y al mismo tiempo la especialidad de escritura musical, junto con otras asignaturas de música. Se suponía que debía empezar a trabajar, pero le pregunté a mis padres si podía seguir estudiando y me dijeron que sí; así tuve la posibilidad de seguir los estudios y matriculé Historia del Arte. Entré en la Facultad de Artes y Letras en el curso 70-71 y termino esa carrera en el año 1976. En medio de la carrera formé parte de un grupo dirigido por la Dra. Graciella Pogolotti y Helmo Hernández, radicado en El Escambray. Allá trabajábamos y seguíamos estudiando, de ese modo hicimos tercero y cuarto año. El trabajo consistía en entrevistar a los campesinos que vivían bien dispersos entre aquellos montes, para invitarlos a incorporararse a los planes lecheros que se iban a conformar. Ese fue mi primer acercamiento a la idea acerca de que el arte podía servir para algo dentro de la sociedad. Claro, todavía no estaba consciente de eso, era algo muy lejano, porque allí estábamos pasando más trabajo que "un forro de catre", sobre todo aquel primer año, cuando vivíamos en bohíos de piso de tierra, no había ni electricidad. Desde esa época tuve que empezar a usar espejuelos porque para estudiar, por las noches, solo podíamos hacerlo con un mecherito.

¿Ustedes formaban parte del grupo de Teatro Escambray?

No. Nosotros íbamos a las funciones; el grupo nuestro pertenecía a la Universidad. Sí trabajábamos con los campesinos de esa área para tratar de unirlos a esos planes, ya ni recuerdo bien cómo les decían. Eran planes lecheros, y algo así como extensivo e intensivo. Figúrate tú, nosotros estudiantes de historia del arte, haciendo la misma vida de los vaqueros: en el día en las cuestiones relativas a ese trabajo: lo mismo ir a ordeñar, o lo que fuera, y por las noches leyendo libros sobre el renacimiento, el barroco... Era un contraste tremendo.

¿Allí hacía algún tipo de actividades culturales?

Sí, cómo no, también hacíamos algo cultural. A mí me tocó trabajar con los niños. Hacíamos títeres, les enseñábamos cancioncitas y algunas obras de teatro pequeñas, actuadas y montadas por nosotros mismos. Algunos trabajaban con las mujeres, otros con los hombres...Y escuchando las experiencias de los campesinos y del grupo de Teatro Escambray, porque toda esa zona fue muy alterada durante la lucha contra bandidos, las familias quedaron separadas porque hubo miembros que se habían alzado y unido a esos grupos, entonces algunas familias fueron trasladadas para la Comunidad de Sandino, en Pinar del Río. Ese fue un fenómeno totalmente nuevo para mí y, por supuesto, para todos los estudiantes que estábamos allí. Nosotros hicimos canciones, obritas de teatro, como ya te expliqué. Ya en el segundo año nos mudaron para la Comunidad La Parra, ubicada en una loma. Ahí terminamos el segundo año de la carrera; para el tercer año regresamos a La Habana y comenzamos a trabajar con la Brigada Hermanos Saíz. Todo eso me sirvió para mi trabajo en el ICAIC, aunque realmente lo interioricé mucho después, porque me permitió salir de la academia, de la casa, de los libros e insertarme, de alguna manera, en la realidad cultural del país.

¿Por qué ingresas en el ICAIC?

Eso todavía lo estoy descubriendo; en la Universidad recibí la asignatura cine, cuyas clases impartía el cineasta Jorge Fraga, y una se quedaba fascinada con ese mundo; entonces no pensaba trabajar en eso. Caigo en el ICAIC por la inserción. Ese año el ICAIC pidió estudiantes universitarios y mi expediente fue a parar allí. Yo tenía muy buen expediente, todas mis notas fueron altas; pese a las condiciones en que estudiaba en la etapa del Escambray, tenía muy buen promedio y me escogieron para hacer el examen que hizo el Instituto a las cuatro muchachas que había propuesto el Ministerio. De esas cuatro quedamos tres. En ese examen había que responder una serie de preguntas relativas al cine, desde nombre de directores y muchas otras cosas. Pero había una pregunta que nunca olvido: "¿Qué usted aspira a conocer o a hacer aquí?" Como yo venía con una preparación sobre el lenguaje de la música, podía leer, descifrar ese lenguaje, se me ocurrió responder que, si entraba allí, lo que me interesaba era descubrir, trabajar el lenguaje del cine, qué significaba y cómo se llegaba a mostrar eso, cómo uno podía convertir imágenes y sonidos y música en un audiovisual. Tal vez esa fue la respuesta que me salvó, porque fui muy honesta, realmente no tenía ninguna aspiración de estar allí. Pero fui aceptada y empecé a trabajar como asistente de dirección, como empezaron todos y todas las que habíamos entrado allí con carreras universitarias, lo mismo de historia, periodismo, historia del arte, lengua inglesa, todos empezamos a trabajar con un director.

A mí me tocó Santiago Villafuerte, nada más y nada menos con un tema que me fascinó y me ganó para ese terreno: La tumba francesa. De pronto yo, graduada de Historia del Arte, me había preparado sobre el renacimiento italiano y español y tantas otras asignaturas, voy para Oriente, donde no había estado nunca, y allí empiezo a conocer de la emigración franco haitiana, de visitar ese mundo de la Isabelica, de las ruinas de los cafetales franceses, de aquellos negros que tocaban aquellas tumbas inmensas y que se hacían llamar franceses. Eso fue para mí, fabuloso.

Empecé a trabajar a los 23 años, tal vez en ese momento ya tendría 24 porque fue en octubre cuando entré al ICAIC; el proyecto aún no se había presentado, demoró algunos meses en ser aprobado. Ese trabajo fue mi iniciación en el cine. Naturalmente, después vinieron, con ese mismo director, otros proyectos no tan atractivos, y Villafuerte decía que ese trabajo era así: "una de cal y otra de arena". Tan es así que el siguiente en el cual trabajé fue sobre el desarrollo pecuario, y luego la granja de pollo, de la crianza de cabritos, es decir, eran otros temas referidos al desarrollo pecuario. En esa época se hacían muchos didácticos y materiales específicos para un evento. Fui trabajando con diferentes directores, más en el cine documental, tal vez por una deficiencia en mi formación. A mí me daban pánico esos equipos tan grandes característicos del cine de ficción, en el que trabajan tantos asistentes de distintos departamentos, eso me parecía muy caótico. Quizás es un problema de personalidad. Preferí estar más cerca del director, con un pequeño equipo que me permitía seguir todo el proceso: desde la idea expresada en dos o tres párrafos, luego hacer la investigación, ir a la filmación y, si podía, quedarme para la postproducción, comprobar cómo todo lo filmado servía para algo. Entrar al cuarto de edición fue mi verdadera escuela. Allí pude ver a Santiago Álvarez editando; trabajé tres años con Rogelio París, con Enrique Colina en su documental sobre los perros; en este caso porque nadie quería asumir ese tema. Adoro los perros y dije: "soy la perfecta para eso", ese documental se llamó *Jau*. Yo estaba encantada con el documental, allí lo difícil no eran los animales, sino sus dueños. También trabajé en varios documentales con Rigoberto López, entre ellos el del barrio chino: *El viaje más largo*, otro sobre el último mambí, y el último que hice con él fue *El mensajero de los dioses*.

¿Trabajaste en algún largo de ficción?

En ficción solamente trabajé en *No hay sábado sin sol*, con su director Manolito Herrera; *Maluala*, con Sergio Giral, de quien aprendí mucho, estar a su lado me abrió los ojos. Y el último largo de ficción fue con Pastor Vega en su *Habanera*.

¿Cuándo nace en ti el deseo de hacer tus propias películas?

Ya hacia a finales de los años ochenta empezaba a tener algunas inquietudes, no tenía con quién dialogar mucho en el ICAIC, no solamente por negra, sino por mujer también. Allí se decía que todo el mundo tenía las mismas posibilidades, y eso me anima a presentar dos temas a un concurso de guiones que se hizo internamente. Uno de los temas era sobre la cineasta Sara Gómez, y el otro sobre el músico Lázaro Ross. Ninguno de los dos fue aceptado. Los presenté con la ilusión de que, por ser esas dos figuras tan destacadas, no serían rechazadas, aunque yo tuviera que hacer ajustes, pues la convocatoria era muy limitada: no se podía utilizar iluminación ni muchos de los elementos imprescindibles para hacer un documental. Estaba segura de que lo que tenía en mi mente no podía ser hecho de esa forma. Pero de todos modos me arriesgué. Me dieron alguna esperanza con el tema sobre Sara, pero llega el Período Especial y desaparece la producción documental, justo en ese momento cuando me sentía con la experiencia y el conocimiento para hacer mi primera obra, tenía fuerzas hasta para la equivocación. Yo decía, "¿pero por qué no me dan el chance de equivocarme?". Porque había visto muchos primeros documentales, que no eran tan buenos... Pero no, no me dieron esa oportunidad. Pero mira como son las cosas. Poquito tiempo después me encuentro en la Casa de las Américas con Eliseo Altunaga, a quien siempre estaré agradecida, y él me pregunta qué estaba haciendo. Yo llevaba arriba mi guioncito de *Oggun*, sobre Lázaro Ross y él me dice: "Aquí en La Habana se va a abrir un proyecto llamado Video América". Y gracias a esa institución hice mi primer documental. Por cierto, no era un documental ni de 20 o 27 minutos como son generalmente los documentales producidos por el ICAIC; mis proyectos son largos, de 57 minutos o una hora, no sé por qué, me salen así. Claro, en el caso de Ross debe llevar la música. En realidad, los que vinieron después tienen ese tiempo porque cuánto he hecho está impregnado por esa música y la danza, tal vez ahí sale ese músico que vive dentro de mí. La música, en mi obra, no es solamente para acompañar, es para narrar. El documental *Oggum* tuvo mucho éxito, pese a no haberse exhibido en ningún circuito cinematográfico. Lo presenté en la Casa de África y en la Casa de las Américas, donde se hizo algo muy especial: fue la primera vez que un grupo de santeras y santeros visitaban esa institución. Gracias a este documental fui invitada por primera vez a Estados Unidos en 1991 donde empezó una etapa muy interesante que continúa hasta hoy, sobre mi carrera en aquel país. No en los festivales, porque no tengo la estructura que se necesita para ser invitada a participar en los festivales. Me he movido en un medio más bien académico, con personas que han hecho estudios del Caribe, lo que llaman "African Studies", con grupos de estudio sobre la mujer africana, etc. Es en este mundo donde se ha insertado mi obra, con muy buena aceptación. Así, esta carrera está entrelazada con la producción de los materiales y viajar a Estados Unidos, algo contradictorio porque, al mismo tiempo que me satisface, resulta muy doloroso para mí porque nunca me han llamado del ICAIC para nada. He seguido cobrando mi sueldo por allí, nunca he dejado de pertenecer al ICAIC, pero solo nominalmente.

Entonces ¿cómo te las arreglas para producir tu obra?

Verás. En esos años se abre el Movimiento Nacional de Video de Cuba y yo hice también mi grupo de video. A partir de ese momento empecé a hacer mi trabajo. Era un momento difícil, pleno Período Especial; estaban los apagones, las limitaciones, todas que tú conoces, aunque no sufrí tanto por los apagones porque entonces vivía en la calle Obispo [en La Habana Vieja], donde casi nunca quitaban la luz, sí sufríamos todas las demás cosas. Pero me propuse hacer mi trabajo. Tenía desde hacía mucho tiempo un tema relacionado con el Caribe anglófono, quería trabajar sobre esa gente: negros cubanos con apellidos ingleses. De alguna manera había tropezado con algunas de esas personas y empecé mi investigación que se concretó en el documental *Los hijos de Baraguá*. Para hacerlo le dije a mi mamá: "me voy a vivir a una comunidad cañera en Ciego de Ávila". En esa comunidad viví veinte días, allí hice contacto con gente de Cultura y tuve algo de apoyo. En una ocasión estuve en Jamaica y allí encontré algunas personas que estaban buscando contactos para encontrar familiares suyos emigrados hacia Cuba tiempos atrás, siempre se hablaba de Miami y otras regiones de Estados Unidos con emigrantes jamaicanos, pero no de los que emigraron a nuestro país. Y me propuse demostrar que había una comunicación entre esas islas y nosotros que también formamos parte del Caribe.

Allí en Baraguá encontré ese mundo increíble de caribeños que vinieron acá después de haber trabajado en la construcción del Canal de Panamá. Había emigrantes de Barbados, de Jamaica, de Trinidad, de Monserrat, Saint Kits, de todos esos lugares. Y después de filmado todo aquello en Baraguá, no sabía cómo ni dónde lo iba a editar. Había un negocio, en los bajos de casa, allá en Obispo y allí guardé los mini VD en ese sitio, porque en mi casa no tenía aire acondicionado, y para que no se echaran a perder necesitaban ese frío; solo los pude sacar de ahí cuando conseguí que Mundo Latino me hiciera la edición, incluso los derechos de producción aparecen como si fueran de Mundo Latino, lo cual es mentira, porque ellos no me produjeron nada, solo hicieron la edición.

A través de la Casa del documental de la UNEAC, ¿no has tenido apoyo para tus producciones?

No, no. Tampoco. Ellos tienen ese departamento de documentales, pero es para personalidades. Son documentales de muy bajo presupuesto, tienen muy pocos recursos. Y las producciones mías no son así. Yo me muevo al interior y me paso dos o tres años o el tiempo que sea, reuniendo kilito a kilito y lo hago como quiero que salga. Así hice *Los hijos de Baraguá*, ahí tengo entrevistas en inglés y en español, porque muchas personas hablaban esos idiomas, era un mundo fascinante. Viví el Período Especial bajo aquellas dimensiones en las que vivíamos en este país, con la impresión de que todos nos íbamos a morir. Pero yo me negué a morir. Y me llevé hasta allá a mis compañeros de trabajo. Te estoy hablando de dos maestros de la fotografía: Raúl Rodríguez y Pepe Riera, quienes me acompañaron en esta aventura, y Juan Demóstenes, otro veterano, éste del mundo del sonido. Ese fue mi equipo de filmación en Baraguá, los que compartieron conmigo todo el tiempo en aquel central, donde nos daban una comida malísima, horrible, pero sin dejar de trabajar. Y salió ese documental que incluso la calidad de la imagen es baja, muy baja, porque se filmó como se pudo. Pepe cogió un palo y le puso un bombillo, y así íbamos resolviendo la iluminación. Ese fue el inicio de *Imágenes del Caribe*, mi propia casa de producción. Para poder filmar tenía que pedir permiso al ICAIC, aunque ellos no me llamaban para nada. Ni siquiera me preguntaron cómo lo hice, cómo lo terminé, absolutamente nada, ésas eran las estupideces de esa época.

Virgen Gutiérrez

¿Cómo pudiste trabajar con ese equipo de especialistas si eran también del ICAIC?

Porque nosotros teníamos algunas libertades, y si ellos no estaban haciendo nada podían estar conmigo, aunque una persona, cuyo nombre no voy a decir, me dijo: "Ellos pueden ir a trabajar contigo, pero si los llaman para trabajar aquí, tienes que parar tu proyecto". Eso de una manera muy malsana. Cosas que una tiene que aguantar y seguir palante...

¿Al menos te habrían dado algún presupuesto para ese proyecto?

No, no, nada. Lo único que yo tenía eran 150 dólares que traje de Jamaica y con eso nos lanzamos para allá. Alquilé una guagua, la gente de la comunidad nos ayudó, el director del Central fue muy bondadoso. Nunca se me olvidará lo que me dijo: "Mire, yo aquí tengo tantos problemas: ahora viene la zafra y no tengo botas para la gente, la comida es mala, pero a usted hay que felicitarla porque, ¿quién en estos momentos se va a interesar por esta pobre comunidad, por la historia de esta gente? Solamente por venir desde La Habana hasta aquí, en estas condiciones, tengo que darle lo que tenga aquí". Y nos dio el petróleo para el carrito que nos movía internamente, un lugar donde quedarnos, con un baño donde yo me bañaba con una rana que tenía siempre enfrente de mí, y me miraba fijo, y yo le decía: "tú no saltes", ella allá y yo aquí. Y con nuestro trabajo nos ganamos el respeto de toda aquella gente.

¿Y una vez terminado pudiste exhibirlo en el cine?

No, todos mis materiales los he estrenado en Casa de las Américas. Allí siempre he tenido gran apoyo, ellos han creído en mí. Y mi concepto, mi apreciación del Caribe también se lo debo a la Casa de las Américas donde pasé un curso de posgrado impartido allí. Porque en el ICAIC se daban conferencias sobre cine, pero aprender sobre otras cuestiones, eso solo lo logré en Casa de las Américas. También en esa época muchos directores de cine iban a oír las conferencias que programaba la Casa de las Américas, donde asistían intelectuales de otros países. Para mí esa fue mi segunda universidad. Yo estaba trabajando en el mundo de las imágenes, era militante de la juventud, pero esa vocación latinoamericana y caribeña se acentuó, se consolidó en mi ideología justamente en esa maravillosa institución.

El próximo proyecto que emprendo se debe a mi amistad con Assata Shakur, una de las líderes de las Panteras Negras y de lo que se llamó Ejército de Liberación Negro. Mi amistad con ella no se ha terminado, porque ella está supuestamente aquí, escondida, porque hay que cuidarla, ella no puede regresar a Estados Unidos porque allí le han puesto precio a su cabeza, nada más y nada menos que dos millones de dólares. Y gracias a esa amistad hice *Los ojos del arcoíris*; no quería hacerlo porque sabía que otras personas querían filmarlo, pero ella insistió para que fuera yo quien hiciera ese documental sobre ella. Assata fue acusada de haber matado a un policía. Cuando en el juicio se demuestra que ella estaba herida y por tanto no pudo hacerlo, de todos modos la condenan y está como seis años presa en una cárcel de máxima seguridad. No sé cómo logra escapar y venir a Cuba; la conocí mucho tiempo después de haber llegado a La Habana. Nos encontramos en Casa de las Américas, y en actividades en la Casa de África, así nos hicimos amigas. Ya estaba yo haciendo mis viajes a Estados Unidos y, cuando regresaba, siempre nos reuníamos para conversar sobre lo que había hecho y lo que veía en su país en relación con la comunidad negra norteamericana. Y me dijo un día que le gustaban los análisis que hacía yo sobre esos temas, por eso pensó que era yo quien tenía que hacer ese documental. La verdad, no quería hacerlo porque todo lo que ella había pasado estaba allá en su país y desde aquí no podía entrevistar a nadie ni siquiera documentarme, solamente la tenía a ella. Y decidí hacer una combinación entre las cosas afro-cubanas, la deidad guerrera Ollá, la dueña del arcoíris, y el carácter guerrero de esta mujer, por eso le puse *Los ojos del arcoíris*. Y entre la música, los blus y la entrevista a ella en distintos lugares, pude armar esta historia, pero ni remotamente es su lucha, porque no pude poner nada del juicio ni de otras cosas vividas por ella. Ni tampoco podía ser muy explícita poniendo cosas específicas de esos momentos porque había un plan de la CIA, muy concreto para eliminar totalmente a todos los integrantes de las Panteras Negras, creando problemas internos dentro de ellos mismos y también por la ejecución directamente de los principales líderes. Por eso esta mujer estuvo en cárceles de alta seguridad, incluso en una cárcel para hombres, y allí se vincula con uno de ellos y pare allí en la cárcel. Cuando terminé el documental, como no me encomiendo a nadie, lo llevé yo misma a Estados Unidos, y ese mismo año había un evento en San Francisco y ahí estrené *Los ojos del Arcoíris*. Era un evento yoruba, aunque no netamente religiosos porque allí mezclan la religión con actitudes políticas, o sea, con esa lucha por proteger a la comunidad. Allí lo puse en varios lugares, hasta en Washington DC; allí una vez dos hombres blancos, vestidos con trajes, me preguntaron si yo tenía permiso del FBI para exhibir mi cine en ese país. Y les dije que había viajado en un tur con todas mis películas (yo solamente tenía tres) justamente para exhibirlas allí, y esa estaba entre las que traía.

¿Y te dejaron en paz, no te dijeron nada más?

Les aclaré que no iba a hacer propaganda del caso. Y esa película está en mi currículo, no voy a permitir que me la quiten de donde está. Si tiene alguna consecuencia, no lo sé. Cuando viajo a Estados Unidos casi siempre me separan al llegar al aeropuerto.

¿Te hacen preguntas capciosas?

No, no, de capciosas nada. Ellos son muy directos. Te preguntan: "¿Usted hizo esta película?" Y respondo: "Sí". "¿Usted no sabe todo lo que ella hizo aquí? "Sí, pero ésa es mi película. Soy una artista". Claro, tengo que ser consecuente con lo que hago. Yo no estaba jugando, sabía a lo que me exponía. También me expongo aquí en otras cosas, porque después de ese documental hice un corto de ficción: *Raíces de mi corazón*, la historia de una muchacha negra del presente; ella tiene una foto de familia pero nadie habla de esa foto y quiere saber por qué. La bisabuela mantiene esa foto con una velita encendida y un tabaco. El abuelo era tabaquero y fue de esos negros que llegaron a Tampa en el siglo XIX y regresan acá en el siglo XX, con la esperanza de que la república les fuera a dar mejores condiciones de vida a la gente negra. Pero la situación no ha cambiado y unas frustraciones se van sumando a otras y el abuelo termina vinculado al Partido de los Independientes de Color. Y se va a la guerrita de 1912, la abuela queda embarazada, él no la abandona, solo muere allá.

¿Dónde filmaste esta historia, porque si es ficción, aunque sea un corto, ya es distinta toda la producción?

Esta casita que usted ve aquí tiene una cantidad de elementos que me fueron muy útiles. Por ejemplo, este bastón del Espíritu de la noche, ese ojo que la mira, todos los objetos que nos rodean ahora aparecieron en la ambientación de la casa de Mercedes, que es quien está buscando, entre la realidad y el sueño, la verdad. Y la verdad de una historia desconocida, o al menos no se cuenta, porque fue una masacre de miles de hombres muertos, no se sabe cuántos murieron en aquellos campos, y en territorios donde no hubo alzamiento, metieron presos o mataron a los negros solamente por ser negros. Y después de ocurrir el hecho, se hace un gran silencio. Cuando terminé mi corto de ficción lo llevé al ICAIC y no hubo respuesta, ninguna respuesta. Y después de seis años lo pasaron por la televisión cubana, no recuerdo en qué espacio.

¿Sería en De Cierta Manera, *el que lleva Luciano Castillo, que pasa muchas cosas poco vistas o que nunca se habían visto?*

No, no ahí no fue; Luciano a mí nunca me ha llamado para poner algo mío en su espacio. Era un programa muy anterior a ese de Luciano, se me ha olvidado cómo se llamaba, lo que sé es que ya no está. Y también lo han pasado por el canal de Cuba Internacional, sin siquiera pedirme permiso, sé que lo han pasado porque amistades mías que viven afuera me han dicho que lo han visto por ese canal. Esa ha sido mi única experiencia en ficción. Y todo lo rodé en esta misma casa. Fíjate, aquí no hay muebles porque todo el dinero que me cae lo invierto en lo que hago. En este corto hizo su debut como actor Renny Arozarena, quien más tarde interpretó al Benny en la película de Jorge Luis Sánchez. En mi documental él hace el hombre de la foto al que le ponen la velita. Y entre la realidad y el sueño, Mercedes conoce que el abuelo no abandonó a la abuela, sino que murió, junto a otros muchos negros, en la masacre del ´12. Ese trabajo lo he proyectado en muchísimos lugares y la gente dice: "pero eso es ficción, eso no pasó aquí". Y son esas opiniones las que me meten el bichito de hacer el documental sobre el Partido Independiente de Color.

Casi siempre la gente comienza por documental y después hace ficción, en mi caso fue al revés. Empecé a trabajar en 2003 con Aline Helg; ella escribió un libro sobre los Independientes, y terminé en 2013, diez años, porque ese sí fue poco a poco. Claro, en el medio fui haciendo otras cosas. Fue un trabajo muy grande, muy arduo, que comprendía encontrar las voces acreditadas de historiadores, de familiares, periódicos epocales. Porque este tema es muy polémico, yo leí lo que escribió Rodríguez Rivera cuando salió el libro de Rolando Rodríguez, y me pareció muy acertado el juicio de Guillermo, porque hasta a mí me atacó Rolando Rodríguez. Este señor atacó mi trabajo y a mí, de una manera tan fuerte, fuertemente, al punto de ir yo al ICAIC y decir que parararan eso, porque no se podía soportar esa injusticia y dije: "si no lo paran, voy a lanzar la polémica para afuera y entonces sí se va a armar de verdad". Porque era una injusticia total la que estaba cometiendo ese señor, su libro era un desprestigio; en cambio. los dos primeros capítulos de mi serie tuvieron un éxito rotundo. Mi trabajo fue muy largo, mi investigación muy seria y para dar todo lo que debía tener emplee tres capítulos. El primero es una introducción, en ella presento a los personajes: Maceo, Quintín Banderas, los negros, la lucha por la independencia, hasta la fundación del Partido de los Independientes de Color. En el segundo está toda la organización del Partido, su programa, la injusticia que se comete con su ilegalización, todo eso respaldado por documentos históricos, entrevistas, periódicos, quienes eran aquellos hombres que fundaron ese partido: Evaristo Estenoz y Pedro Ivonet. Y el tercero es ya el enfrentamiento, o sea, el momento en que ellos deciden ir a un enfrentamiento armado y ocurre la masacre.

Hay una película de Díaz Quesada que recoge esos acontecimientos, supuestamente desde el punto de vista del gobierno, que se titula Salida de tropas para Santiago de Cuba durante la guerra racista o La Campaña, *aunque, lamentablemente se quemó junto con toda la producción de Díaz Quesada.*

Sí, se hizo con la productora de Santos y Artigas. Tengo entendido que Aline Helg trató de encontrarlos, ella lo estuvo buscando y quién sabe si en los archivos del ejército de Estados Unidos pueda quedar algún vestigio de ese documental, porque Estados Unidos estaba muy interesado en esos acontecimientos. Pero ella no tuvo éxito en su búsqueda. Yo sí encontré en la prensa de la época los artículos que se publicaron cuando se estrenó el documental en el cine Payret. En mi trabajo están las pocas fotos existentes de los líderes del Partido, y voy describiendo cómo se celebró, después de la masacre por parte de las autoridades del gobierno, un banquete que salió reflejado en los periódicos con las fotos de todos los que está sentados en las mesas, con la descripción hasta de lo que tomaron, los tabacos, todo para celebrar por lo alto el triunfo. Cuando presenté este tercer capítulo en Casa de las Américas, el Dr. Torres Cuevas me dijo: "Tú no has terminado con el doce". Y le respondí que ya había terminado con ese tema, que lo dejaba ahí en esa serie de tres capítulos. Y es que el segundo y tercer capítulo de esa serie más los documentales *Reembarque* y *Diálogo con mi abuela* los hice bajo la presión de la enfermedad de mi madre. Fue muy duro para mí trabajar en todas esas obras en medio de esa angustiosa situación, pero las pude terminar.

¿*Diálogo con mi abuela lo hiciste también en esos momentos con tu abuela viva todavía?*

No, qué va, grabé con mi abuela en 1993. Ni me acuerdo en qué mes, en esos días del Período Especial en que estaba pensando sabe dios en qué cosa, y me puse a hablar con ella, que era muy conversadora y grabé la conversación en un casete que estuvo guardado durante muchísimos años. Y estando en el proceso de la enfermedad de mi madre, que se sentía muy triste, muy mal, fue un proceso muy duro para mí, porque yo era la única que la atendía, casi ni dormía, y una noche me puse a escuchar el casete aquel, que alguien me digitalizó y se me ocurrió hacer un guion, por hacer algo, y también para sentir la compañía de ella porque, aunque mami estaba viva, estaba en otra dimensión, la del alzhéimer. Y eso también me hizo pensar que la familia, los seres queridos se van deteriorando y desapareciendo y esas mujeres que fueron muy fuertes, seres decisivos en mi vida, se iban sin dejar nada, pues empecé a hacer el guión entre lágrimas, angustias, sufrimientos, pero logré dejar esa huella porque el ICAIC, para mi sorpresa, me lo aprobó. Y con esa aprobación empezamos la producción.

¿Fue el único que te aprobó el ICAIC?

Es uno de los dos que me aprobó el ICAIC: *Reembarque*, sobre los haitianos, y este, *Diálogo con mi abuela*

¿Y ahora qué estás haciendo?

Ahora estoy estudiando historia, para ver si me decido a darle continuidad al tema del Doce, como yo le digo, porque a mí los temas históricos me gustan muchísimo, pero necesito empaparme bien de todo lo que ocurre en la época, antes de lanzarme a hacer nada. Tengo varias ideas, pero necesito estudiar un poco más. En mi sitio afrocubaweb.com está toda la información incluidas varias fotos y lo que escribí sobre la serie del Doce, que titulé "El largo camino para romper el silencio". Ahí sintetizo todo lo que hice para documentarme antes de emprender mi trabajo. Cómo fui a Oriente para encontrar evidencias de los hechos, gentes que testificaran.

Y todo eso sin un financiamiento que me amparara. Por suerte, en esa época viajé con alguna frecuencia a Estados Unidos y daba conferencias y presentaciones de mis trabajos en una universidad y en otra universidad, viajaba en avión de un lugar a otro y eso me permitía regresar con algún dinero, el que me ganaba que no era mucho tampoco. Otras veces solamente traía materiales necesarios para la producción, ya fueran mini vd, equipos de sonido o maquillajes para mujeres negras que no se encuentran en Cuba, telas, pelo, en fin, muchísimas cosas imprescindibles para lo que estuviera haciendo. Y lo del dinero era ilegal, porque como soy cubana que vivo en Cuba no me podían pagar legalmente, y gracias a las amistades pude ir sorteando los problemas, incluidas las compras de esos materiales y otros más que ni te cuento.

¿Para salir de Cuba, tenías que hacer tú también las gestiones en la embajada?

No, eso no, eso lo hacía el ICAIC realmente, como ellos ni tenían que pagar el pasaje, sí hacían las gestiones, ellos daban la aprobación, pues eso formaba parte de su política. Aunque nunca me he quejado, hago lo que quiero hacer. Ya no tengo tiempo para entrar en controversias con los dirigentes del ICAIC, uno vive una sola vez y a mí me interesa hacer lo que hago. Quién me abrió a mí las puertas del organismo fue Omar González, porque antes yo no existía. ¿Por qué? Pregúntenselo a ellos. Omar aprobó *Reembarque* y, cuando él se fue, Roberto Smith lo sustituyó y aprobó *Diálogo con mi abuela*. Ahora que estoy en este proceso de estudio tengo que esperar, porque tampoco quiero ser egoísta. Después que me patrocinaron dos proyectos, voy a esperar un tiempo, voy a estudiar, a hacer algunas selecciones y presentar varios proyectos a ver cuál, de acuerdo a los dineritos y las condiciones, me pueden ayudar. Ahora, como estoy revisando lo escrito sobre 1912, estoy constatando qué publicaciones había, cómo ha sido tratado el tema, lo que se ha hablado y lo que se ha silenciado. Y me he asociado con dos o tres personas que me están ayudando en la revisión de esa bibliografía, incluidos los periódicos de la época para poder hacer mi propia evaluación. Ahora perdí esa gran figura que es Martínez Heredia, fallecido tan recientemente. Él aparece en uno de los capítulos de la serie. Incluso él me alertó sobre una canción de Sindo Garay "La clave a Maceo". ¿Cuántas veces hemos escuchado retrospectivas dedicadas a Sindo Garay? Pero nunca hablan de esa canción. Cuando Martínez Heredia me la da a conocer, busqué la partitura en la Biblioteca Nacional que dice, más o menos: "Si Maceo volviera a vivir, y a su Patria tal vez encontrara..." y allí en la partitura está clarito por qué Sindo escribe esa canción a Maceo. Hay una nota que dice: "Esto lo escribió Sindo Garay cuando se enteró de la masacre ocurrida en 1912".

También entrevisté a Lino Betancourt para el tercer capítulo y él me confirma que esa canción se estuvo pasando durante mucho tiempo por la radio, y se sabía por qué se había escrito, aunque no se mencionara el hecho como tal, porque de eso no se hablaba, pero todo el mundo sabía lo ocurrido. Esa valiosa información que obtengo gracias a Martínez Heredia me lleva a hablar con la directora de El Coro Diminuto para que sea ella la que con esos niños canten la "Clave a Maceo" que incluyo en el primer capítulo de la serie. Lo grabamos en el mismo ICAIC, aunque fuera una producción independiente de ese organismo, pedí el permiso y pude grabar allí. Juan Demóstenes fue el sonidista. Todo esto lo hice alrededor del centenario de la fecha de fundación del Partido de Color, así que fue en 2008 que salió ese primer capítulo, y la fecha de la masacre es 1912, desde 2008 hasta 2012 trabajo en esta serie, aunque no pude terminar en el mismo 2012, hasta 2013 no lo tuve listo, por esa situación que te comentaba de la enfermedad de mi madre. También ya en este siglo hice *Nosotros y el jazz* con los bailadores de Santa Amalia, *Paisaje del corazón y la memoria*, donde están los caimaneros, porque el tema de la emigración me fascina.

Cuando entrevisté a Georgina Herrera que es matancera, ella me contó que vino muy jovencita para la Habana porque su familia era muy pobre y ella quería estudiar. Y también me comentó que quería escribir sobre las negras viejas.

Soy muy amiga de ella, juntas hicimos el guión de *Raíces de mi corazón*. Ella es la única que podía entenderme. Mi diálogo ha sido fuera del ICAIC. Y cuando digo fuera del ICAIC, me refiero a intelectuales, escritores y personas que no pertenecen al Instituto. Cuando hice la investigación para escribir el guión sobre Sara Gómez, no llegué a filmar la película, pero a partir de ahí empecé a conocer la generación de amigos de Sara, tanto de dentro del ICAIC como de fuera de él. Y eso me ayudó a entender qué me estaba pasando, qué yo quería, cuáles eran los obstáculos, por qué no progresaba y cuáles eran los compromisos que debía asumir alrededor de este tema. Hay quien una vez dijo de mí: "¿Ella estará explotando ese tema por negra o por mujer?". Mira tú, cuando precisamente hay una estructura, invisible o visible, ya no sé cómo llamarla, que me ha discriminado por ambas cosas: por negra y por mujer. ¿Cómo me van a decir que estoy usando a Sara para hablar de lo que me está ocurriendo a mí misma? Es totalmente injusto. Una tiene dos caminos. O le sigues la corriente a ese mundo de injusticia y te quedas callada, aplastada, o sencillamente te lo echas a la espalda y haces lo que te dé la gana. Y es que estoy aquí en este país. Yo no estoy haciendo contrarrevolución. Y si a ti no te gusta lo que hago, ése es tu problema. Quien no quiera reconocer que esos capítulos de la historia de Cuba existieron, ese es su problema.

Si alguna película cubana de los años setenta tiene vigencia es *De cierta manera,* porque todo aquello que se pretendió que hubiera desaparecido, por no haberse hecho un debate racial como se debió de haber hecho, la complejidad de las capas que integraban el proceso revolucionario, todo eso era para un gran debate social. La obra de Sara tiene tanta vigencia. Por ejemplo, ese documental *Mi aporte,* por favor, hay que verlo. Precisamente *Raíces de mi corazón* se lo dedico a ella y a su documental *Crónica de mi familia,* porque me marcó tanto que, de hecho, mi trabajo con las fotos familiares, está totalmente relacionado con lo que ella se estaba preguntando ¿Quiénes eran aquellas gentes, por qué en las familias negras ha existido tanto silencio?, porque, como el pasado ha sido tan oprobioso, es mejor olvidarlo. Eso lo entienden muy bien los afroamericanos porque a ellos les ha pasado lo mismo. El trauma de la esclavitud, a inicios del siglo XX fue horrible. Había que alejarse de África, había que europeizarse, había que avanzar para ser aceptado, porque el color de su piel era una impedimenta.

¿Y qué pasa en el presente y por qué incluyo una secuencia que aparentemente se va de la película, pero tiene que ver? En *Diálogo con mi abuela* digo: "la imagen que yo tengo de mi abuela han querido destruirla muchas veces, de eso no me cabe la menor duda, porque desde los tiempos de la colonia inventaron una industria que no nos representa" y ahí saco una serie de imágenes que están proliferando, cada día más, en la industria del turismo, esa imagen estereotipada de la gente negra. Nadie sabe el daño que eso está haciendo a los ojos del turista. Nadie critica ni pone freno a eso, que no es otra cosa que la penetración en Cuba de la imagen del negro americano. Incluí esa secuencia en el documental *Diálogo con mi abuela,* para decir: "esta no es la cara que ustedes están mostrando, es ésta".

Sabes el origen de tu apellido Rolando, pues como nombre lo conozco, pero como apellido nunca antes lo había escuchado.

Es un apellido que viene de Matanzas, aunque no es muy correlativo; hay un bailarín muy famoso Isidro Rolando, de danza nacional y tengo entendido que hubo un central en Jovellanos, que desapareció durante la Guerra de Independencia, y los orígenes vienen de unos inmigrantes de Charleston, que se asentaron por esa zona. En Jovellanos había mucha gente negra, al punto de que le decían Bemba. Aunque parece que esa población se fue deprimiendo porque, por ejemplo, mi padre vino muy joven para La Habana, y cuando yo viajé allí, en dos ocasiones, me di cuenta del nivel de pobreza que ha vivido esa zona

Pues bien, mi amable Gloria Rolando, te agradezco todo este tiempo que me has dedicado. Te avisaré cuando salga tu programa y la entrevista formará parte de un nuevo libro que ya estoy preparando.

Muchas gracias a ti.

Con voz de mujer

LLEGUÉ AL CINE CUBANO DE VARIAS MANERAS

Nancy Berthier
Francia, 1964[2]

Durante el 40 Festival del Nuevo Cine Latinoamericano, en diciembre de 2018, se celebró en la sala Saúl Yelín, sede del Festival, el Seminario Internacional "Tomás Gutiérrez Alea, entre *Historias de la Revolución* y *Guantanamera*". Varios estudiosos de la obra de nuestro cineasta, asistieron con sus ponencias al evento para conmemorar el noventa aniversario del natalicio del mayor cineasta que diera Cuba en el siglo XX. Además de los especialistas cubanos, asistieron de otros tres países: Estados Unidos, Gran Bretaña y Francia. Justamente, desde la Ciudad Luz, llegó la hispanista Nancy Berthier, a quien tuve el privilegio de entrevistar. Ella expuso una interesante ponencia: "Reír para no llorar: la función liberadora del humor en el cine de TGA sobre una de las comedias más aplaudidas por todos los públicos: *La muerte de un burócrata*". Esta entrevista no versa sobre su excelente trabajo, está centrada en el quehacer de la investigadora Nancy Berthier.

Nancy, ¿cómo te vinculas con el cine cubano?
Primero vine como turista para conocer otro país y me enamoré de esta isla que recorrimos de Oriente a Occidente, pero no tenía idea de que iba a trabajar sobre algo de aquí, porque en la esfera hispanista francesa o eres hispanista de España o eres americanista especializada en un país. La segunda fue gracias a Paul Estrade, aunque él no trabaja sobre cine, pero curiosamente fue por él que me vinculé con Cuba. Él era una persona fascinante, con una gran erudición, con una personalidad muy amable, siempre dispuesto a ayudar a la gente, con tal entusiasmo que te contaminaba. Yo llegué al cine cubano de varias maneras, pues mi universidad tenía intercambios con la de La Habana que permitía viajar durante un mes a los profesores entre ambos países: el de Cuba viajaba a Francia y el de allá venía a Cuba. Y tuve la suerte de venir un mes, me quedé un poco más, como profesora en la Facultad de Bellas Artes para dar un curso sobre

---

[2] Entrevista realizada en el Hotel Nacional. La Habana. Diciembre 11, 2018.

cine español; aquí fue mi descubrimiento sobre el cine cubano viendo a gente que trabajaba sobre este cine y yendo a ver las películas que pude ver aquí y nunca pude ver en otros lugares. Y al volver, estando en el grupo de Paul, profundizando en la cultura cubana, empecé una investigación sobre cine cubano desde una perspectiva que había sido la mía, que era cine y política y, en particular, para el cine cubano 'cine y revolución'. Esto es, ver cómo la Revolución había fomentado a través del cine una cultura cinematográfica, y a nivel de contenidos la representación en sus películas de la revolución como proceso, para un trabajo académico que en Francia se llama La Habilitación, que te permite ser Catedrática; para tener un rango superior en la Universidad, se debe hacer un ensayo inédito. Tenía que buscar un corpus porque el cine cubano es muy amplio, entonces me focalicé sobre Tomás Gutiérrez Alea que se suponía era el cineasta más destacado de la revolución, independientemente de que a mí me gustaba muchísimo su cine y era su obra muy interesante desde la perspectiva de cine-política y de cine–revolución. Trabajé durante algunos años sobre su cine, con dificultad para conseguir los archivos aquí, mi opción fue un trabajo de imaginarios y de representaciones más que estudiar el contexto de la producción, pues no encontraba fuentes suficientemente exhaustivas para contemporizar estos filmes. El ensayo, publicado en forma de libro, en 2005, se llama *Tomás Gutiérrez Alea, cine y revolución*. Allí sus largometrajes de ficción están ordenados por capítulos cronológicamente y también temáticamente, así voy viendo cómo se articula en su cine la cuestión revolucionaria y de forma muy específica en este cine político donde se puede ver la relación de ser crítico dentro de un cine de Estado; esto era muy interesante, hasta qué punto, para mí, viniendo de ver un cine político de una dictadura (la de Franco), donde las líneas son muy cerradas, pues ver ese cine suyo tan interesante, tan profundo, tan complejo, tan crítico y al mismo tiempo tan revolucionario, hecho dentro de y con la Revolución. Esto me parecía muy complicado porque es una modalidad que no existe en ninguna parte, es algo muy específico de Gutiérrez Alea que demuestra su gran inteligencia y, no sé si se dice fino por acá para aludir a esa precisión en el detalle.

Indudablemente es un hombre de honestidad y una sensibilidad tremenda y una inteligencia muy grande. Sí, puede decirse fino en el sentido que le das, no es muy común, pero vale. No es tampoco un artista que intente deslumbrar por su saber, sino que le interesa llegar a todo tipo de espectador.

Eso, eso es algo que llama la atención: su respeto hacia los espectadores. En su único libro: *Dialéctica del espectador*, él aborda la cuestión del espectador como lo fundamental. Allí dice, más o menos: no sirve para nada el nivel político, un cine que no comunique con el espectador. Y hay gente que nunca logra ese propósito y él lo alcanza. En particular lo logra muy bien con este cine de comedia o cine de humor, que es la parte que más me interesa de su obra; justamente sobre ello trata la Conferencia que di en el Seminario de homenaje que se le hizo por estos días. Ese humor que te permite reír para no llorar, que te permite tener una distancia crítica, sin ofender y sin deprimirte ante una situación que le preocupaba mucho. Él decía que esto había sido un guion perfecto con una realización bien compleja, no tan lograda. Después de publicado este libro sobre Titón, abrí mi campo de investigación hacia el cine cubano y dirigí, con una colega, un libro colectivo con una veintena —me parece que 28— de películas claves producidas por el ICAIC.

¿Cómo se llama ese libro?

Se llama *Cine y Revolución* y está conformado con los textos que les pedimos a los autores con una serie de reglas, vamos a decir, estrictas: fichas de películas, contexto de cada película, análisis estético y recepción de la película, con unos parámetros que permiten que cada una de esas películas tengan su propia significación; las elegimos hasta la fecha de publicación del libro que fue en 2006. Y lo nuevo de este libro es que los autores son de muy diversa procedencia. Hay cubanos residentes en la Isla y de fuera de Cuba que trabajan sobre el cine cubano y también investigadores españoles, ingleses, estos no son de dentro ni de fuera, o sea, el elenco de colaboradores es muy variado, desde posturas muy distintas, pero con ese formato logramos que el libro tuviera gran homogeneidad. Y estoy muy orgullosa de haber conseguido a gente tan diversa, con una convivencia tan diversa.

¿Ustedes eligieron todas las películas? ¿Recuerdas algunos títulos?

Sí, nosotras elegimos todos los títulos. Por ejemplo: *Memorias del subdesarrollo, Viva Cuba, Cecilia,* en fin, mi memoria no es buena, son las grandes películas, son 28. Es una pequeña muestra.

¿Todas son de ficción?

Todas excepto *PM,* es el único documental. La idea era escoger películas destacadas tanto por su nivel estético como películas que en un momento dado fueron un acontecimiento y tienen una importancia en la historia del cine, aunque no sean grandes obras, como es el caso de *PM* que sin ser una gran película es un detonador, es muy fascinante ver lo que desencadena.

Imagino que estará también Retrato de Teresa

Claro, está esa película incluida.

Me encantaría tener ese libro

El libro está agotado, pero puedo conseguir el PDF. En aquel entonces no te daban el PDF, pero le voy a pedir a mi secretario que me haga uno para que pueda circular. Lo interesante sería volver a publicarlo. De este libro dejamos sus originales, hay algunos en español; Michael Chanan ha escrito su texto en inglés, igual lo hemos traducido. Hay también textos en francés. Lo ideal sería reeditarlo traducidos todos los textos al español y añadir algunas películas hasta hoy en día porque fíjate, ya han pasado más de diez años. Nosotros buscamos no solo películas significativas sino tener un equilibrio representativo. Hicimos el casting de películas y le pedimos a los autores si les interesaba hacer esto, en general dijeron que sí. Alguno dijo si no sería mejor otro título diferente al que le habíamos asignado. Si volvemos a publicar el libro habría que ver si hay alguna otra mujer que haya dirigido, pues en esa primera etapa solo está Sara Gómez.

Sería muy bueno, pues sí hay otras mujeres dirigiendo ficción, Está Rebeca Chávez que realizó Ciudad en Rojo *en 2009, Marilyn Solaya con* Vestido de novia, *en 2015 y alguna más como Gloria Rolando que, aunque su mayor producción es documental, ha hecho algunos cortos de ficción muy originales referidos a la familia negra y también una serie de varios capítulos sobre hechos históricos, siguiendo la línea de Sara Gómez. Su cine es más bien antropológico, con mucho de historia y también de denuncia contra la discriminación racial. Disculpa si me extendí, retoma lo que estabas diciendo.*

Qué bueno, ya veremos, pues yo espero volver a Cuba. Pues siguiendo lo que te estaba contando: también coordiné un número de la revista Archivos de la filmoteca, que estuvo dirigida durante muchos años por Vicente Sánchez, quien le dio un nivel académico internacional formidable. Coordiné un libro sobre cine cubano llamado *Cine cubano. Luces y sombras* con el cual hice lo mismo: traté de involucrar a gente de diversas procedencias, de la misma manera que había trabajado sobre la figura de Franco en el cine, pues quise trabajar sobre la figura de Fidel Castro. Lo que pasa es que había muchísimas películas que trataban la figura de Franco, no solamente en películas de la época, en noticiarios, también en obras de ficción; en cambio para Fidel Castro no había tantas películas, claro, sí en el noticiero, el problema era el acceso a ellos. Había una persona que estaba haciendo la tesis sobre Santiago Álvarez, lo que me impidió meterme en esto, después de investigar durante algún tiempo decidí no unirlo porque no tenía material suficiente y entonces hice un ensayo a partir de una decena de imágenes, no solamente cinematográficas, también fotográficas, no solamente cubanas porque tampoco encontré demasiado material y además lo que más me interesaba era Fidel Castro como ícono internacional.

En Cuba nunca se ha hecho una película de ficción en la que Fidel sea el protagonista, todas las de ficción donde Fidel es el protagonista se han hecho fuera de Cuba, en Estados Unidos, y claro en otras películas dedicado al Che siempre está Fidel.

Sí, por eso mismo. Entonces me hice de un corpus muy amplio de fotografías, fotos de internet, documentales, traté de configurar el ícono y cómo se desiconiza desde la enfermedad y desde la ausencia del espacio público. Esto se convirtió en un pequeño libro de 50 páginas que se publicó en 2010. Yo estaba esperando la última imagen porque esto era un recorrido biográfico. Se rumoraba que estaba muerto, que no estaba muerto y yo esperaba esa última imagen para concluir el libro, pero como esa imagen no llegaba, la conclusión la hago con una película cubana que se llama *El día después*; es un documental bastante interesante y hasta divertido, que entrevista a varios cubanos sobre qué van a hacer después de muerto Fidel Castro. Y hay gente que dice cosas como "yo no voy a hacer nada, porque no se va a morir". Focalizada sobre esa última imagen, me di cuenta de que esa última imagen de un Jefe de Estado es algo que, simbólicamente es muy importante.

Volví a España, volví a mis temas sobre el cine español y durante cuatro años estuve trabajando sobre la muerte de Francisco Franco en la pantalla, no solamente desde las imágenes oficiales que se hicieron de un régimen propagandístico donde no había contra-discurso, esas imágenes son las únicas que existen como la reelaboración de la muerte de Franco hasta hoy en día. Esto, no solamente en documentales, ficciones, series de televisión, etcétera que permiten reflexionar en torno a la muerte de un dictador y lo que es la muerte de una persona que marcó, en el caso de España, 40 años de la vida y la memoria de los españoles. Estamos frente a una memoria problemática porque Franco sigue enterrado en un mausoleo fascista. Ahora se está tratando con Pedro Sánchez de exhumarlo y llevarlo a otro lugar, pero eso es muy polémico y complicado. Ese monumento fascista fue hecho por los prisioneros, muchos de ellos murieron dadas las pésimas condiciones de trabajo. Es un monumento siniestro. Hoy en día es Patrimonio Nacional, cuyo mantenimiento está a cargo del contribuyente. España está todavía dividida y no es tan fácil hacerlo. No sé si van a conseguirlo. Después de cuatro años trabajando sobre esto llega un momento en que he puesto punto final.

Vamos a hablar ahora de tu infancia. Lugar de nacimiento, estudios realizados...

Nací el 13 de mayo de 1964. En un pueblo de unos 12 mil habitantes, situado como a 150 kilómetros al sur de París y cerca del río Loira, uno de los grandes ríos de Francia. Ahí paso mi infancia, entre ríos y bosques, pues está muy cerca el bosque de Orlions, uno de los mayores bosques de robles de mi país. Tengo una infancia muy feliz.

¿Tus padres son franceses?

Mi padre es francés, oriundo de ese mismo lugar, descendiente de franceses por los cuatro costados. Mi madre nació en España, en 1929, sus padres eran españoles, pero cuando ella tenía año y medio o dos años se vinieron a Francia, no sé por qué vinieron; ella se crió allí, estudió en Francia, así toda su formación es también francesa pero con el bagaje de la cultura española de sus padres. Allí conoció a mi padre y se casaron y de esa unión nací yo.

¿Qué estudiaste?

Estudié en ese pueblo feliz, con muy poca presión de mis padres pues era una buena alumna, estudiaba con facilidad, hacía bastante deportes y música. Ya en el bachillerato, cuando hubo que elegir una opción, debía elegir entre estudios de literatura o de ciencias. Casi todos los buenos alumnos se dirigían hacia las ciencias, pero a mí me gustaba más la literatura y los temas culturales. Ahí sí me opuse a los maestros y a los padres que me querían vincular con las ciencias mientras yo deseaba estudiar dentro del campo de las humanidades. En Francia hay un sistema peculiar paralelo al de la Universidad, o entras a la universidad donde puedes escoger cualquier carrera. La universidad pública es muy buena en Francia. Y el sistema paralelo, el de las grandes escuelas, fue inventado por Napoleón Bonaparte para educar a la élite de la nación en el ámbito de las ciencias políticas, las humanidades, la administración del Estado. Y estas escuelas ofrecen becas también estatales. Es un sistema paralelo porque para entrar a estas escuelas hay que hacer unas oposiciones bien difíciles, hay una competencia tremenda. Para 2000 aspirantes que se presentan solo entran 60, como ves, es una competitividad muy grande, pero entré en esa élite en la que vas a trabajar y a estudiar con unas condiciones óptimas, incluso con un sueldo. La idea de Bonaparte era crear una élite, cualquiera que fuera el origen socio profesional de los padres, para fomentar un ascenso social. De hecho, esto pudo funcionar en un momento dado, pero hoy en día es un sistema que reproduce socialmente a la élite, aunque son unas oposiciones anónimas, quiere decir, nadie sabe de dónde vienes cuando te presentas. Los trabajos se evalúan a ciegas, es un sistema muy justo, pero socialmente, los que entran a esas escuelas son los que tienen un capital cultural, de modo que la función social que tuvo a sus inicios ese sistema ya cambió totalmente. Yo tuve la suerte de entrar a esta escuela.

Imagino que esas escuelas están ya en la capital,
Sí, sí, están en París. En 1982 me trasladé a París, pues para entrar a estas escuelas hay una fase de preparación de dos años para pasar las oposiciones y cuando entras estás cuatro años estudiando mientras recibes un sueldo como funcionario del Estado. La idea es que trabajes diez años para el Estado, esto es un compromiso para pagar esos estudios. En esos cuatro años tienes unas condiciones óptimas, puedes estudiar lo que te dé la gana con un respaldo económico que te permite, además de los estudios, viajar y seguir cultivándote en un ambiente de gente con altas pretensiones intelectuales con las cuales estableces intercambios e intereses.

¿Ya sabías lo que querías estudiar cuando hiciste esas oposiciones?
Mira, uno tiene que decir una especialidad de antemano. La mía era la de Filología francesa. Pero en la escuela preparatoria tenía un profesor de Estudios Hispánicos, se llamaba Monsieur Larousse, él era fascinante, te daba una perspectiva muy amplia, no solamente de la literatura sino también de historia, de cine, de pintura... Y cuando empecé a hacer una investigación me di cuenta que estos Estudios Hispánicos eran mucho más amplios que la Filología francesa y que si me hubiera especializado en ésta me habría quedado en un terreno muy conocido, más fácil, en un terreno de comodidad; de modo que escogí la carrera de Estudios Hispánicos que en Francia combina estudios literarios, estudios lingüísticos y estudios históricos. Es un campo pluridisciplinario, además, estos Estudios Hispánicos, a diferencia de los Estudios Germánicos, no solamente incluyen a España sino a toda la América Latina. Son una veintena de países, cada uno con su propia cultura, esto te da una apertura increíble y fascinante. Naturalmente tiene sus límites y sus ventajas: tú no puedes abarcarlo todo con el mismo nivel de profundidad y de exhaustividad que

si lo haces con tu literatura nacional, sobre todo porque tienes que aprender un idioma, con sus propios matices, y los matices no son solamente de España; es Cuba, México, Argentina, etcétera. Sin embargo, al principio de mis investigaciones me quedé en la zona de comodidad relativa, por supuesto, que fue la de trabajar sobre una cinematografía europea, la española, porque en aquel entonces (hice el Máster en 1987) no había la posibilidad de viajar que hay hoy en día. Para ir a España el avión costaba demasiado y yo iba en tren, hasta la Puerta del Sol; esta vía era la más barata, una noche entera viajando y apenas encontraba bibliografía sobre Buñuel sobre quien quería trabajar y ni siquiera estaban las películas. Por suerte se desarrolló bastante el mercado bibliográfico. Así, el primer año de Máster lo hice sobre la adaptación literaria de las obras dirigidas por Buñuel. Y para el segundo año mi profesor tutor me dijo que a nivel de estética el campo cinematográfico era ya muy arriesgado para los Estudios Hispánicos, porque no había tradición, y nunca tendría un puesto en la Universidad con un trabajo sobre Estética cinematográfica, que debía ir más bien del lado de la historia. En ese segundo año hice un estudio sobre el cine de propaganda del franquismo, un tema de historia con un corpus de películas. La idea era hacer algo que pareciera serio en un ámbito cultural en que trabajar sobre cine era una cosa muy poco seria, muy frívola.

Quizás influyera en tu caso el hecho de ser mujer, porque aquí ese tipo de estudios sobre cine prácticamente está reservado a los hombres, muy pocas mujeres tienen cabida en los medios y si alguna lo hace siempre va acompañada por un hombre.

Sí, efectivamente, eso creo que también influye. Imagínate, para terminar el Máster realizo esta tesis sobre el cine de propaganda del franquismo y resulta que lo que me interesa es, realmente, el cine de propaganda frontal. Ya en el Máster había trabajado sobre formas solapadas de propaganda e investigué sobre cineastas del régimen: José Luis Sáenz de Heredia: *Raza*. *Franco ese hombre*, *El último caído*, películas muy políticas. Imagínate, en los primeros años de la década de los noventa, una mujer joven, francesa que trata cosas de hombres, investiga cine de propaganda, habla mal el español o por lo menos no lo habla tan bien, con un poco de cultura, pero de una cultura que no es su cultura, tiene dos interlocutores que son hombres. Al inicio hasta se burlaban un poco de mí; al mismo tiempo me tenían un poco de cariño porque yo venía bien preparada, apreciaron mi formación intelectual que era de considerar, pero ellos no sabían muy bien qué hacer conmigo. Y me decían *La tesis de Nancy* que es el título de una novela de Sénder. Sin embargo, hubo una persona que me ayudó muchísimo: Román Gubern.

Un magnífico historiador del cine español. Le agradezco mucho a ese señor pues su libro Historia del cine *me ha acompañado durante los últimos 30 a 40 años.*

Román Gubern es una personalidad no solamente del mundo del cine, lo es del mundo cultural de España, es una figura excelsa, muy reconocida. Él había escrito un libro sobre *Raza* y la primera vez que nos encontramos, me tomó en serio, me apoyó, me ayudó y fue como ser protegida para entrar a hacer muchas cosas. Luego, José Luis Sáenz de Heredia era una persona que todavía vivía, a principios de los noventa, y que, obviamente había sido olvidada, odiada, apartada; no obstante, yo quería entrevistarme con él. Él me recibió, pero hizo una especie de examen muy divino y supe superarlo. Quedamos en vernos en su casa y acepté. Él era todo un caballero. Al entrar en la casa la primera prueba del examen: el perrito. Y resulta que el perrito me quiere, pues cuando viene lo acaricio y tal. Segunda prueba: en el pasillo me enseña la máquina de proyección "de mi tío Miguel que nos ponía películas a mi primo José Antonio y a mí". Obviamente, el tío era Miguel Primo de Rivera, el dictador, y el primo José Antonio Primo de Rivera, el fundador de Falange, todo esto lo hace como para ver mi reacción.

Para ver si hacías algún gesto de rechazo, ¿no?

Claro. Y yo pues muy así, como historiadora, le pregunto muy interesada qué películas veían…Mira, yo, al no tener una relación visceral con el franquismo, al no haber tenido esta historia como una historia mía, pues me quedaba normal, él era solo un objeto de la historia. Yo venía a buscar una entrevista, no para pelear, a buscar información de una persona, cuyas opiniones no compartía. Entramos a su casa y aquí viene la tercera prueba: me enseña un cuadro de cristal donde estaba la última carta enviada por

José Antonio a los familiares. Como se sabe José Antonio fue fusilado en Alicante. Cuando me hablaba de esto se veía muy emocionado y yo seguía allí, como la historiadora ante un hecho histórico. Este fue el inicio de una larga serie de entrevistas; cada semana iba a su casa, pues viví en España durante dos años. Al principio no sabía que iba a atenerme a sus películas más políticas. Me interesaba todo su cine, pues sabía que tenía filmes interesantes. Cada semana, cuando iba a su casa, veíamos una o dos de ellas (él las tenía en video) y luego hablábamos sobre ellas, resultó muy atractivo lo que me comentaba. Y fíjate, muchos años después de su muerte, cuando recuperaron su figura como una gran figura del cine nacional, me pidieron esa larga entrevista que le había grabado. Mi entrevista fue la última que se le hizo y quedó incluida en el libro que publicaron sobre Sáenz de Heredia. Y la verdad, pude tener ese acercamiento tan lejano por no tener un compromiso con esa historia que fue muy entrañable. Yo no compartía su posicionamiento político, pero entendía su lógica, cuando muchos habían cambiado de opinión, pues después de haber sido muy franquistas se habían convertido en antifranquistas, él no varió. Lo mío era analizar ese cine desde una perspectiva histórica y no política, aunque la gente me miraba un poco raro. De todos modos, publiqué la tesis en forma de libro y tuve una buena crítica. Encontré un motón de fuentes de primera mano y esta publicación me puso ya como una especialista de cine español en el ámbito de la cultura española y, efectivamente, esto me permitió relacionarme con todos los investigadores sobre cine en España, y sí, el 80 por ciento son hombres y también hay varias tendencias, pero me vinculo bien con todos lo mismo en Madrid, Barcelona, Valencia…

¿Y este reconocimiento te permitió conseguir trabajo en la especialidad de cine?
Sí, nada más terminar la tesis conseguí un puesto de Profesora Titular en la Universidad de París 8, allí me quedé durante cinco años. Era una plaza de Historia en los mundos hispánicos, llamada en el ámbito francés Historia de las Civilizaciones. Desde allí defendí ese campo en el hispanismo francés. Éramos muy pocos los que trabajábamos cine español. Mi tesis es la segunda en el ámbito de hispanismo, la primera es la de un colega mayor.

¿Y ahora en qué estás trabajando?

Ahora estoy iniciando un proyecto sobre las plazas, es un trabajo sobre el imaginario visual y audiovisual de las plazas en los pueblos ibéricos e iberoamericanos.

Entonces, vas a cambiar el tema, te alejas del cine. ¿Cuántos libros has publicado?

Del cine y la fotografía, porque he trabajado en ambos. Libros personales, individuales son cuatro: *Cine y franquismo*, *Cine y guerra civil*, *Ay Carmela* de Saura, y el dedicado a Gutiérrez Alea. Luego tengo como 20 libros colectivos, estos son como el que te comenté sobre el cine cubano, cuya coordinación asumí; desde que estoy en la Sorbona, donde soy Directora de Investigación, no solamente tengo que ocuparme de mis investigaciones personales, sino también dirigir a otros colegas, ya sean investigadores o estudiantes, en este caso son doctorantes, e impartir docencia y producir eventos y publicaciones, por lo menos un libro anual. El año que viene voy a tener un sabático y quiero volver a un trabajo individual y al libro.

Muchas gracias Nancy por esta larga y fructífera conversación; si vienes el año que viene podremos volver a encontrarnos para que me cuentes de tus descubrimientos en las plazas habaneras.

Con voz de mujer

EL ARTE ES INHERENTE AL SER HUMANO

Norma Arencibia Labrada
Holguín, Cuba, 1946[3]

A Norma Caridad Arencibia Labrada no la conocía; ante la recomendación de varios colegas que me hablaban de sus múltiples facetas dentro del quehacer cultural en Holguín, decidí grabarle la entrevista que leerán a continuación. Es una mujer reposada, lúcida, con muchas vivencias y muy modesta, pero satisfecha de todo lo que ha hecho como promotora cultural, actriz, cantante lírica y otras facetas que descubrirán a lo largo de la lectura. Una vida muy rica para una mujer que nació en pleno campo holguinero.

Norma, buenos días. Me alegra que haya podido acudir a este encuentro pues he sabido de su quehacer en el ámbito cultural holguinero por varias personas amigas o conocidas suyas. Empecemos por el principio. Lugar de nacimiento, recuerdos de infancia. Estudios.

Nací en Holguín, en un pueblo pequeño, ubicado entre Gibara y Velasco, llamado Boca, en febrero de 1946. De niña tengo recuerdos hermosos, los mejores recuerdos que pueda tener una persona de su infancia porque tuve una familia cariñosa, buena, educada, con buenos principios éticos, en fin UNA FAMILIA. Era una familia humilde. Mis padres y mis abuelos eran campesinos. Recuerdo como algo muy preciado que, con sacrificios y bastante esfuerzo, ellos compraron una radio. Y aquel esquinero de casa donde lo ubicamos y oíamos todas las tardes, después de la comida, era como un familiar más. Guardo por la radio recuerdos tan entrañables como del teatro que siempre soñé hacer. A la casa llegaban algunas revistas que avivaban mi imaginación y, como otros niños que piensan en algún momento en ser actores o bailarines, yo también lo soñaba porque, en realidad, el arte es inherente al ser humano, es como otra alimentación para nuestra vida y tan importante como la primera.

Entrando ya en la adolescencia llegó aquel hecho que nos cambió la vida a todos, que fue el alzamiento de Fidel en la Sierra y gracias a aquel

---
[3] Entrevista grabada en la UNEAC holguinera. Junio de 2018

radio nos enterábamos de la noticias, pero las pilas se agotaban y las poníamos un rato al sol para escuchar nada más que los partes que daban y así, un día, nos enteramos que ese primero de enero había triunfado la revolución; quince días atrás Sosa Blanco, el famoso coronel batistiano, había asolado la zona, lo había quemado todo. Ya a nosotros nos habían alertado que se trataba de un tremendo asesino y nos fuimos de nuestra casa hacia una sierrita que nos quedaba cerca, allí pasamos el bombardeo de los aviones B-26. De veras, hoy y siempre he considerado mucho a los niños que están inmersos dentro del panorama de esas guerras terribles. Después de aquel 15 de diciembre cuando ocurrió el tremendo bombardeo que yo viví, la vida cambió; aquel fulgor de la mañana, aquellos pájaros. Aquellos entretenimientos que tienen los niños en el campo, cambiaron totalmente. Para mí los días se volvieron grises. Creo que es la primera vez que hago público este recuerdo de mi infancia. Y es que veo a diario el horror de las guerras y la violencia de países que, aunque no estén en guerra, viven bajo una tremenda violencia que obliga a las familias a no dejar salir a sus hijos a la calle y, cuando recuerdo aquella experiencia, pienso que es mucho mayor el mal de las guerras y de la violencia de lo que se supone.

Cuando triunfa la revolución, ¿puede encaminar sus sueños?

Con el triunfo no se hizo tan imposible el sueño que había tenido, gracias a un promotor que no me cansaré de honrar: Félix Varona Sicilia, un hombre venerable. Vine, como todos los adolescentes de aquellos años, a estudiar la secundaria tan pronto se inauguró en Velasco. Allí vivía una tía donde me quedaba de lunes a viernes para poder asistir a las clases y allí lo conocí. Ese conocimiento se produjo de una manera muy informal. Él había logrado hacer, en lo que había sido el club de blancos, un círculo social, y también creó un teatrico; y en lo que había sido el club de negros, hizo la bibliotequita y escuela de música. En ese lugar yo permanecí muchísimo tiempo porque él me conquistó para el teatro diciéndome "¡Qué voz para el teatro!". Y traté de cumplir con él, ya tenía amigas que habían trabajado con él en el grupo, pero se habían trasladado a Holguín para seguir sus estudios y me pidieron que le siguiera los pasos. Y pensé que haciendo una obrita de teatro ya cumplía con él, pues una de las cosas fundamentales que me había enseñado mi familia era cumplir siempre con la palabra.

Pero era una niña cuando estaba haciendo la secundaria. ¿Desde ese momento estaba ya haciendo teatro?

No, no era una niña, porque hubo dos años de interrupción de estudios. Ya en ese momento era una adolescente. Es que la fundación del Cuarto Frente, durante la guerra, impidió el tránsito por aquellos sitios durante dos años. Yo tenía 14 o 15 años y había crecido vertiginosamente desde los doce años y ya con 14 y 15 años llegué a tener casi la estatura y el cuerpo que hoy tengo. Era alta, la voz me había cambiado. A él le gustaba mucho como yo leía, como interpretaba, y no me perdía pie ni pisada. Estrenamos, como casi todos los aficionados de esa época, *El oso*.

Cuando dice "estrenamos", ¿se refiere a una obra que él montó en ese teatrico que él mismo hizo?

Sí, y además en el teatrico hizo un reservado y un pequeño lunetario, dejó el bar porque allí se vendían las bebidas y algunas chucherías. Incluso a la entrada había un espacio donde se hacían exposiciones de pintura y también se vendían libros.

Es decir, este señor era una suerte de promotor cultural, aunque en esa época aún no se utilizara esa denominación

Sí, eso era realmente, él se autotituló el Delegado de la Cultura en Velasco. Soñó toda la vida con dejar una obra, incluso me contó que cuando era niño y llegaban los circos a Velasco, era el niño más feliz del mundo y el más triste cuando se iban, especialmente uno que se llamaba La rosa, porque tenía una carpa teatral. Y no se me olvida nunca estas palabras que repetía a menudo: "Yo me juré que iba a hacer de Velasco un circo que nunca se fuera de Velasco".

¿Vive todavía Félix Varona?

No, el murió hace ya algunos años, estaría cumpliendo ahora 91 años. Yo honro su memoria en un evento que hago aquí, por la UNEAC, no solo por el sentimiento de agradecimiento eterno que me une a él, sino también por esa obra magistral que dejó como legado para el desarrollo y conservación de la cultura a todo un pueblo que es el Centro Cultural de Velasco que lleva su nombre; fíjate si es importante esa labor que hizo que aun en vida se le diera su nombre al Centro Cultural cuando se inauguró en 1991.

¡Ah, yo he oído hablar maravillas de la Casa de Cultura de Velasco!
Sí, era una maravilla, pero ahora está en plena destrucción

¡Qué pena!, tantas cosas lindas que se cuentan sobre esa casa y nunca he podido llegarme hasta ella.
Pues ahora ya no es lo que fuera. Se han arreglado malamente los locales más pequeños, y la marquesina; el salón de danzas está a medio derrumbe, cuando llueve se moja, los tabloncillos están todos rotos y el teatro está en franca destrucción.

¿Ha seguido trabajando en Velasco?
Todavía sigo trabajando allá, solamente dejaré de trabajar cuando la tumba me inhiba de hacerlo, como un poema que dice "solo la tumba dejará de enseñarme algo". Pienso que seguiré trabajando hasta el último aliento.

¿Qué labor realiza allí específicamente?
Allí he desarrollado diferentes proyectos. En este momento no tengo ninguno porque mis proyectos son de teatro. Cuando hago el evento pido al Instituto Pedagógico, que para ellos ha sido buena, una colaboración con los estudiantes que cursan la carrera de instructores para hacer allí alguna representación de todas las manifestaciones como trabajo final de curso. He colaborado con el Instituto dando clases de voz, dicción y narración oral. También cuento con ellos para el evento que le dedico a Félix

Varona en la UNEAC al que llevo siempre, además, alguna figura representativa. Este año tuve la suerte de contar con un velasqueño ilustre que vi crecer hasta que se nos fue a estudiar a La Habana, donde ha hecho una carrera muy meritoria: Luis Toledo Sande, un gran estudioso de la figura de Martí, una excelente persona.

Sí, como no, lo conozco, hice con él un posgrado sobre Martí precisamente.

Pues este año logré que estuviera con nosotros y escribió un artículo que salió en La Jiribilla, si mal no recuerdo, en marzo. También tuve a Mayra Navarro y hubiera querido que estuviera Elvia Pérez porque ella es fundadora de la narración oral en Holguín. Cuando se presentaron por primera vez los narradores orales de otras provincias aquí en la UNEAC, ella se ocupó de que en Holguín se hiciera también un movimiento de narradores, entonces nos conocimos. Esto sucedió en 2002 y desde entonces tenemos una gran amistad. Y la maestra de maestros que es Mayra, pues también nos ha colaborado ininterrumpidamente, y este año pude, a través del Pedagógico, que se fundara una especialidad sobre esta opción. Estoy tratando de traer cursos de estas dos maestras para ayudar a preparar a alumnos de enseñanza artística; sería muy bueno instituir una especie de escuela, uno de los sueños de Félix junto a Sergio Ochoa, un poeta, delineante, vestuarista del Teatro Lírico. Un orfebre de exquisitez en el vestuario. Él y Félix se conocían desde el año 1962 y sabía de los sueños de Félix de hacer un edificio y, cuando el arquitecto Walter Betancourt llegó a Holguín, él los puso en contacto.

¿Quién es Walter Betancourt?

Era un académico genial, un increíble arquitecto, un hombre sencillo, puro, él creyó tanto en la Revolución que la Cátedra que le ofrecían como arquitecto civil en Estados Unidos pensó era menos que poder hacer una obra de la cual a él no le importaba cobrar ni un plano, como así lo hizo en Velasco, dedicada al desarrollo espiritual del hombre.

¿Era holguinero?

No, él era santiaguero, de una familia millonaria, los Betancourt, una parte de ella se había ido a Nueva York cuando la Guerra de Independencia por las persecuciones de las autoridades coloniales. Sus abuelos colaboraron con Martí durante esa etapa. Casi toda la familia se estableció en Tampa, pero sus padres se fueron a Nueva York donde nació Walter. Sus estudios de arquitectura los realizó en Virginia y los de Filosofía en California. Se había casado con una prima de los Betancourt y al triunfo de la Revolución vienen a vivir a Cuba, primero a Holguín, porque ya en Santiago estaban cubiertas las plazas para arquitectos. Así es como se conocen él y Félix y, como te digo, hizo su trabajo de arquitecto al frente del cual estuvo hasta su repentino fallecimiento en 1978. Uno de sus alumnos asumió la terminación

¿Cuánto tiempo estuvo en construcción esa obra?

Imagínate, fueron unos cuantos años. Se empezó en 1964 y se terminó en 1991; nunca estuvo planificada como algo prioritario, hubo veces que había un solo obrero trabajando, nunca se dio la orden de interrumpir una obra que estuviera edificándose, pero los presupuestos no llegaban, no había con qué comprar materiales. Intentaron dejarla, abandonar la obra, y entonces Félix se iba a La Habana y hablaba con alguna de las tantas personas importantes que conocía o tenía buenas amistades, porque él fue tesorero del Cuarto Frente. Era amigo de Melba Hernández, de Haydée Santamaría, y con esas personas y otras amistades conseguía un poco de dinero que entregaba aquí para que no se parara la construcción por falta de materiales, sin quedarse con un solo centavo para gastos personales, algo que sí se lo creo porque la casa que él hizo para él la fabricó de bloques para que la gente no fuera a pensar que estaba tomando los ladrillos de la fabulosa obra que mucha gente criticaba, pues la consideraban un gasto innecesario para ese pueblo donde hacían falta tantas cosas: casas, un hospital, etc.

Norma, dígame una cosa: a usted ¿cómo la puedo llamar: escritora, promotora cultural, narradora oral?

Yo soy una actriz que narro. Soy una campesina que soñó ser actriz y lo logró. No tuve escuela para formarme como actriz porque en esa época las escuelas eran para formar instructores y yo no quería ser instructora, quería ser actriz. Y cuando conocí a Félix y probé el escenario, pensé estar en un lugar ya conocido y no me pude desvincular nunca. Detrás de aquella primera obra, *El Oso,* vino *La zapatera,* con el vestuario que a él se le ocurriera, porque no le gustaban las faldas largas... La puesta de esa obra de 1963 o 1964, todavía la recuerda mucha gente. Luego estrenamos *Contigo pan y cebolla,* por decirte algunos títulos más conocidos; con él monté unas cuantas obras que él mismo dirigía al comienzo, pero luego me dejaba a mí esa tarea, gracias a lo cual pude desarrollar el trabajo con actores. La dirección artística como tal yo la respeto, creo que hay que nacer con aptitud para todo. Hay una fórmula que busca un director para hacer una obra ya puesta muchas veces para hacerla de un modo diferente: esa no es mi especialidad. Puedo, con mucho esfuerzo, hacerla, trato de trabajar con el mínimo de recursos, pero no es lo que más me atrae. Uno sabe, por la felicidad que disfruta cuando hace una cosa, cuándo está más cerca de una profesión que de otra y ser director de teatro es una profesión respetable. A mí me gusta trabajar frente a alguien que me diga cosas, aunque yo me pase la vida creando y al final el trabajo que propongo sea el que quede, eso a veces sucede así, otras no, depende de los intereses del director artístico. El trabajo con los actores sí me gusta mucho.

¿Usted llegó a dirigir obras teatrales?

Sí, tenía que hacerlo porque Félix se dedicaba a buscar todos los recursos para la producción. Yo hacía la dirección de acuerdo con sus instrucciones y luego el valoraba lo ya hecho por mí, nunca me dijo "no hagas esto" o "esto que hiciste no me gustó", es decir, tenía yo la libertad de hacer un poco a mi manera ese trabajo con actores y así, libremente me fui formando.

Ese trabajo en el teatro, ¿hasta cuándo lo estuvo haciendo?

Hasta 1973, no porque yo quisiera, sino por que sufrí la pérdida del padre de mis hijas, un suceso que me afectó mucho al punto de verme obligada a volver a la casa de mis padres durante dos años. Le agradezco mucho a José Ramón Prada, un director artístico que trajo Raúl Camayd para el Teatro lírico, y Félix lo llevó a Velasco y así nos conocimos. Prada me descorrió, vamos a decir, como una cortina hacia al mundo, y me dijo que podía integrar el teatro lírico, pues tenía voz para eso. Ya en ese momento yo tenía 29 años y no había estudiado música. Entonces me fui a ver a Camayd, el director del Lírico, porque ese era el único lugar seguro que tenía cerca de donde yo vivía, pues mis padres vivían a 35 kilómetros de Holguín. Pensé que sí podía hacerlo. Y me formé como profesional, incluso durante los primeros cinco años viajé en el coro del Teatro Lírico, donde empecé. Primero hice estudios elementales de música y luego aprendí con Náyade Proenza, la esposa de Raúl Camayd, ellos fueron mis maestros en las diferentes maneras de colocar la voz, un aprendizaje que me sirvió de mucho durante toda la vida. Más tarde transité más hacia la actuación en la zarzuela, como sabes, ese género lleva siempre actores. En provincias se ha hecho muy poca ópera. Aquí en Holguín solo se ha estrenado *La Traviata*, dirigida por mi segundo esposo, Alberto Dávalos, él vino de Matanzas a Holguín ya evaluado para ocupar una plaza que Camayd le había ofrecido desde 1972. Él admiraba el trabajo de Dávalos y Dávalos admiraba el cerebro creador de Camayd. Como tal vez sepa, Camayd fue un estratega de la cultura, es increíble la extraordinaria labor hecha por ese hombre en este pueblo: fundar el Teatro Lírico y fundar la escuela para perpetuarlo. Siempre he sentido por él una gran admiración

También yo he llegado a admirarlo a través de las valoraciones de las diversas personas que he entrevistado, da mucha pena que se nos fuera tan joven.

Sí, lamentablemente, solamente tenía 54 años cuando muere y mi esposo 55.

¡Ah, porque Dávalos también muere! Se vuelve a quedar viuda,
Esta vez en 1999.

¿Y cuánto tiempo trabajó en el Lírico?

Con voz de mujer

23 años. Me jubilé hace ya diez años. Después de la muerte de Dávalos, me resultaba muy difícil seguir en el Lírico. Con él viví días inolvidables, días que no pueden volver, entonces me refugié en el teatro y en la radio. Ya había hecho programas especializados para la radio, casi siempre sobre algo específico, por ejemplo, programas musicales para ser presentados en festivales. En este medio hice un nuevo aprendizaje, porque la radio tiene sus reglas, es lo más cerca del teatro por el rigor que conlleva. La amo desde niña, por aquel sueño fomentado por las lecturas en las revistas y lo que oía en la radio. En 1999, en medio de aquella crisis, además con problemas familiares, sobre todo con la salud de mis hijas, ya por suerte han sido resueltos, me fui para la radio.

¿Se integró a la radio como actriz o como creadora de programas?

En ambas tareas. Como actriz y también colaboraba como locutora, eso fue lo primero que empecé a hacer allí. El programa se llama *A esta hora*, sale a las once de la noche. Es un programa que quiero mucho pues tenemos un equipo que es ya como una familia, sigo trabajando en él, llevo ya 19 años y pienso seguir. Y en diferentes programas, tanto en cuento, como estampas históricas trabajo como actriz. Tampoco he dejado el teatro, todavía subo a la escena y represento pequeños papeles. Lo último que hice fue un trabajo sobre Victoriana de Ávila, una gran humanista.

Casualmente ayer pasé delante de la tarja dedicada a esta mujer de la cual nunca había oído hablar, cuénteme un poquito sobre ella.

Esta mujer fue una esclavista holguinera que al igual que otros esclavistas tenían pensamientos diferentes a los de la mayoría, por supuesto, sin dejar de ser lo que eran. Pero esta mujer, por lo que he podido averiguar entre lo que guarda el museo de Gibara, donde incluso están sus testamentos, el libro de María Julia Guerra que ha investigado sobre ella, puedo decirle sobre esta mujer de firma rústica, tenía para su tiempo un alma sublime, no es la mujer que nace con el pensamiento del ´68, pues ella nació en el siglo 18, exactamente en 1774, incluso muere antes de las guerras, en 1864, por eso opino que ella es el sedimento del pensamiento independentista. Según los historiadores, la mayoría de los esclavistas holguineros no consideraban al negro como un animal, pensamientos que sí tenían muchos esclavis tas, como han dejado escrito varios historiadores. En cambio, para la mayoría de los holguineros no, para ellos sus esclavos eran seres humanos. Y esta mujer, a la muerte de su esposo, un esclavista, dedicó la fortuna heredada a realizar obras sociales y religiosas en la entonces villa de Holguín. El matrimonio vivía en Gibara, pude visitar esa casa y ver la placa colocada allí donde consta que esa fue la primera casa fabricada en Gibara. Estaba buscando información para escribir un texto histórico, más bien un poema, interpretado por mí y así descubrí también una casa aquí en Holguín donde estuvo un hospital para pobres mandado a construir por Victoriana, allí también hay una placa. Ella vivía entre Gibara y Holguín. Esta mujer no se destacó como heroína de una guerra, pero donó todo su capital a obras sociales. Mandó a construir la iglesia de Gibara y en su testamento les dejó a sus esclavos un trapiche, además del dinero para que compraran la libertad. Y cuentan que cuando se desató una gran epidemia en estas tierras, ella iba a atender a los enfermos.

Realmente es una vida muy interesante, adelantada Victoriana para su época. ¿Usted pudo terminar su homenaje? ¿Le escribió un poema o una obra de teatro?

Sí, como no, lo terminé. Finalmente escribí un monólogo homenaje a esta mujer, en el libreto incluimos facetas de su vida, para humanizar al personaje. En 2014 lo estrenamos en Gibara y lo mantengo en mi repertorio

¿Y cómo titularon la obra?

Con su nombre: *Victoriana*. Propuse el título porque ella tiene un nombre poco común. No fue tampoco una mujer académicamente ilustrada, eso se ve en lo ruda que es la firma, sin embargo, fue una mujer que tuvo pensamientos de libertad, avanzados para su época.

¿Usted escribe? ¿Ha publicado algo?

Escribir, sí, escribo, pero nunca he publicado. Escribo cuentos cortos, algún texto poético. Lo único que he publicado es un texto sobre la esencia de algunos personajes lorquianos y sobre el recuerdo de mi bisabuela que fue una emigrante canaria que llegó muy joven a Cuba con algunos familiares, huyendo de la hambruna. Soy descendiente de canarios por los dos lados, pero no sé mucho de esos antepasados.

Aquí en Holguín hay muchos descendientes de canarios y también de otras regiones españolas.

Sí, como no, hay muchas agrupaciones de descendientes españoles. Estuve en Canarias para un trabajo de la narración oral porque, a partir de 2002, empecé a aglutinar talentos para la narración; he orientado las primeras cosas que aprendí, porque la oralidad tiene reglas diferentes, como las tiene la radio. Un narrador, por llamarle de ese modo, aunque en realidad es un cuentero, tiene que ser un gran improvisador; más que tener buena memoria, hay que saber improvisar. Usted puede tener un público que lo espera y le han dicho que tiene tal edad y posee determinadas características, pero cuando usted llega al lugar esa impresión puede cambiar. Usted tiene que llegar a ese público con un tono determinado y atrapar su atención desde la primera oración

Por lo que me cuenta, es usted una suerte de artista renacentista por tantas facetas en su diario quehacer: la radio, el teatro, la música, la oralidad, la promoción cultural, es una mujer multiplicada en varias.

Tengo todo eso, pero al teatro se lo debo todo. Mi formación personal en el teatro lírico fue una suerte. Todavía canto en función del teatro. Si veo que puedo dar un punto de giro cuando hago un monólogo y puedo transitar por alguna canción, puedo buscarla. Por ejemplo, he trabajado los personajes del teatro de Lorca con algunas de las canciones que él armonizó. Yo soy muy admiradora de Lorca, pienso que en él se funde toda una tradición mediterránea y se hace moderno con talento, con gusto, como un gran orfebre del lenguaje. Cuando empecé en el Lírico lo primero que hice fue "Llanto por Ignacio Sánchez Mejías", en cuatro tiempos, con bailarines y música, aún lo mantengo en repertorio.

Norma, estoy muy feliz de haberla conocido y compruebo son bien merecidos los elogios que sobre usted he oído. Muchas gracias por todo lo que me ha contado.

Para mí ha sido tremendo gusto también habernos encontrado hoy. Muchas gracias.

A MÍ NO ME PREOCUPA LA POSTERIDAD

Marina Cultelli
Montevideo, Uruguay, 1958[4]

Conocí a Marina en circunstancias especiales. Estaba yo recostada a una pared, en el aeropuerto de Barajas, en Madrid, con el equipaje a mi lado, esperando que abrieran la facturación a las 10.30 de la mañana (eran apenas las 8.30). Ella se acercó y dijo amablemente: "Mire, allá atrás hay unos bancos, vamos a sentarnos".

Muchas gracias, le dije. ¿Tú también esperas que abran la facturación para Cuba?

Sí, ¿usted también va para La Habana?

Sí, allá vivo. ¡Tú no eres cubana!

No, soy uruguaya.

Uruguay, ahí tengo yo una buena amiga, pero claro, no va a dar la casualidad que la conozcas: se llama Celeste.

¿Zerpa? dijo ella.

Sí, ése es su apellido

¡Qué casualidad! Mira tú donde mi amiga Celeste Zerpa me hace conocer a una compatriota suya.

Es que a Celeste todo el mundo la conoce.

Y así empezamos a hablar, esta amiga de Celeste y mía. Al llegar a La Habana Marina me ayudó con mis matules y me invitó a una exposición que debía cerrar el 14 de julio en la galería Fresa y chocolate en el Vedado. Y, por supuesto, aproveché la ocasión para grabarle la siguiente entrevista.

Marina, lo primero es saber el motivo de esta visita a La Habana.

Estoy en Cuba gracias a una invitación realizada por el ICAIC para exponer unos cuadros de pintura en la Galería Fresa y Chocolate, frente al edificio de ese instituto, en 23 y 12. Esta invitación data desde hace algún tiempo, a raíz de la relación amistosa que sostengo con Santiago Yapur, el productor general del ICAIC, con el cual estamos planificando lo que podría llegar a ser la primera producción cinematográfica entre

---

[4] Entrevista grabada en Centro Habana. Julio 14 de 2016

Uruguay y Cuba. Sería una película sobre aspectos históricos muy importantes de nuestro país, específicamente ubicados en la toma de la ciudad de Pando por el Movimiento de Liberación Nacional Tupamaros, de ahí el nombre de la misma: *Tupamaros en acción*. Debido a esta producción va Yapur al Uruguay, donde recibe el Premio Ciudadano Ilustre de la Ciudad de Montevideo, premio otorgado por la intendenta de esa ciudad, Ana Olivera, hace dos años. Este premio parte de una frase de nuestro prócer José Gervasio Artigas que dice: "Sean los orientales tan ilustrados como valientes". El territorio que antes ocupara nuestro país y que fuera liberado por Artigas se denominaba la Banda Oriental, de ahí esa frase suya. A cada persona que recibe nuestro país y que es considerada un ciudadano destacado a nivel latinoamericano, se le otorga esta distinción, ella constituye el máximo reconocimiento del país para ciudadanos extranjeros. Y en este caso, Yapur representa al ICAIC, una institución muy destacada en toda Latinoamérica, no solo por el trabajo hecho en Cuba, sino por su participación en el desarrollo cinematográfico de otros países de nuestro continente.

Esto quiere decir que eres artista plástica también, porque en nuestra primera conversación, allá en Madrid, me hablaste de tu quehacer como dramaturga.
Sí, yo soy pintora y también artista audiovisual. He realizado documentales, uno de ellos sobre Atahualpa del Cioppo, premiado en 1993, como Mejor Documental en el Festival del Nuevo Cine Latinoamericano. Soy autora y directora teatral de larga trayectoria. ¿Cuántas obras tengo? Pues no las he contado. Pienso que son decenas.

Y debes tener varios premios con tan diversas manifestaciones que te ocupan.
He recibido algunas distinciones por mis obras de teatro. Unas las he dirigido yo y otras, María Dodera, una gran directora, que recibió el premio a la Mejor Dirección en el recientemente finalizado Festival del Monólogo de Cienfuegos, este 2016. Nosotras somos grandes amigas y siempre que puedo, me gusta citarla y recordarla porque es una gran persona, además de una gran artista. También me han otorgado algunos Premios de la Crítica. Una vez me ocurrió una cosa simpática en Buenos Aires. Me

estaban entrevistando y dijeron: "Aquí les presentamos una gran personalidad ..." y dije, "un momento, perdone la interrupción, con ser persona alcanza, dejemos las personalidades y las famas para otros cursos y otros rumbos". Además, soy profesora universitaria y tengo varias responsabilidades en lo referido al quehacer académico y educativo, algo que forma parte del día a día y de lo que puedes dejar en cada uno de los estudiantes con los que te enfrentas. Sobre todo, estoy encargada de los cursos de video y de espacio escénico en los últimos años. Como imaginarás, estoy rodeada de jóvenes, algo que te permite estar aprendiendo siempre algo de ellos; ahí tenemos un buen equipo de trabajo. Habida cuenta de esta invitación para exponer en Cuba, el Instituto Superior de Bellas Artes de Uruguay, integrante de la Universidad de la República de Uruguay, me designa para realizar intercambios con el Instituto Superior de Arte, el ISA de Cuba, del cual soy una de sus egresadas. En ese sentido he realizado algunas entrevistas y conversaciones, tanto con la directora de Relaciones Exteriores, Sonia Ortega, como con el vicerrector, también de apellido Ortega, así como con los decanos de las diferentes facultades, estos intercambios han sido muy fructíferos tanto para los referidos a artes dramáticas como de audio visuales, pues hemos podido visibilizar varias áreas en las cuales pueden hacerse intercambios de estudiantes y docentes entre nuestros dos países. Por ejemplo, podríamos comenzar con muestras de audiovisuales y producciones fotográficas, de artes plásticas, etc., que pueden ir armándose y ya en un año, más o menos, puedan estar apreciándose muestras de los trabajos de estudiantes o docentes en uno y otro país. Entre los propósitos está también, en un futuro no tan inmediato, buscar fondos para realizar cursos, esto ya posee una complejidad mayor pues la idea es producir un intercambio sostenido que nos permita nutrirnos mutuamente de nuestras respectivas culturas y enriquecernos con los aportes alcanzados por cada una en su medio específico. Es decir, estos son los dos motivos principales por los que estoy aquí: mi exposición de pintura y estos contactos con el ISA; pero no se trata solo de actividades laborales, pues, cada vez que vengo a Cuba me reencuentro con mi familia elegida. Esta familia elegida está compuesta por los afectos construidos durante los quince años que viví aquí.

Algo de eso me contaste; ¿cuándo viniste y en qué circunstancias llegaste a La Habana?

Vine como exiliada política, cuando con mi familia tuvimos que salir de Montevideo huyendo de la dictadura militar. Nuestra llegada a Cuba fue un revés a lo que estábamos viviendo en mi país, pues tuvimos una acogida extraordinariamente solidaria. Aquí nosotros pudimos aprehender de los valores del pueblo cubano, de la cultura, y de todo lo relacionado con la forma de vivir de este pueblo, desde las colas en la bodega con la tarjeta de abastecimiento, los pros y los contras, los amigos que uno hizo. Con todo eso construimos, junto a mis hermanas, a mi mamá y mi papá, una familia elegida: nuestra familia cubana. Y a su vez, estas personas nos han integrado a nosotros como parte de su familia, gracias a lo cual hemos podido mantener estos lazos afectivos, aun después de habernos reintegrado a nuestro país de origen, primero a través de cartas postales, ahora a través de internet, viajando alguna de mis hermanas acá... Recuerdo que mi mamá y mi papá ya estaban muy viejitos y el único deseo que tenían era el de volver a Cuba y no pudieron hacerlo. Entonces aproveché una campaña que se estaba desarrollando en Uruguay por la libertad de los cinco, e invité al trovador Augusto Blanca, es un gran amigo, y a Marta Díaz, actriz y directora de teatro para niños, a participar en esa campaña. Ellos realizaron varias funciones en el Museo de la Memoria, el Teatro Galpón, muy bien acogidas por el público uruguayo y mi mamá (ya había fallecido mi papá) disfrutó muchísimo ese pedacito de Cuba. Esos son regalos que la vida te da. En ese sentido me siento privilegiada pues, independientemente de haber vivido situaciones muy difíciles que no vale la pena relatar, porque todas las situaciones vividas en una dictadura son violentas, también tuve la contraparte de recibir aquí una formación académica sólida, unos afectos conmovedores.

Aquí me casé con el poeta Ángel Escobar, nosotros tuvimos una linda relación durante doce años, hasta que la relación dejó de ser linda y nos separamos. Gran parte de su obra la hizo mientras estuvimos juntos. Nos conocimos cuando apenas teníamos 16 años, éramos, como se dice en Uruguay, unos chiquilines, ésta es una forma graciosa de nombrar a los jóvenes. Él empieza a escribir en esos años y nosotros (digo nosotros refiriéndome a mis padres, a mi familia) que conocíamos a Mario Benedetti los pusimos en contacto, y él estuvo orientando a Ángel durante cuatro o cinco años. En realidad, mi familia fue una familia para Ángel y sé que eso fue muy importante para él. Luego ganó el Premio David. Fuimos muy felices, nos quisimos mucho, luego pasaron cosas; él se enamoró de la chilena con quien después se casó, pero siempre mantuvimos una relación de amistad, él me guardó un cariño muy especial, verdaderamente siempre estuvo muy agradecido a todo lo que nosotros le aportamos porque él venía de una familia que… No quiero relatar aquí todas las situaciones que vivió en su infancia, solo diré que él quedó huérfano, por eso mi familia fue para él una familia sustituta, algo muy importante, incluso para su formación como escritor. Y para mí fue mi primer amor, y eso nunca se olvida. Y quiero aclarar una cosa: No tengo una visión trágica de Ángel Escobar. Al menos no viví la relación con él con un signo trágico, al contrario. Sí es verdad que él tuvo su primera crisis poco antes de separarnos, pero no nos separamos porque él estuviera en crisis, sino porque él eligió otra mujer, algo que pasa en cualquier pareja y una dice: "Pues muy bien, quédate con ella". En ese momento, claro está, una lo sufre, pero qué remedio. Mientras la relación duró, para mí fue vida. Y siempre digo: Una persona puede tener una enfermedad, pero hasta que no tienes esa enfermedad eres una persona sana. Yo viví la etapa sana de Ángel Escobar. Cuando nos conocimos él era un muchacho muy vital. Era un muchacho alegre, se pasaba la vida haciendo bromas, aunque era tímido, tenía un carácter muy profundo. Mi padre tuvo una incidencia muy grande en él. Te explico. Mi padre era muy exigente, pretendía que nosotros tuviéramos el máximo nivel cultural. Por ejemplo, desde los catorce años nos hacía leer a Hegel. Claro, en la etapa que pudimos disfrutarlo, porque él estuvo desaparecido en Argentina y fue preso político cuando sufríamos la dictadura. Mi padre está considerado como uno de los luchadores más destacados contra la dictadura argentina, hay una placa en memoria de los 30 mil desaparecidos y en ella hay 30 nombres de las personas más destacadas en la lucha contra aquella dictadura militar y entre estos 30 nombres el único uruguayo es el de mi padre, Andrés Cultelli. Él tuvo una vida muy destacada, en el nivel político del partido de izquierda, el movimiento de participación popular liderado por Mujica. Quien ve a Mujica, ve parte de la historia del Uruguay y puede también imaginar cómo pudo haber sido mi padre. Era de origen muy humilde, autodidacta, pero logró hacerse abogado y tuvo una exigencia muy grande a nivel intelectual. Estaba recién llegado a Cuba, había salido de la cárcel, cuando conoció a Ángel, y el primer día le dice: "Usted es un gran poeta, pero le falta formación. Ahora usted se va a reunir conmigo todas las semanas y vamos a leer todos los filósofos, pues para comprender el Marxismo hay que conocer también a los idealistas". Ángel tenía ya 20 años, pero aceptó esas exigencias de mi padre que le hicieron mucho bien; le permitió profundizar en su formación, lo que hoy se denomina formación no académica. Pienso que no se puede hablar de la formación de Ángel Escobar, sin mencionar, por supuesto, a la Escuela Nacional de Arte, al Instituto Superior de Arte, a Mario Benedetti y a Andrés Cultelli. Estas son cuestiones que no se conocen porque las personas que han dado testimonio sobre su vida, lo conocieron cuando ya era reconocido, ya tenía una obra hecha, etcétera. Sobre esto me hizo una larguísima entrevista, el doctor en literatura Julio César Aguiar.[5] Creo que, obviamente, si Ángel no hubiera tenido talento, le puedes poner a cien Benedetti, a cien Cultelli y a todas las carreras del ISA habidas y por haber o de todas las mejores universidades del mundo, que Ángel Escobar no llega a ser Ángel Escobar, porque realmente, su talento era excepcional. Ni la mejor universidad del mundo crea poetas como como Ángel Escobar. Es más, la construcción del pensamiento poético y del lenguaje poético difícilmente salgan de la academia. Nosotros decimos, como profesores del área artísticas: Uno puede contribuir al desarrollo de esa potencialidad, pero si tú no la traes, difícilmente uno pueda hacer algo. Pero, a veces esa potencialidad y ese talento están ocultos y lo que hace el docente es una labor facilitadora para que emerja ese talento y se desarrolle. En el caso de Ángel esto ocurrió a muy temprana edad. Y me siento

---

[5] Publicada bajo el título "Ángel Escobar revisitado desde una perspectiva íntimamente humana: una conversación con Marina Cultelli". (Abril 30, 2016).

muy orgullosa de haber contribuido a que esto sucediera. Bueno, mi mayor orgullo no es ése. Mira, yo me enamoré de Ángel, por Ángel, por como era él. Cuando nos conocimos él no era poeta, es más, el primer poema que hizo me lo dedicó a mí.

Creo que es el momento de hacer justicia, de poner las cosas en su lugar y ver a Ángel como la persona vital que era. La gente no es un suicida, es un suicida cuando se suicida. Ángel joven es una persona vital, apasionada, amante, esposo, qué sé yo, con todos los pros y los contras de los adolescentes. Vivíamos haciendo ejercicios, bailando, como cualquier pareja enamorada, no nos faltó hacer nada.

Bien, mi amiga, volvamos a ti. Cuando terminaste el ISA te quedaste viviendo en Cuba un tiempo más. ¿No?

Yo finalizo el ISA en 1986... En 1985 terminó la dictadura en Uruguay y comienza lo que se llamó "El proceso hacia la democracia", entonces mi familia, igual que otros muchos exiliados, regresa a su patria y regreso con ellos. No fue fácil el desexilio.

Conozco esa palabra, inventada por Benedetti.

Sí, esa palabra creada por Benedetti hoy por hoy la utilizan ya todas las academias. Es una palabra que designa las dificultades inherentes a la inserción en el país de los exiliados. Esa palabra no designa solamente el regreso, sino el regreso y las dificultades. Estas dificultades tienen que ver con esto: sí, la dictadura había dejado de existir, pero quienes gobernaban eran reaccionarios y llegar a Uruguay con títulos cubanos era el rechazo de la mayor parte de los medios educativos y de los medios culturales, en sentido general. En conclusión, una tuvo que comenzar una inserción en medio de un ambiente hostil. Comencé a trabajar en distintas instituciones docentes, por concursos, pero me daban muy pocas horas, porque de pronto, alguien que se había formado conmigo en un curso de pocos meses, salía por encima de mí y con mayor cantidad de horas, porque mis títulos eran cubanos. Esta situación comenzó a revertirse positivamente, antes incluso del advenimiento de la izquierda al gobierno. En mi caso, además de ese trabajo docente siempre realicé una tarea artística. Podía no tener dinero, pero me uní a una generación, que en Uruguay se llamó de los Noventa. Éramos un grupo de creadores teatrales, entre los que hubo algunos muy destacados en la creación de obras en espacios no convencionales. Esto no fue lo mismo que el teatro callejero, porque nosotros convertimos un revés en victoria porque alquilar una sala de teatro costaba cien dólares por día, y nosotros no teníamos dinero, entonces se nos ocurrió trabajar en el Cabildo; esta era una edificación colonial, pero la convertimos en el Palacio de los Pelópidas donde se montó una versión que hice de *Electra* de Sófocles, dirigida por María Dodera. Esa construcción tenía columnas y tenía un espacio dentro de la escalinata y la obra causó un buen impacto dentro del mundo cultural. Así hicimos también otras obras que fueron muy bien recibidas y removieron las convenciones teatrales a las que la gente estaba acostumbrada. Modestamente hablando, ganamos espacios no habituales para la representación teatral. Hoy por hoy ya esto forma parte de la cotidianidad.

¿Este teatro del Cabildo se mantiene?

No, nosotros tomamos ese espacio en el caso de esa obra, pero para otras obras escogimos otros. Por ejemplo, en la versión que hice de *Zaratustra*, versión basada en *Así hablaba Zaratustra*, nosotros cuestionábamos toda la maquinaria del Estado, la montamos en el Salón de los Pasos Perdidos del Palacio Legislativo. Aquí quiero señalar algo que me parece importante. Y es que, habiendo salido apenas de la dictadura, aquella obra griega conmocionó a la sociedad, sobre todo por un parlamento que decía: "Ni el rayo de Zeus ni la justicia dejarán esto impune por mucho tiempo". Y claro, habiendo ocurrido gran cantidad de asesinatos, desapariciones y la ley de impunidad para los asesinos, te puedes explicar por qué cada noche había más de quinientas personas peleándose para entrar. Naturalmente, la conmoción generada por esta versión teatral tenía que ver con el contexto socio cultural y político que estábamos viviendo en ese momento. Nuestro público era mayoritariamente de jóvenes de entre quince y treinta años. Luego, una de las últimas versiones que hicimos fue la de los Macbeth, en el mismo momento en que se estaban enjuiciando a los grandes dictadores. En realidad, no es una versión, es un texto que escribo en el cual Lady Macbeth vive en una gran casona y el público transita por ese espacio y ocurren una serie de acontecimientos que no te voy a contar porque una obra de teatro es para ver; sí puedo decir que mereció varios premios de la crítica. Nosotros no pretendíamos innovar nada, solo queríamos ser consecuentes con una concepción estética muy clara y resolver una situación muy puntual con la puesta en escena de nuestras obras pues no podíamos exponer en las salas teatrales por las condiciones económicas en que vivíamos. Así convertimos aquellas dificultades en potencialidades, es decir, nos apropiamos de otros espacios públicos para hacer teatro. Esto fue una innovación, hoy es algo muy común. Naturalmente, para nosotros tampoco era factible hacer el Palacio de los Pelópidas en un lugar sin columnas griegas como tenía el cabildo, porque nuestra concepción estética de esa puesta estaba muy definida, y para lograrla la elección del espacio era vital. Lo mismo sucedió con una serie de obras que hicimos en similares condiciones, de las cuales no voy a hablar porque si no esto sería interminable.

Has hablado con mucha vehemencia del teatro, pero también eres pintora. ¿Es el teatro tu género favorito?

Esa pregunta me la hace todo el mundo. No es que me guste más el teatro. Cuando empecé a hacer los audiovisuales la gente me decía: "Ahora vas a dejar el teatro". Y no, nunca lo voy a dejar. Como pintora he tenido suerte, bueno, medianamente, y de nuevo la gente pronosticaba: "Ahora vas a dejar el teatro", pero no es así, el teatro es único: es el hoy, el aquí, el ahora. Yo tengo una mentalidad teatral. A mí la creación e integración del lenguaje plástico en mi obra artística me produce un estado de total placer, un estado de paz muy grande. Pero no comparto algunas concepciones pictóricas, como por ejemplo esas que reivindican la utilización de un determinado material porque la obra puede durar 200 años. A mí qué me importa lo que dure la obra. Yo estoy aquí y ahora, eso es lo que me importa, vivo el hoy como el teatro, su público es el hoy y eso es lo que me importa. Obviamente, también es situar el aquí y el ahora al artista como persona. A mí no me preocupa la posteridad, me preocupa el hoy. Y si en el hoy puedo dejar un granito de arena en la mentalidad de la gente, en su disfrute y apreciación de una obra artística, ya sea en teatro, en pintura o en obra audiovisual, soy feliz. Me hace feliz crear en cualquier manifestación. Claro, hay diferencias. En la pintura tú estás contigo misma, eres tú sola en medio de un universo de colores y de formas. En el teatro estás en un colectivo. Nunca jamás vas a estar sola ni aunque estés creando un monólogo. Y esas diferencias van a estar en el audiovisual donde tienes responsabilidades individuales, pero tienes también un equipo, y si no funciona, todo el trabajo creativo fracasa. En cambio, la pintura es casi un soliloquio, aunque tampoco es tan así, porque luego tú no te guardas la obra, tú la ofreces al público.

Pero en la pintura veo que das rienda suelta no solo a tu imaginación pictórica sino también literaria. En esta exposición que acabo de disfrutar, además de los títulos de cada obra, escribes una suerte de relato alrededor de lo que estás reflejando a colores. Como si no te alcanzara la pintura para expresar todo lo que tu imaginación quisiera. Al menos esa fue la impresión que me llevé.

Quiero aclararte algo. Soy teatrista, soy creadora audiovisual, soy pintora, pero eso a mí no me sirve. Soy artista y no puedo ser fragmentada en esto, en aquello y en lo otro. Soy una persona integral. Mi proceso creativo en lo pictórico incluye la creación literaria. Verdaderamente nunca me propuse conscientemente hacer algo así. Esto surge como un proceso natural. Igual que un pintor hace una obra y cuando está terminada le pide a un escritor que escriba sobre ella, a mí me pasó lo mismo, solo que no acudí a otro para que escribiera, lo hice yo misma, pero no antes sino después que el cuadro estaba terminado. Esto que hoy da mucho de qué hablar en las prácticas artísticas, sobre la multifuncionalidad, la interactividad de acciones de diferentes lenguajes artísticos dentro de una obra como tal ocurre naturalmente. No busco lo nuevo, si lo encuentro bienvenido sea. Voy a decir un refrán uruguayo muy popular: "No hay que poner la carreta antes que los bueyes".

Disculpa, no es uruguayo, en Cuba también se dice mucho. Seguramente viene desde Cervantes.

Claro, de ahí venimos todos. Hago una búsqueda del contenido y desde allí surge la forma. Y si la forma que debe surgir ocurre en la confluencia de dos lenguajes, bueno, pues bienvenido sea. Creo que como artista soy una totalidad. Sería absurdo e imposible decir que en el teatro yo no utilizo mis conocimientos pictóricos. Si muchas veces la que diseña el vestuario y da las orientaciones de cómo debe ser la escenografía soy yo. Es más, dentro de mis obras de teatro integro también el lenguaje audiovisual y no porque ahora está de moda, porque las modas y los modismos, ¡Dios me guarde!, son terribles si no ocurren a nivel orgánico y natural. A veces ocurren determinados errores. Por ejemplo, obras teatrales que tienen méritos insoslayables introducen una secuencia fílmica, pero, obviamente esa secuencia fílmica no posee el mismo nivel estético que el resto de la obra, es más, si la quitas pues mejora, pero como está de moda, ahí está el agregado lastrando estéticamente una obra con méritos propios. Eso es lo malo de las modas. Soy artista integral, manejo tanto el lenguaje teatral como el audiovisual, lo cual me ha permitido utilizar ambos en una misma obra con dignidad. Al menos, gané un Florencio con una obra teatral que hice con estudiantes del Instituto Nacional de Bellas Artes y actores profesionales. He trabajado bastante en este sentido. Por supuesto, los estudiantes de los últimos años tienen ya un nivel creativo desarrollado. A los de artes plásticas los hago trabajar con el medio teatral, incluidos los actores profesionales que tienen ya una trayectoria. Y esto ha dado muy buen resultado. Como ya dije, soy docente y trabajo en el Instituto Nacional de Bellas Artes donde estoy a cargo de prácticas artísticas, pues el instituto se ocupa de la creación plástica visual. La escuela de teatro está en otra órbita universitaria pues se aborda el aprendizaje teatral desde la óptica de los plásticos y esto ha producido un proceso creativo diferente y muy importante. Quiero mencionar el equipo de trabajo de los docentes y de la dirección del Instituto Nacional de Bellas Artes, pues tienen una metodología muy particular, desde el punto de vista pedagógico es facilitadora del proceso creativo. Allí hemos hecho una trayectoria que viene desde los años ´60 con un compromiso creador con el pensamiento más avanzado y más progresista de la sociedad, que le ha valido haber sido designado por la Federación Estudiantil Universitaria Uruguaya como

Símbolo de la lucha estudiantil contra la dictadura, justamente porque en ese ámbito universitario se llevaron las luchas más importantes durante la década del sesenta contra el autoritarismo que venía preparando el advenimiento de la dictadura militar. Lógicamente, esto propició la intervención militar de la escuela y muchos docentes fueron hechos prisioneros y otros tuvieron que ir al exilio, muchos estudiantes fueron asesinados. Eso fue algo terrible. Recientemente hice una investigación sobre estos acontecimientos porque la memoria es algo fundamental, no puede perderse. La resistencia cultural es algo que tiene sus particularidades en medio de las dictaduras militares. En el Cono Sur tuvo sus especificidades en los diferentes países pero, indudablemente, ya forman parte de nuestra historia y de nuestra cultura, y ¿por qué no decirlo? de nuestro orgullo nacional. En Uruguay entramos en un buen momento a partir de 2005, cuando comenzamos a vivir el advenimiento de la izquierda; por supuesto, esto no quiere decir que todo sea color de rosa. Hay muchas dificultades, vivimos en un país capitalista, pero se lucha contra la mercantilización de la educación y sigue formando parte de la resistencia a la globalización y a la imposición de los nortes, lo que lleva implícita la contribución al desarrollo en los estudiantes de una conciencia crítica de esas prácticas globalizadoras y que él sea capaz de discernir qué es lo mejor para ser un ser humano íntegro.

Pues muchas gracias, Marina, me has dado, además de una amplia visión de tu quehacer como artista, un interesante panorama de este Uruguay que espero conocer en algún momento.

Ojalá que muy pronto te tengamos por allá.

EL PERIODISMO NO SE PUEDE EJERCER SIN PASIÓN

Ángela Oramas Camero (1942)[6]

Hace bastante tiempo que conocía a Ángela Oramas, sabía de sus múltiples actividades como periodista, radialista, escritora, pero en realidad, durante los últimos años nos veíamos poco, hasta que hace algunos meses nos encontramos en un evento cultural y, conversando de lo transcurrido en toda esta etapa, me di cuenta que no podía dejar de entrevistarla, y ella, gustosamente, accedió a grabar.

Nací en Bejucal, que antes pertenecía a la provincia Habana, el 10 de diciembre de 1942. Soy de una familia nacida también en La Habana; hasta donde sé, todos mis ancestros fueron habaneros. Me gustaron dos cosas en la vida. Cuando era pequeña quería ser artista de las artes plásticas y también me gustaban las letras. Mi padre me hizo estudiar en un colegio de monjas, donde estuve hasta los catorce años de edad y terminé el octavo comercial. En aquella época el comercio era el trabajo más rápido que se podía conseguir, pero en realidad yo no había nacido para los números, de todos modos, matriculé en la Escuela de Comercio de Marianao. El mismo día que comenzaban las clases hubo una huelga general, estamos hablando del régimen de Batista, que en esos años estaba en pleno apogeo. Esa huelga me impidió tener la tortura de estudiar Comercio. Cuando llegó el triunfo de la Revolución me dije: "esta es la mía: o me voy para la escuela de San Alejandro o para la Facultad de Periodismo". Y fue Periodismo la que escogí. Por varias razones, entre otras, porque desde el punto de vista económico era más rápido tener un salario, y más seguro pues todos los meses cobras; en cambio, trabajar como pintora significa estar a expensas de vender un cuadro.

Estuve seis años en el periódico Granma, ahí me inicio como periodista. Tuve a Jaime Sarusky entre mis primeros jefes en la página cultural. A mí me tocó atender radio, televisión y cine. Pero atender cine para mí era muy difícil, pues tenía que trabajar por la noche cuando se hacían la

---

[6] Entrevista realizada en la casa de Ángela Oramas, en el Vedado. Septiembre de 2018.

mayoría de las reuniones, y ya tenía a mi hija pequeñita y vivía en Miramar, bastante lejos. Estas cosas me dificultaban atender este medio y se lo pasaron a Rolando Pérez Betancourt. Sí me quedé con radio y televisión y mis trabajos a veces aparecían con ilustraciones de René de la Nuez. No se sabe si ése es el camino que se me abre para seguir trabajando más tarde en la radio. Antes estuve trabajando un tiempito con Mirta Rodríguez Calderón en cuestiones sociales y, al fundarse el periódico Granma para las montañas, paso a trabajar en esa publicación que más tarde se llamó Granma campesino; eso me facilitaba también mis estudios en la Facultad de Periodismo porque este periódico salía solamente una vez al mes y esto me permitía tener más tiempo libre.

O sea, ¿trabajabas ya en Granma y estudiabas la licenciatura en periodismo?

Así fue. Un día llegó a Granma un Vice Ministro de las FAR, Antonio Pérez Herrero, solicitando cuatro periodistas para la creación de un noticiero radial que se llamó Información Política y entre los cuatro había una mujer, con nombre y apellidos. Esa mujer era yo. En realidad, no quería trabajar en la radio porque me parecía un trabajo muy duro para una persona que aún no había terminado la carrera en la Universidad, vivía lejos, tenía una hija pequeña...

¿Y por qué estaba tu nombre en la lista de los cuatro?

No lo sé, nunca lo supe. Yo lloré ese día, pataleé. Era muy joven, no tenía más que 23 años. Y decía: "No, no quiero, no me quiero poner ningún uniforme". Era la época de los Beatles, la mini falda estaba de moda y yo quería seguir usándola. Había un programa musical, también de las FAR, llamado A las 20 horas, en él no se podía poner a los Beatles que a mí me gustaban mucho. Siempre he sido muy auténtica y nunca he podido tener un pensamiento diferente a lo que hago. A mí me hubiera gustado poner a los Beatles, pero no los podía hacer porque estaba prohibido. Y otras motivaciones más personales me hacían tener esa negativa de pasar a trabajar en la radio.

La radio es un medio que cuando uno lo conoce, cuando uno comienza a trabajar en él, es para toda la vida. Tiene un imán atractivo del que nunca puedes salir. Entré a trabajar en Información Política donde llegué a ser su directora. Creo que fui la primera y la única mujer, hasta ahora, que en Cuba haya dirigido un órgano de prensa militar de nivel nacional, porque al mediodía el noticiero se encadenaba con todas las emisoras del país. Teníamos tres emisiones, una a las seis de la mañana, por Radio Rebelde, otra a las 7 y media de la noche por esa misma emisora, pero la del mediodía era por todas las emisoras incluidas las locales. Éramos un grupo muy pequeño y eso hizo que acelerara mis conocimientos sobre el periodismo radial, pues lo mismo teníamos que hacer un editorial que cubrir una información, hacer un reportaje, una entrevista en la calle, en fin, un poco de todo. Al principio teníamos como jefe a Caíñas Sierra, un gran conocedor y profesional de la radio y sobre todo de la televisión; Caíñas nos enseñó a nosotros los procesos de la radio: grabar, editar, y todo lo que había que saber para hacer un programa, porque éramos tan pocos que teníamos que saber de todo. Incluso nos dio un curso de locución. En más de una ocasión tuve que sacar el noticiero completo en mi voz porque el carro que recogía a los locutores se rompió. Y en esa época el noticiero se hacía en vivo y, por supuesto, tenía que salir en el horario establecido. El trabajo en la radio se me fue metiendo por los poros y todavía hoy sigo pensando que mi trayectoria en ese medio fue muy feliz.

Además de los periódicos Gramma, ¿trabajaste en otro medio de prensa escrita?

Sí, a petición de Vilma Espín fui fundadora de la Revista Muchacha, la primera que ella creó y la única dirigida a la mujer joven. Esto fue un reto para mí porque el trabajo en la radio estaba dirigido fundamentalmente a las tropas y éste de la revista nada tenía que ver con lo que sabía; en la revista tenía que escribir para la mujer joven y me preguntaba si podría lograrlo, también me enamoré de él y lo logré. Siempre he puesto mucha pasión en lo que hago. El periodismo no se puede ejercer sin pasión, el que lo ejerza sin pasión está perdido. En Muchacha estuve casi diez años hasta que se fundó Radio Taíno que tuvo a Orlando Castellanos como su director fundador, uno de los periodistas más brillantes que ha dado Cuba, un gran entrevistador entre los tantos entrevistadores que tenemos en este país. Con Orlando estuve tres años trabajando en Radio

Taíno, una emisora que comenzó con una tremenda cubanía y un perfil editorial bellísimo. Ese fue otro momento importante en mi vida dentro de la radio, porque era totalmente diferente a todo lo hecho por mí anteriormente en ese medio. Después estuve dos años colaborando con Radio Enciclopedia y otros dos años con la revista dominical de Radio Reloj. En total, he trabajado alrededor de quince años en la radio y en la prensa escrita un lapsus de tiempo parecido. En Bohemia trabajé hasta jubilarme y desde entonces estoy colaborando con las páginas de Cubarte. Ya empezaba la era de internet en Cuba y Cubarte es la web, el portal de la cultura cubana. Este fue otro reto que tuve que afrontar pues hasta ese momento mis conocimientos del mundo de la informática eran cero; sin embargo, hoy día no sé trabajar de otra forma que no sea con los medios digitales. Actualmente colaboro con la web Cuba periodista.

¿Cuándo empezaste a publicar? Porque conozco algunos libros tuyos.

La labor del periodista es investigar, siempre tienes que buscar… Por lo menos no concibo una entrevista si antes no voy a buscar en los archivos alguna información sobre la persona que voy a entrevistar, y aunque tenga algunos conocimientos primarios sobre esa persona siempre hay que buscar un poquito más, si no haces preguntas tontas. En la etapa en que trabajé en el Noticiero de las FAR y luego en la sección Correspondencia de la revista Bohemia, me vi en la necesidad de buscar datos sobre determinados asuntos, hechos. Sobre todo, en esta sección de Bohemia a la que escribía el público para preguntar sobre todo de arte, yo tenía que buscar la información en la Biblioteca Nacional. Y cuando revisaba las revistas y los libros, las informaciones que quería, iba anotando algunas cosas interesantes que iba descubriendo y así me fueron naciendo los libros. Un día pasa por mi casa un colega y me dice: "Me gustó mucho la crónica que escribiste en Bohemia sobre el primer cementerio general de La Habana, el de Espada, ¿por qué no haces un libro sobre ese tema?" Y le respondí: "¡Ay, ese es un tema muy tétrico! Y además nunca me he propuesto escribir un libro. Y menos sobre esto, ya hay un libro escrito por Torres Cuevas sobre el obispo Espada en el cual habla muchísimo sobre el cementerio Espada; creo que no tendría yo nada que aportar".

Pero luego me acordé que, cuando estaba buscando la información para dar respuesta a la pregunta que habían hecho sobre el cementerio Espada, encontré información acerca de otros cementerios que nacieron al mismo tiempo en distintos lugares aquí en La Habana; entre estos alguno donde se enterraban personas que no eran católicas. Y algo interesante. Los entierros en el subsuelo de las iglesias terminan en Cuba con el cementerio de Espada. Y mira qué curioso, bien cerca de donde vivo, descubrí que hubo un cementerio donde ahora está el parque Martí; ese cementerio se creó en la etapa de la toma de La Habana por los ingleses, en 1762, pues como muchos de estos ingleses eran protestantes, la iglesia católica no permitía enterrarlos en sus cementerios, de modo que se creó este pequeño cementerio donde fueron enterrados aquellos ingleses que murieron en ese período bien por enfermedad o por lo que fuera. Y me motivé, seguí investigando y encontré una serie de cosas muy interesantes hasta que me topé con la creación del cementerio de Colón, sus mitos y leyendas y así nació mi primer libro que titulé *Cementerios de La Habana*. Y él da pie a otros libros porque contiene algunos elementos que me permiten seguir otras investigaciones, por ejemplo, sobre el arquitecto gallego del cementerio de Colón catalogado entre los cuatro más importantes del mundo por su capacidad, su belleza arquitectónica y también la escultórica. El proyecto original del cementerio se llamaba *La pálida mort*, al paso del tiempo la burguesía comenzó la construcción de grandes mausoleos con gran belleza. Así se ha ido acumulando un tesoro artístico bajo el cielo.

¿Recuerdas el nombre del arquitecto?

El arquitecto nació en Ferrol, Galicia, se llama Calixto Loira Cardoso y sobre él había dado una primera semblanza en mi primer librito, por eso lo retomo para el segundo, que titulo *El arquitecto de Colón*. Aquí explico que él pensó ponerle al cementerio *La pálida mort de Colón*, justamente por Cristóbal Colón. Ahora te cuento cómo nació este segundo librito. Un día pasa por La Habana un coronel retirado, de origen ferrolano; evidentemente lee el primer libro y descubre que Calixto, que era oriundo del mismo sitio que este hombre y empieza a localizarme. Va al Instituto de

Historia y como ahí ya me conocían, pues yo era la vicedirectora del periódico del historiador que se hacía allí, así da conmigo. Él es quien me embulla a escribir la biografía de Calixto. De la vida de este hombre se conoce muy poco y lo que salió fue un ensayo, no una biografía, y se publica en España. Y este libro me da pie para escribir *Los gallegos de La Habana* pues, en la búsqueda de información en la Biblioteca Nacional sobre Calixto, me fueron saliendo muchas informaciones sobre gallegos radicados aquí. Consulté también el Archivo Nacional de Cuba y el Instituto de Literatura y Lingüística donde hay una biblioteca formidable que guarda los fondos gallegos de Cuba. Descubrí cosas fabulosas de los gallegos que vivieron en La Habana; con toda esa información armé este tercer libro.

¿En tu familia también hay ascendientes gallegos?

No exactamente; por parte de la familia paterna, sus ancestros son canarios, creo que fue su bisabuelo el primer canario que vino para Cuba y se radicó en Bejucal donde fundó la familia donde nació mi padre. Y lo quiero mucho y he respetado siempre a mi padre porque fue una persona casi analfabeta, pero de gran inteligencia, fue quien me hizo estudiar una carrera universitaria cuando no pude estudiar comercio, y eso se lo agradezco siempre. Por eso me dije, "pues tengo que hacer un libro sobre los canarios" y escribí *Corazones canarios cubanos*. Y buscando información para este libro, me encuentro con que tanto Carlos Manuel de Céspedes, José Martí y Fidel Castro tienen genes canarios por la vía materna. Ese libro se publica en Estados Unidos. Al final de cada capítulo, yo escribo un verso de los puntos guajiros, de los repentistas, muchos de ellos tomados de los concursos que realiza la Asociación Canarios de Cuba en los que participan casi siempre muchachos jóvenes con sus poemas. El Indio Naborí también dedicó algunos versos a los canarios de los cuales también incluyo alguno en este libro. Realmente no puedo ubicar el género de este libro porque son entrevistas donde ellos cuentan su vida, pero incluyo estos versos que no son exactamente de los entrevistados. Y me pasó una cosa muy curiosa con algunos de estos entrevistados pues, al preguntarles por qué si ahora había prosperidad en Canarias no regresaban, ellos me respondían "No, ya allí no queda nadie que me recuerde, todas mis amistades han muerto, tampoco quedan familias. Y para mí Cuba es mi otra patria, aquí es donde más años he vivido". Y a algunos se les hacía un nudo en la garganta y a otros se les salía una lágrima, porque realmente la raíz de donde uno nace, esa nunca se olvida, aunque en la otra tierra haya sido más feliz.

Hasta ahí hay una suerte de encadenamiento entre esos tres primeros libros, pero sé que has escrito muchos más.

Sí, tengo ya varios. De la revista Muchacha me empezaron a pedir trabajos muy específicos para las jóvenes lectoras y de la editorial José Martí me pidieron tres libros de cocina, escribí dos; estos han tenido dos reimpresiones cada uno, más una digital. Menos el libro sobre los canarios, todos los demás me los ha dado el periodismo. La propia editorial José Martí también me pidió una sobre la belleza y escribí *Imagen y belleza*, gracias a los trabajos que yo había publicado en la revista Muchacha tiempos atrás. En este libro abordo la educación formal, por eso se llama *Imagen y belleza*, porque la belleza no solamente es saber vestir bien, saber maquillarse acorde al horario o al lugar al que vayas, sino también es la manera de hablar, la manera de gesticular, el comportamiento, en fin, esa educación formal que se está perdiendo. Ese es un libro pequeño. Nunca pensé escribir sobre eso, pero en realidad no me fue difícil porque ya había hecho varios artículos sobre esos temas cuando trabajaba en Muchacha, figúrate, allí trabajé casi diez años y tenía las cosas fundamentales que me dieron pie para el librito. Así han ido naciendo los catorce títulos que tengo publicados. El último es también de cocina. No soy una buena cocinera, mi madre si lo fue, ella nunca trabajó en la calle, pero era excepcional en la cocina y muchas de las recetas que incluyo en los libros de cocina que he publicado son de ella. El último salió el año pasado; se agotó enseguida, se llama *Que cocine la reina*, por la olla reina, y otro también reciente fue *Montar la mesa*, este dedicado más bien a los que están poniendo negocios de paladares, para que sepan dónde poner los cubiertos, de qué lado va el cuchillo, qué tipo de copa para el vino, que tipo para el agua, dónde poner la servilleta, en fin, es un libro instructivo, ése es el último publicado.

¿También tienes algo escrito para niños?

Sí, ése fue *Cartas al Rey de España*; se publicó en Estados Unidos y está dedicado a niños y adolescentes. Empieza desde 1519 cuando se funda la Habana, hasta 1898 con el adiós de España, el último tema que tiene el libro. Son cartas donde se le cuentan al rey las cosas que pasan. Por ejemplo, empieza en 1519 con un fragmentico de una carta del gobernador donde le cuenta al rey acerca de ese suceso tan importante ocurrido bajo la ceiba de La Habana. Se publicó hace cinco años en Estados Unidos, pero lo quieren publicar aquí ahora y le voy a cambiar el nombre: en vez de cartas, se va a llamar *Cuentos al rey,* porque realmente hay muchos fragmentos de cartas del gobernador de La Habana al rey español, por ejemplo, cuando se reparten los indios, o una carta donde el gobernador cuenta que hay muchos niños que se están muriendo porque las madres van a los lavaderos de oro y dejan a los bebés solos en las casas, etc. Esas cosas que están escritas así yo las envuelvo en una fantasía. Utilizo al zunzuncito y a la ranita más pequeña del mundo, ambos animalitos son endémicos de Cuba, y ellos conversan entre sí. Por ejemplo, donde estamos ahora nosotras, en El Vedado. Ese nombre 'vedado', viene desde 1557, cuando el gobernador prohíbe la entrada de los pastores, o sea, de los hombres que traen las vacas y otros animales a pastar aquí. Esta tierra estaba llena de árboles maderables como cedros y caobas y las autoridades ponen un cartel que dice VEDADO entrar a este lugar y la excusa es que los animales hacían trillos y esto permitía la entrada a los corsarios y piradas que ciertamente atacaron e incendiaron La Habana tres veces. Pero la otra razón era proteger aquellos árboles de maderas preciosas con las que se hicieron muchos barcos de la armada española y también puertas y ventanas del gran palacio de El Escorial, en Madrid, donde están enterrados los reyes. Hay un fragmento de una carta real, pero en este caso utilicé para contarlo al colibrí o sunzuncito y a la ranita. El pajarito viene y le dice a ella: "Ya paloma mensajera no puede tener su nido porque nos están cortando los árboles, dónde va a tener a sus hijitos". Y ella le dice que él también tiene que tener cuidado porque tampoco va a tener dónde posarse, es decir, con esta conversación de los animalitos doy a conocer a los niños cómo era este sitio antes y cómo fue despojado de sus árboles, la mayoría de los cuales fueron trasladados a España, aunque también en La Habana se fabricaron muchas ventanas y puertas para las casas de las autoridades y de otras personas. Este es uno de los temas. Ahora, en el libro que se va a publicar aquí, le voy a poner *Cuentos al rey por el 500 aniversario de La Habana*, se supone que salga en esa fecha el año próximo.

¿No se lo has dado a conocer a Eusebio Leal?

A Eusebio le mandé un CD cuando iba a publicarlo en Estados Unidos y él me envió por correo unas cosas preciosas, y cuando me publicaron el libro le di un ejemplar. Pero esa edición de Estados Unidos salió con muchos errores, por eso quiero publicarlo aquí, cambiarle el nombre y en homenaje al 500 aniversario. Y así también me cubro porque si hay algún dato histórico erróneo, son cuentos. Y puede haberlo porque, al ser textos históricos, tú sabes que a medida que va pasando el tiempo pueden surgir nuevas informaciones, nuevos documentos, datos que otras fuentes aportan y hasta documentos que algunas personas tienen guardados y de pronto salen a la luz. Como este es un libro para niños, yo lo envuelvo dentro de la fantasía. Recuerdo ahora un ejemplo. Siempre se ha hablado de que los perros que tenían los indios eran perros mudos, pues yo hago una pequeña historia de que el perro ladraba a la luna, pero lejos de los ríos porque, si lo hacía en esos sitios donde supuestamente había oro, estaba avisándole a los españoles. En el libro hablo de cómo era La Habana en aquellos primeros momentos, cómo había una hilera de bohíos que fue lo primero que se fabricó, la fabricación posteriormente de las mansiones, o sea, el desarrollo de la arquitectura, todo en pequeños relatos que no llegan a 35 líneas.

¿Y luego de estos catorce libros que ya tienes en tu haber, estás trabajando en algo?

Ahora tengo en mente, desde hace dos años, armar un libro con frases y pensamientos célebres, porque nosotros los cubanos somos muy dados a resumir nuestras ideas con frases y hay pensamientos o frases que te dicen mucho más que una ponencia o una conferencia. Ya tengo muchas cosas acopiadas.

¿Esas frases serán solo de cubanos o será más universal?

No. Serán frases de todas partes del mundo. Ya tengo compiladas muchísimas de diferentes lugares, pienso que me alcanzan para un libro pequeño de no más de 150 páginas, porque cada frase lleva alrededor de dos o tres líneas pero aún no me he puesto a escribirlas.

Entonces, podemos decir que tu jubilación te ha convertido en una escritora.

No, no. Mis libros fueron escritos en una etapa anterior a mi jubilación; el primero salió cuando aún trabajaba en Bohemia. De los 14 publicados, solamente cuatro salieron después de haberme jubilado. Fueron saliendo así como te conté casi de una forma encadenada, porque estando trabajando iba a informarme sobre un tema y ahí salían nuevas cosas y las empezaba, ya te digo, la mayoría están escritos antes de mi jubilación. Lo que sí tengo que reconocer es que yo se lo debo todo a mi carrera como periodista. Y ahora lo que sí estoy haciendo es escribir crónicas para la Web de Cubarte, ese es el género que más me gusta, tal vez eso influyó en que pudiera escribir estos libros.

Mucha gracias Ángela, y no dejes de escribir ese nuevo libro que tienes en mente. Y que vengan más crónicas.

Con voz de mujer

UNA PERIODISTA GRANADINA

Belén Rico Marturano
Granada, 1977[7]

Cuando presenté en la maravillosa ciudad de Granada mi libro de ensayos *Piel de toro mambí*, la periodista Belén Rico me entrevistó para el Periódico Granada Hoy y aproveché la oportunidad para grabarle una entrevista a ella, una joven periodista que comparte su profesión con la atención a su pequeña hija. He aquí el resultado d este encuentro.

Buen día, Belén, te pago con la misma moneda. Ahora te toca a ti ser la entrevistada. Cuéntame cuándo naciste, tus estudios, lo que haces, en fin, para conocer un poquito de tu vida.

Nací aquí en Granada en 1977. Estudié en el colegio Sagrado Corazón. El último año lo hice en el Instituto Mariana Pineda. Yo quería entrar a la Universidad para estudiar periodismo. Pero como soy hija única, mi madre no quería que me fuese, a mis 18 años, a otra ciudad, porque en esos años aquí no se impartía esa especialidad. Yo pedí por distrito compartido entrar a la Complutense de Madrid o en la Autónoma de Barcelona para estudiar esa carrera, y me admitieron en las dos, pero mi madre no quiso que fuera tan lejos y me veía como Antonio Banderas, que irme a Málaga con una maleta, como él dice que se fue de Málaga a Madrid, pues no me atreví. Entonces aquí decidí estudiar la carrera que más me gustaba. Había presentado mis papeles en la Universidad de Granada para estudiar Filología Hispánica y me aceptaron. Esa fue la carrera que empecé a estudiar. Hice el primer año, me gustó y pensaba que para Periodismo me iba a venir mejor estudiar Derecho, porque las asignaturas de Filología puedes estudiarlas por tu cuenta, en tu casa, son temas atractivos, puedes profundizarlos de forma autodidacta. Entonces pasé a estudiar primero de Derecho y, en cuanto empecé esa carrera, me di cuenta que aquello no me gustaba nada, precisamente por lo árido que eran aquellos materiales

---

[7] Entrevista realizada en el patio interior del Hotel Santa Paula. Granada, enero 2018.

y, ya que iba a hacer una carrera obligada, a mí la que en realidad me gustaba era la de Filología y volví a hacer el segundo año de esta. Me quedé con algunas asignaturas de Derecho, intentando compatibilizar ambas carreras, pero era muy difícil llevarlas al mismo tiempo, por cuestiones de horario, y si faltabas a algunas clases, te quedabas atrasada con relación a los que asistían diariamente, así que finalmente me quedé en Filología y la terminé. Una vez finalizada esta carrera, me planteé hacer Periodismo, pero mi madre seguía opuesta, aunque como la familia se dio cuenta de mi interés, le pedí que me apoyaran pues, como ya tenía un título, no estaba obligada a entrar en primero de Periodismo en Madrid, pues podía convalidar todas las asignaturas que había cursado en la Carrera anterior. Para eso tenía que acudir a un tribunal que te convalidaba unas sí y otras no, un proceso más largo. En cambio, en Sevilla y Málaga podía entrar directamente al segundo ciclo, haciendo solo un curso puente. ¿Y qué hice? Me repartí las asignaturas de ese curso puente entre tercero y cuarto y así la nueva carrera me salió en dos años y medio; conseguí una beca Erasmo y me fui a Inglaterra; allí me ubicaron en una Universidad donde no impartían Periodismo, entonces opté por una asignatura sobre cine, de esta hice un semestre y, cuando regresé de Inglaterra, terminé las asignaturas de Periodismo que no eran muchas porque aquí me convalidaron ya todas las asignaturas que había recibido en Filología. Cuando terminé esta carrera de Periodismo mi intención era irme a Madrid, porque sabía que había más posibilidades de desarrollo para ese medio, aunque ya había empezado a trabajar en Sevilla. Pero en esos momentos mi padre enfermó de cáncer y tuve que regresar a Granada. Y estuve como seis meses con la familia; a él lo operaron, salió bien y me salió un trabajo en el Periódico Granada Hoy, un Periódico que se acababa de crear y no sabía cómo iba a funcionar ese proyecto, pero empecé ahí y ahí sigo.

¿Cuánto tiempo hace que estás en Granada Hoy?

Hace ya trece o catorce años y ahí sigo. No buscaba precisamente trabajar en un periódico con el perfil de prensa escrita, como tú sabes. A mí me gusta mucho el audiovisual, el hecho de que haya terminado en prensa escrita es más bien casualidad, porque mi intención era marcharme a Madrid y trabajar en audiovisuales, no sabía si era televisión, o algo sobre cine, incluso me había propuesto pasar un curso de guión.

¿La radio nunca te atrajo?

Pues la radio un poco menos; en verdad, no he sido muy seguidora de ese medio. Creo que escuché radio hasta los dieciséis o diecisiete años, luego veía mucho más la televisión. Y cuando ya estaba trabajando, no cuando estaba estudiando la carrera, cuando me desplazaba en el coche, entonces me enganché otra vez con la radio. Cuando estaba estudiando, por la facilidad que te da la prensa escrita de poder consultarla en cualquier momento, pues trabajaba mucho con este medio, pues en ella puedes estudiar la actualidad, es más fácil documentarte, almacenar información, para mis estudios la prensa me era mucho más útil. Y la tele me gusta mucho, me encanta el cine pues, como espectadora, siento que la imagen llega mucho más a la gente. Aunque trabaje en prensa escrita, sigo prefiriendo el audiovisual.

¿Qué haces en el Granada Hoy?

Allí empecé en la Sección de Local, no me acuerdo durante cuánto tiempo. Luego pasé a la Sección de Cultura donde estuve seis o siete años; más tarde estuve en ambas secciones al mismo tiempo, alrededor de tres o cuatro años y finalmente me quedé de nuevo solo con Cultura en la que sigo trabajando ahora mismo.

En esta sección de cultura ¿qué haces: reseñas, actividades, entrevistas…?

Hago ambas cosas. En el periódico hago un poco de todo porque en esta sección estaban como diez o doce personas y, con esta crisis del soporte del papel, del cambio al digital que la publicidad no va a anticipar, este medio ha ido reduciendo su plantilla y ahora quedamos muy pocas personas trabajando. Como tengo una niña pequeñita disfruto de la reducción de jornada. Estoy sola en cultura, pero trabajo solo por las mañanas, esto desde el año pasado. Hay otra persona que trabaja por la tarde y una tercera persona está como puente. Estas dos personas tienen contrato como colaboradoras. Por supuesto, con esta reducción de plantilla, ya nadie puede estar especializado en una esfera de la cultura. Yo he llevado varios temas de literatura, también de arquitectura pero, en realidad, todas hacemos un poco de todo. Siempre hemos estado especializados por secciones: de literatura, local, deportes, pero dentro de cada sección todos hacíamos un poco de todo, aunque cada uno tuviese a lo mejor un poco más de música, otro un poquito más de artes plásticas, eso era cuando había más personas en la plantilla. Yo lo mismo hago la crónica de un concierto que una entrevista a la autora de un libro de cinem que una entrevista a un poeta, una reseña de una exposición de arquitectura, lo que sea. También asistimos a ruedas de prensa.

Con la cantidad de actividades culturales que hay en Granada, imagino, Belén, que te será difícil realizar tu trabajo.

Imaginas bien, es muy difícil para mí. No nos ponen un transporte para nuestros traslados, tengo que ir por mis medios, ya sea la actividad en Granada capital o fuera de ella. Nosotros cubrimos el área metropolitana, pero hacemos algún viajecillo. Antes, en la sección de cultura, todo era muy distinto, había una diferenciación dentro de la sección, había personas dedicadas a las actividades de provincia, otras a actividades muy específicas, pero ya te digo, con la reducción de personal, también se han reducido las especificidades, y cubrimos todo, como se pueda. Y claro, esto no ocurre solo en Granada Hoy, ha pasado en casi todos los medios de prensa escrita en España. Se ve uno obligado a dilucidar qué es lo más importante y cubrir solo eso. A mí la pena que me da es que hay cosas que tienen mucho interés y que no puedo cubrir. Por ejemplo, conozco muchas personas que me llaman para avisarme de algún evento en que van a estar, pero aunque quisiera no puedo cubrirlo porque ya tengo otro compromiso con el periódico. Sé que la agenda cultural de Granada es increíble, hay muchas actividades, lo mismo conferencias que conciertos, y así otras manifestaciones que te obligan a escoger por un concepto no ya tanto cultural como de la cantidad de público que aglutinará y esto lo hacen, generalmente, las instituciones principales, y eso es lo que se cubre.

Generalmente con este sistema aquellas actividades como exposiciones u otras, que son más minoritarias pues se quedan fuera de cobertura.

¡Ay, Belén, qué difícil es trabajar así! Y si hay algo que a ti te gusta, por ejemplo, el ciclo de cine sobre la emigración que está ocurriendo por estos días, ¿puedes cubrirla?
Eso, específicamente sí. Ya quedé con José Luis Chacón para entrevistarlo y hacer además un reportaje, porque tenía como una espina porque de los otros ciclos que había hecho antes la Diputación de Granada no pudimos cubrirlos como me hubiera gustado y quedé con él en hacer una entrevista de forma panorámica que abarcara éste, incluyendo el que va a hacerse después sobre mujeres realizadoras; de manera que si lo que viene no puedo cubrirlo, pues así, de alguna manera, hay una cobertura, eso sí, pero de los anteriores que se han hecho, no pude hacer nada. Ya te digo, depende del tema, de la disponibilidad. Y si hay un interés personal, pero tengo que hacer otra cosa, pues no puedo cubrirlo. Por ejemplo, si coincide con la presentación de un artista muy importante, o se presenta un libro de Lorca que provoca gran interés mediático, tengo que cubrir esas cosas, tengo que poner a un lado mis intereses personales.

Esta reducción de personal supongo que ha sido por problemas económicos. ¿No pueden cubrir algunas actividades con corresponsales voluntarios?
Sí, toda la reducción de plantilla ocurre por problemas económicos. Y sí, hay corresponsales voluntarios, que no eran tan voluntarios porque había que pagarles, de modo que eso se ha reducido también y han quedado para actividades muy puntuales, como grandes festivales, los de música y danza. En fin, es una crisis grande del periodismo de prensa escrita en todos los medios nacionales.

¿Esta crisis la provoca el trabajo que se está haciendo de digitalizar toda la prensa o por un problema económico general del país?
Se han juntado varias cosas. La crisis general económica del país ha hecho que la publicidad se retrajera. El público ha pasado del papel a digital muy rápido, como es gratuito y la mayoría de los medios son de acceso libre en internet y, además, tienen la comodidad de que te levantas a

las 8 de la mañana y ya estás leyendo las noticias, no tienes que esperar a que salga el periódico a las nueve de la mañana y tener que ir a un kiosko para comprarlo. Los lectores han saltado muy rápido y la prensa no, y claro, como hay una crisis general en el país y las empresas tienen que recortar gastos, pues uno de lo primero es reducir las plantillas y la publicidad se resiente, por supuesto. Y claro, también se afecta la propia publicación. Se reducen las páginas, las secciones. Mira, si coges ahora El País, ves cómo físicamente es más fino, porque redujeron páginas, pesa menos. A nosotros lo que nos mantiene económicamente es la publicidad, porque con el euro que paga la gente en el kiosco por el periódico se cubren determinados gastos, pero para pagar a los trabajadores eso no da. Y por supuesto se reduce la calidad, pues antes los medios nacionales tenían grupos de investigación que ya no pueden pagar, eso no lo hubo nunca en un medio local, pero sí en los nacionales, porque era una de las ventajas que le da prestigio al medio y eso ha desaparecido también. Eso incide en la calidad. Ya no es solo que se puedan cubrir menos cosas, sino también los trabajadores tienen que andar más rápido porque tienes que hacer más cosas. Ya no hay fotógrafos ni hay documentalistas; en este caso, eso se ha generalizado en el audiovisual. Por ejemplo, la radio en Granada ha sufrido esa reducción de plantilla.

No quiero terminar esta conversación sin preguntarte, con este trabajo que haces en la calle, ¿cómo te las arreglas con tu niña?

La dejo con mi madre por las mañanas, y esa es una suerte que tengo, pues si yo alargo la jornada porque se me complica lo que estoy haciendo, sé que mi niña está cubierta; la desventaja laboral siempre termina haciendo más horas, pese a esa flexibilidad de tener horario reducido. Y los fines de semana, cuando trabajo por la tarde noche, la niña se queda con el padre que no trabaja los fines de semana. Y como ya dedico bastantes horas del día a mi trabajo, y estoy lejos de ella, todo lo que me queda libre procuro pasarlo con la pequeña, claro, eso me impide asistir a muchas actividades culturales fuera de mi horario laboral, porque ella es muy pequeñita, tiene solo un año y pico y no voy a ir con ella a una conferencia o a un concierto porque sé que no va a parar. Sí trato de mantener las relaciones sociales con los amigos, procuro pasar el resto del tiempo que tengo libre con ella. Y, además, como los sueldos no son altos, me ahorro dinero al tenerla con un familiar y no tengo que pagar una guardería. Ahora mismo en lo económico es complicado, uno tiene que organizarse en lo personal, ayudarse con la familia y abstenerse de disfrutar una vida social activa, sobre todo mientras ella sea pequeñita.

Muchas gracias Belén.
    Por nada. Gracias a ti.

UN ARTISTA SIN SENSIBILIDAD NO LLEGA AL PÚBLICO

Ana Martin
La Habana, 1958[8]

Conocí a la compositora, pianista y directora de orquesta Ana Martin hace ya algunos años, cuando fui a pedirle una foto de su padre con Pablo Neruda, pues en 1959 Eddy Martin entrevistó al poeta en Santiago de Chile. Y después de ese encuentro nos vimos en alguno de los conciertos que ella acostumbra a hacer. Este 2018 se cumplen cuarenta años de la labor artística que realiza esta sensible mujer, tanto como pianista y como directora de su orquesta. Y pensé que era justo el momento adecuado para grabarle la entrevistar que verán a continuación.

Ana, empecemos por tu nombre completo. Y si no te importa decir tu edad, la fecha de nacimiento, tus recuerdos de infancia. Empecemos por ahí.

Mi nombre completo es Ana Teresita Martin Díaz, Teresita por mi mamá y Ana por mi abuelita paterna; nací el 14 de abril de 1958, pasado mañana voy a cumplir 60 años, estoy entrando en la madurez, no tengo pena por decir mi edad. Déjame decirte que mi abuelita paterna tenía una táctica graciosísima, ella en vez de quitarse la edad, se la aumentaba, y así la gente le decía "¡Ay, pero qué joven te ves! Y creo que así es mejor, ella murió de 96 años. Mis padres, ambos nacieron en Ciego de Ávila, mi papá en Lomas de Tamarindo y mi mamá en el mismo Ciego de Ávila, su nombre es Teresita Díaz Ferrer, una mujer encantadora, muy sensible, estudió hasta el quinto año de piano. Fue una mujer linda, muy culta, laboriosa, cosía y bordaba que era una maravilla. Y no lo digo porque fuera mi mamá, era así realmente. Y gracias a ella, y a mi papá también, aprendí a tocar el piano. Empecé a estudiar a los cuatro años en Pro Arte Musical. Mami, cuando jovencita, pasó por una situación económica muy grave y la familia tuvo que vender el piano y ella lo sufrió, se traumó con eso porque se

---

[8] Entrevista grabada en el Salón Aguiar del Hotel Nacional de Cuba, donde Ana Martin trabaja como pianista, en las tardes. Abril 12 de 2018.

frustró su carrera, hubiera sido una excelente pianista. Y cuando yo cumplí los cuatro años, mi papá le regaló el piano donde yo estudié y entonces comenzamos las dos en Pro Arte Musical, ella a terminar su carrera y yo a empezarla. Ella pronto detectó mis dotes, estudiaba conmigo y me incentivaba la fantasía, me preguntaba "¿Qué tú te imaginas cuando estás tocando esa obra?" Y yo creaba un cuento, una imagen de lo que me sugería esa música. Y eso es lo que me ha dado a mí esa sensibilidad, porque un artista que no exprese lo que siente, no llega al público. Si no interiorizas lo que estás haciendo, si no puedes trasmitir tus sentimientos, el público, lógicamente no lo recibe. Es en ese sentido que digo que mi madre me incorporó ese arte que uno lleva dentro, porque cada obra, es una obra de teatro, cada pieza que uno interpreta tiene una motivación, un *leitmotiv*. Gracias a ella le debo esta carrera. Desde muy pequeña ambos me llevaban al ballet, a los teatros, a los conciertos, de ese modo me fui adentrando en el mundo del arte. Además, mi creatividad se manifestó desde el primer momento en que me senté ante el piano. Como te dije, empecé a estudiar a los cuatro años y ya a los cinco hice mi primer concierto en el Liceo del Vedado, lo que es hoy la Casa de Cultura de Plaza. Mi primera profesora se llamaba Pastorita, era una mujer divina: cariñosa, dulce. La recuerdo con mucho cariño. Esas cosas son muy importantes, porque un profesor que no le trasmita esa buena vibra al alumno, lo traumatiza y rechaza la carrera. ¿Qué decirte de mi padre? Mi padre Eddy Antonio Martin Sánchez, queridísimo por todo nuestro pueblo, es un hombre que no se olvida nunca. No solo por haber sido un gran narrador deportivo y un buen periodista, sino por haber sido una excelente persona. Si tú supieras, todos los días los recuerdo a los dos. Tengo un canal abierto con ellos.

Ayer me percaté de esa comunicación y ese recuerdo amoroso tuyo hacia ellos, en ese concierto que tanto disfruté en la Casa del Alba, donde los evocaste a través de tu música.

Sí, ellos están conmigo, converso con ellos, siempre los tengo en mi corazón...

Vamos a hablar ahora de tu carrera

Con voz de mujer

No sé si tú conoces que yo también fui gimnasta.

No. No lo sabía pero, hija de un narrador deportivo, no es de extrañar que fuera así.

Te cuento. Empecé a estudiar el piano y a la vez entré en la Ciudad Deportiva para prepararme como gimnasta con Cristy del Pino, una entrenadora que era el amor hecho persona. En la actualidad todavía me dice "mi chiquitica". En aquel momento la especialidad se llamaba gimnasia moderna, después gimnasia rítmica, la preparación era con aros y pelotas, las cintas y las suizas, y tengo entendido que ahora se llama gimnasia artística. Llegué a integrar al equipo nacional. Tengo 17 medallas y no sé cuántos diplomas obtuve en los juegos escolares nacionales en diferentes niveles, aunque no llegué a viajar porque hubo un momento de corte total, porque ya cuando había entrado en la selección nacional estaba en el momento de hacer el pase de nivel elemental a nivel medio de piano en el Amadeo Roldán. Ambas cosas coinciden y tengo que decidir en el preciso momento cuando ocurre la muerte de mi madre. Esa fue una etapa muy difícil de superar. Para papi también fue muy duro superar ese golpe. Rompí con todo. Pasé de la Escuela Nacional de Gimnasia a la ESPA (Escuela de Perfeccionamiento Atlético) donde cursé el onceno grado. Y abandoné la gimnasia. Ya antes de morir mi madre yo había hecho una ruptura porque me estresé mucho haciendo ambas cosas, era una niña de 14 años y cuando cumplí los 15 sucede todo esto que te cuento. El psicólogo les había recomendado a mis padres que debía dejar una de las dos cosas porque era una carga muy fuerte. Pero estaba renuente porque me sentía bien en la escolaridad, en la música y en la gimnasia, en las tres cosas estaba bien y no quería dejar ninguna, aunque me ponía muy nerviosa porque muchas veces me chocaban los horarios y quería cumplir con todos; con dolor de mi alma tuve que dejar la música porque saqué la conclusión de que mientras fuera joven podía ser atleta, la carrera del atleta es muy corta, así cuando ya tienes cierta edad no puedes seguir como tal. Eso fue lo que me decidió a dejar la música, pero cuando lo hice no podía vivir sin el piano. Fíjate si era así que cuando estaba en la ESPA, en el centro de entrenamientos de Prado donde hoy radica una escuela de ballet, en vez de estar entrenando, pasaba todo el tiempo tocando el piano para que las demás muchachitas hicieran sus ejercicios, hasta que me dije: "No, ya no puedo seguir así". Entonces dejé la gimnasia, me trasladé de la ESPA al Pre del Vedado donde terminé el preuniversitario. Nunca tuve problemas con la escuela. Durante esta etapa participaba en todos los festivales de la FEEM (Federación Estudiantil de la Enseñanza Media) tocando el piano, cantando, pero cuando terminé en el Instituto entré en la Escuela Nacional de Cultura Física; pero qué va, al terminar el primer año me dije, "Lo mío es la música". Y así fue. En 1978 entré a cantar en el coro del ICR (Instituto Cubano de Radio), entonces dirigido por Octavio Marín, esto fue lo primero que hice, por eso estoy cumpliendo 40 años de vida artística; luego pasé como repertorista al programa Todo el mundo canta. Sin embargo, pese a haber salido de la ESPA, seguí entrenando con Cristy y creo que por eso mi organismo es como es, porque el ejercicio ayuda mucho a conservarte en forma. Mis músculos están fuertes, a pesar de mi edad.

Te conservas muy bien, no tienes que seguir la táctica de tu abuela.

Gracias, Virgen. Realmente sentía la necesidad de seguir haciendo ejercicios, aunque había entrado en la Escuela Ignacio Cervantes donde terminé todos los niveles de piano. Una vez graduada, comencé a trabajar en diferentes centros como éste, donde estamos ahora, el salón Aguiar del Hotel Nacional donde llevo ya más de 20 años; el próximo 15 de julio cumplo 22 años de permanencia en este sitio.

Pero, tú no eres solo pianista, te he visto en otros quehaceres.

Sí, he hecho muchas cosas. He tocado en distintos tipos de restaurantes, un trabajo difícil, la gente cree que es muy fácil, pero cuando tú lo tomas en serio, como debe ser, hay que prepararse muy bien. Es necesario tener un repertorio amplísimo, estar al tanto de todos los gustos, de las preferencias de los clientes que vienen a degustar su comida, sobre todo en este hotel, porque los clientes que se alojan aquí tienen gran cultura y conocimientos y piden cosas muy interesantes. Eso te obliga a estar constantemente estudiando, para enriquecer el repertorio y poder responder a las demandas. Además de este trabajo que ahora realizo como pianista, toqué en la Orquesta del Circo Nacional de Cuba, un trabajo bien difícil; toqué en la orquesta de Tropicana, un trabajo dificilísimo porque es tocar para un show; allí estuve cerca de cinco años, toqué con agrupaciones pequeñas, hice mi cuarteto Reflexión, lo creé allá por el año 1995 y lo mantuve hasta el año 2000; a partir de esa experiencia formé la orquesta que viste ayer, la Camerata Ana Martin. Estuve tocando y cantando con los *5U4*, después de la muerte de Bertica… ¡He hecho tantas cosas! Toqué hasta música argentina, española, he tocado de todo.

Ese concierto de ayer me gustó muchísimo, tienes un amplio repertorio ¿Tienes una discografía ya publicada?

Sí, cómo no. He publicado cuatro discos de forma independiente, pero muy bien hechos. El último salió el año pasado, fue respaldado por los Estudios Abdala, ese disco se llama *Vivencia*.

Y estos discos publicados, ¿están conformados con composiciones tuyas o de otros autores?

Son discos bastante variados, comprenden tanto obras mías como de otros autores. Empecé a componer desde que era niña, incluso en los exámenes de piano, la obra libre que llevaba estaba compuesta por mí. Lamentablemente esas primeras obras mías se han perdido porque en aquellos momentos a mis padres no se les ocurrió guardarlos; sin embargo, pienso que todo eso está dentro de lo que he hecho posteriormente. La primera obra que escribí, ya de adulta, se llama *Zapateo número 1*, es del año 1979. El barroco que oíste ayer, lo hice en la Escuela Cervantes, cuando todavía era una estudiante. Compongo música cubana tanto dentro de lo clásico como lo popular. Algunas con influencias del Latin Jazz, pero todas con gran cubanía, hay algunas donde predominan ritmos como el danzón, la contradanza, he hecho contradanza-son. Ayer escuchaste "El señor cortesía", ése es una contradanza-son, aunque con influencias del Latin Jazz, la armonía es muy contemporánea, o sea, es toda una mixtura que me nace por los poros. He hecho guajiras, danzas, sones, preludios como "Tema para un ángel" dedicada a mi mamá. Guajira sinfónica como "A mi padre querido" dedicado obviamente a mi papá.

A tu padre le has hecho más de una canción, ¿es así?

Sí, tanto para él como a mi madre les he dedicado varias. Sí, ayer la primera que toqué, "Camagüey", es una canción dedicada a toda esa zona donde nacieron mis padres y siempre tengo que tocarla porque gusta mucho y, si no la toco, la gente me la pide. Aunque nacieron en sitios diferentes, cuando ellos nacieron toda esa zona pertenecía a la misma provincia. Y en Camagüey he estado muchas veces. He tocado en el Teatro Principal, en la Casa de Amalia Simoni, incluso en el concierto que hice allí toqué en el piano de Amalia que aún se conserva. Hice varios viajes con el Conjunto Nacional de Espectáculos de Cuba. Se me olvidaba decirte que estuve varios años trabajando con esa agrupación, en la que conocí a Carlos Ruiz de la Tejera y trabajé con él en la Peña que él hacía. El trabajo con esa agrupación fue una gran experiencia para mí, sobre todo cuando estuvimos en México donde a mí me tocó dirigir el espectáculo. Virulo era el director del Conjunto, allí estaban también Carmita Ruiz, Zulema Cruz, el difunto Jorge Guerra, mi maestro querido Carlos Ruiz de la Tejera, como ya te dije, Jesús del Valle, Tatica, con quien sigue trabajando; aunque Carlos no está, nosotros seguimos haciendo la Peña que él fundara. Con el Conjunto hicimos una gira por toda Cuba; aquí en La Habana estuvimos trabajando mucho tiempo en el Carlos Marx. Fuimos a España, y después con Carlos estuvimos en Colombia y en México. Esa fue otra etapa de gran experiencia para mí, todavía era jovencita, pero en el grupo algunos, como José Antonio Rodríguez y el propio Virulo, decían que tengo una vis cómica, y lo aprovechaban, me ponían a hacer cosas del espectáculo dentro de la escena y pasaban cosas graciosísimas que yo no hacía conscientemente. Ellos me decían: "tienes que hacer esto" y me hacían cosas para provocarme. Mira, tenía que tocar el piano pero, al mismo tiempo, estar atenta a los cambios de vestuario, dirigir, cantar, tocar varios teclados y eso me atormentaba. Por ejemplo, en la parte del diluvio universal, ponían una sombrilla y yo tenía que tocar pero dirigiendo aquello, y no atinaba a poner la sombrilla y ésta se caía y, claro, eso era un gag, la gente se reía porque así lo veían, pero yo me indignaba porque no había podido hacer bien aquello. Otro día me puso a hacer el personaje de Cocó

Glacé, en la parte del Edén, me ponían un sombrerón con un turbante en la punta y todo aquello se me caía, me tapaba la cara y como tenía que tocar, me quitaba todo aquello y lo zumbaba para el escenario, y ufría porque pensaba: "Ahora Virulo me bota de aquí", pero no, ésas eran las cosas que él provocaba para que yo actuara así y el público lo tomara como algo gracioso, porque de veras me indignaba con todo aquello, esas reacciones eran espontáneas. Ellos se divertían con eso y me decían: "está perfecto". De esa etapa tengo muchas anécdotas, pero solo te voy a hacer esta porque, si no, esto va a ser lo de nunca acabar. Cuando estábamos en México compramos un teclado nuevo y teníamos el espectáculo esa misma noche. En el ensayo me puse a programar aquello de lo que no sabía nada. Y como para las diferentes escenas debía salir un timbre específico, le puse papelitos iridiscentes a las teclas para poder ver cuando debía tocar la correspondiente porque, como se apagaban las luces, no iba a distinguirlas. En el momento, cuando se anunciaba el diluvio universal, en vez de tocar la tecla que producía el estruendo de la lluvia y los truenos, mi dedo tocó otra tecla y lo que salió fue el sonido de una moto a millón. Y dice el profeta: Mira eso, me han mandado, una moto porque viene el diluvio universal. Y, por supuesto, la gente se reía a carcajadas, porque eso era un chiste. Yo le decía a Carmita Ruiz: "¡Ay Carmi, ahora sí me bota Virulo!". Y ella me decía: "¡Qué va, Chica, si te quedó genial!". Son muchas anécdotas, pero ésta de Carlos Ruiz te la tengo que contar. En el espectáculo *La génesis según Virulo*, que también presentamos en México, a Carlos lo bajaban en un trono, pero a él le daba miedo la altura, le daba vértigo. Cuando iba a empezar el espectáculo, el jefe de escena lo bajaba y lo subía, entonces Carlos gritaba, antes de que abrieran las cortinas: "¡bájenme de aquiíiíííí!" Ya ése era el primer chiste, porque él representaba a Dios, imagínate la gente se moría de risa... Las cosas que pasaban detrás del escenario a veces eran bien cómicas, eran cosas no preparadas, pero en medio del espectáculo humorístico la gente las veía como chistes.

¿Cuánto tiempo estuviste con esa agrupación?

Con voz de mujer

Con el Conjunto de Espectáculos estuve desde el año '87 hasta el '89, allí me divertí muchísimo. Allí conocí a Carlos y con él seguí trabajando después hasta su fallecimiento, ocurrido en 2015. Estuvimos 29 años trabajando juntos, él fue para mí como mi segundo padre, era un hombre tan inteligente, tan culto, un gran profesional y, sobre todo, un gran amigo. Mi papá le decía, cuando nos íbamos de gira: "cuídeme la niña". Y cuando me fui de gira con Vuirulo, mi papá también lo llamó aparte y le dijo lo mismo. Y me avergoncé, figúrate, ya tenía 28 años.

¿Tú eres hija única?

No, somos dos hermanos del primer matrimonio de mis padres, porque en su segundo matrimonio, después que falleció mi madre, él tuvo otra hija, mi hermanita Sandra, que murió hace poco, con apenas 44 años. Fue muy doloroso, murió el pasado 30 de agosto.

Este concierto que disfrutamos ayer es parte de las celebraciones por tus 40 años de vida artística, ¿Qué experiencias has sacado del trabajo realizado en todo este tiempo?

Ya tienes un bagaje de las tantas cosas que he hecho, le agradezco mucho a la vida, le agradezco a mis padres y a Dios el ser como soy. He tenido experiencias muy lindas, he vivido momentos maravillosos. Uno de esos fue el año 2009 cuando formé la camerata. Tuve un espacio durante bastante tiempo en la Sala Lecuona del Gran Teatro de La Habana y allí la formé porque para sacar adelante mi obra, es decir para poder tocarla, necesitaba contar con otros músicos y empecé a pedir muchachos del Conservatorio. Poco antes de morir, papi me dijo: "tienes que sacar esa música, tienes que grabar, tienes que sacarla de ese closet", porque yo tenía guardado todo lo que iba haciendo, pero de verdad estaba como dormida, no se me había ocurrido grabar. Luego de esa conversación que tuvimos él muere al poco tiempo, y quise cumplir ese deseo suyo y también de mi mamá, pues su sueño era verme tocando en una orquesta sinfónica. A poco de la muerte de mi papá hice un concierto que llamé "Tributo a mi padre" en el teatro de Bellas Artes, al cual invité a grandes amigos y excelentes artistas como Carlos Ruiz, José Antonio Rodríguez, el dúo Enigma, la Camerata Romeu. Zenaidita me dirigió en mi interpretación de las dos canciones que dediqué a mi padre en ese concierto: "Danzón por tu partida" y "A mi padre querido". Escribí las canciones e hice los arreglos para la orquesta, algo que hacía por primera vez. Ese concierto fue para mí como comenzar una nueva etapa en la cual me propuse sacar todo ese dolor que sentía y hacerlo música, arte. A partir de ese momento compuse esa música, ese fue mi homenaje a la memoria de mis padres. Pienso que donde quiera que ellos estén deben estar muy complacidos porque creo haber cumplido todos sus sueños.

En tu música se siente todo ese amor que pones en hacerla, esa sensibilidad tuya le llega al espectador, tú trasmites a quienes te están escuchando esa pasión que pones en tus actuaciones.

Gracias. Después de ese concierto con la Camerata, cuando cumplía los 30 años de vida artística, me propuse hacer un concierto con la Orquesta Sinfónica Nacional. Fui a ver al Maestro Pérez Mesa, gracias a la gran pianista Pura Ortíz, quien me contactó con él. Pérez Mesa me citó y le llevé los dos arreglos que yo quería tocar con la Sinfónica. Y entonces él me dijo: "No. Usted va a hacer un concierto y nosotros vamos a ser sus invitados". Y eso me motivó a hacer todos los arreglos para la Orquesta. Siempre le dije: "Maestro, por favor, son mis primeros arreglos para toda una orquesta". Y me lancé a hacerlo y lo logré. Y quedó lindísimo. De hecho, el concierto está en Google. Pones Ana Martin, pianista cubana y sale el concierto en tres partes. La primera y la segunda salen en Youtube y la tercera en la primera página de Google. Así, con ese concierto cumplí el deseo de mis padres. Eso también me motivó a conformar mi propia Camerata. Ha sido una tremenda contienda, pero lo logré. Ya llevamos ocho años de su fundación y de trabajo.

¿Con los mismos muchachos todo ese tiempo?

No, han ido cambiando. Hay fundadores que se mantienen. Los primeros muchachos los capté del conservatorio. Fui captando los títulos de oro y, cuando se graduaron, hicieron el Servicio Social conmigo y algunos de ellos aún se mantienen, como los cantantes Niurka y Omar, ellos son de los fundadores. La otra cantante, Greisy, es una captación nueva, recién graduada del Conjunto Lírico. Es una magnífica cantante. Estoy contenta con todos ellos pues son muy talentosos. Ellos me renuevan, me dan nuevas energías para trabajar y todo lo hago con mucho amor.

¿Y para celebrar este importante aniversario cuantas cosas has planificado?

Tengo varias cosas. El concierto de la Casa del Alba que viste ayer; estamos planificando un concierto para el 6 de mayo en la sala White de Matanzas, después uno en la Biblioteca Nacional José Martí, aunque ya hicimos uno allí, en homenaje al 8 de marzo, ese quedó muy lindo. En junio quiero ir al teatro Principal de Ciego de Ávila. Ese se está planificando, vamos a ver si todas las partes de aquí de La Habana y las de Ciego me apoyan y podemos darlo, ése es un sueño que me encantaría realizar. Eso sería un homenaje a mis padres. En julio espero estar en el Centro Hispano Americano de Cultura. Y en septiembre quiero hacer un concierto con la Sinfónica Nacional y mi Camerata. Ya estoy preparando ese concierto que espero sea el 22 de septiembre. En octubre espero estar en el Museo de Bellas Artes, en la sala teatro del Edificio de Arte Cubano. Y ya en noviembre y en diciembre veremos qué ocurre.

Gracias por esta larga conversación. Te deseo mucha suerte en todos estos proyectos. Y para el quinientos aniversario de la fundación de la Habana puedes hacer otro hermoso concierto. Muchas gracias, Ana.

SABER MANEJAR EL TIEMPO

Natalia Contesse
Santiago de Chile, 1971[9]

Natalia Contesse es una cantautora chilena; ella sigue los pasos de la gran Violeta Parra y, como ella, canta el folclor de su país. Vino a Cuba enamorada del nuestro país y de la Trova cubana. En La Habana hizo varios conciertos y en una de esas presentaciones la conocí. Es locuaz y está encantada con lo que hace. Logramos grabar esta entrevista apenas dos días antes de su regreso a Chile.

Bienvenida Natalia. Comencemos por lo más reciente. Tu llegada a La Habana.

Vengo a Cuba trayendo mi oficio para compartir las canciones, pues soy cantautora. He tomado parte de la música tradicional de Chile y también todo lo que tiene que ver con el chamanismo en América; estas han sido mis dos escuelas. La música y el folclor, esto es, la música tradicional chilena, fundamentalmente, y el chamanismo como una práctica, tanto filosófica como experiencia de transformación a través de ceremonias y rituales. Esas han sido mis dos escuelas, las que comparto en las canciones que compongo, así como en los proyectos culturales que he podido crear, gestionar y dar vida.

¿Viniste a La Habana por tu cuenta o invitada por alguna institución o evento?

Pasaban cosas que se interponían para venir, un deseo de muchos años hasta que el año pasado un amigo, Juan Elcoba, un productor argentino, que ama la música y tiene un espacio cultural de difusión llamado Estrella, me dijo que venía a Cuba y me preguntó "¿me puedes dar algún dato de alguien que tenga que ver con la música por allá?" Y le dije: "Tengo a la mejor persona. Qué bueno que me preguntaste". Y esa persona es Fide [Fidel Díaz Castro]. Y, cuando vino Juan, se pusieron en contacto, fue a todas las descargas de la trova que se hacen por acá y quedó enamorado de Cuba. Cuando regresó me dijo que quería volver al año

---

[9] Entrevista grabada en mayo 6, 2018. Centro Habana

siguiente y que yo viajara también. Él presentó un proyecto en Ibermúsica que me paga el pasaje y aquí Fidel organiza todo para que yo pueda hacer mis presentaciones. Y así ha sido. Hice mi concierto en Casa de las Américas, en el Hueco, donde se hace la peña de La Pupila Asombrada; en la EGREM [Empresa de Grabaciones Musicales], donde confluyen trovadores cubanos y todos los que pasen por ahí, sean del país que sean; en la peña de Marta Campos, en el Pabellón Cuba con Silvio Alejandro...

¡Qué bueno! ¡Cuántas presentaciones!! ¿Has publicado tus canciones?

Tengo tres discos editados como Natalia Contesse. El primero salió en 2011, lo cual fue muy importante porque tuve un apoyo fundamental, teniendo en cuenta la música que compongo, porque en Chile, la música que no es cruzada por elementos estilísticos como el Pop o el Rock no tiene apoyo en cuanto a los sellos discográficos, en cuanto a la radio y en general en cuanto a la difusión. Entonces pasa que, si no vas tú a tocarla a los diferentes lugares, nadie la va a conocer. Este primer disco *Puñado de tierra*, tiene un apoyo muy importante. Es una convocatoria que se hacía desde la Sociedad de Derecho de Autor junto a la Asociación de Música Chile que cada dos años convoca a autores que no hayan editado aún, para elegir a nueve artistas. Manda mucha gente; a los ganadores los ayudan a promocionarse: los llevan a la radio, a entrevistas en la televisión, eso fue muy importante para mí en ese 2011 porque fui escogida entre esos nueve, lo cual significó poder difundir esa placa musical. En 2013 vino el segundo disco, *Corra la voz*, que ya no tuvo el apoyo de ese sello y tuve que arreglármelas sola y, a través de la autogestión, buscar la posibilidad de viajar con mi disco para presentarlo en otros sitios. Lo lancé en España, en una gira por Santiago de Compostela y en Barcelona, también fue a Francia, lo presenté en París, de ahí fue a Londres y por último lo presenté en Chile.

¿Y cómo lograste esa hazaña tú solita?

Postulando un proyecto de Relaciones Exteriores. Nosotros nos compramos el pasaje, pero por mi cuenta fue la gestión para conseguir una productora en Santiago de Compostela, conseguir cartas de invitación de Francia, para poder viajar y que nos auspiciaran los pasajes. Ese disco tuvo menos difusión que el *Puñado de tierra,* porque no tuvimos sello, fue una producción independiente, pero hicimos un trabajo constante, fue una experiencia difícil por no haber tenido un sello, aunque hubo un momento en que se acercó un productor para ayudarme, pero resultó incluso más difícil. Yo estaba un poco triste, desanimada, aunque paralelamente encontré un espacio abandonado muy cercano adonde Violeta Parra—nuestra gran folclorista, excelente artista— había tenido un sueño desde el año sesenta y cinco, cuando regresa de Europa, de instalar en Chile una carpa de circo para hacer en ese sitio una peña, y sobre todo una escuela de arte, una universidad del folclor, cosa que nunca había existido en Chile. Yo había estado buscando ese lugar, incluso antes de hacer mi primer disco, en 2006 o 2007, y habíamos encontrado un espacio que tomamos y empezamos a hacer nuestra autogestión.

Cuando sale este segundo disco, con todo el esfuerzo y el trabajo que hubo que realizar para que saliera, siento un debilitamiento espiritual por no tener más apoyo y no poder llegar a la gente con mis canciones, y sucedió que me concentré en hacer un proyecto que se llamó *La carpa de los oficios* y ello fortaleció mi espíritu porque pensé crear yo misma mi propio escenario en aquel sitio. Gestionamos con Andrea Hurtado y Marián Leible, una colombiana y la otra chilena, asistente política y ceramista respectivamente, para comprar una carpa de circo y hacer un proyecto que se llama *La carpa de los oficios,* donde se instala el escenario. Buscamos distintos maestros y maestras para enseñar los oficios a la gente que asista, esto es, a escribir y a bailar cueca, a tomar la tierra y hacer una vasija, como fuera en los orígenes el cántaro de greda, o que aprenda a hacer un tejido, como una manta que fue el origen del primer abrazo, o bordado, cesterías, y otros oficios que me tocaban allí cuando hablaba de los comienzos del mundo del chamanismo y toda la filosofía y las prácticas chamánicas que hay, en las cuales he trabajado con una gran mujer indígena, mujer medicina, líder, arregladora de altares, indígena del Ecuador. Que aprendan el valor de los cuatro elementos como origen de los oficios, del contacto con la tierra, de la cultura de tomar los cuatro elementos y transformarlos en otra cosa. Ya sea por necesidad de un adorno, o por honrar un río y hacer un cántaro para bendecir el agua... Y así. Es mezclar toda esa cultura del chamanismo con la cultura tradicional y la música en esta carpa de los oficios y empecé a trabajar en esto.

¿Esta carpa está en Santiago, en un barrio o en qué sitio?

Esta carpa es itinerante. Ahora está guardada en la Casa de la Hormiguita, esta es una casa histórica, ahora pertenece al Partido Comunista, pero fue la casa de Delia del Carril, la esposa del poeta Pablo Neruda. Pues ahí es donde está guardada la carpa en estos momentos. Ellos fueron muy generosos, muy solidarios. Cuando vamos a salir con ella, llevamos un camión para sacarla y se monta en otro sitio, ya sean otras poblaciones o colegios, o barrios o a plazas.

¿Siempre en el mismo Santiago?

Hemos estado ya en otras dos regiones fuera de Santiago. El primer sitio donde estuvimos fue en la cuarta región, en Vicuña, el pueblo donde nació Gabriela Mistral; allí la gente fue maravillosa, eso fue muy bonito. También estuvimos en la segunda región, en un pueblo muy cercano en donde nacieron Margot Loyola, una gran folclorista, y Violeta Parra. Hay todo un movimiento que pienso tiene que ver con los poderes de los territorios que nos convocan y nos llevan para confirmar este proyecto educativo, este proyecto artístico y cultural que tiene muy en cuenta la cultura tradicional y originaria para compartirla con el pueblo.

¿Al llegar ustedes con su carpa a esos lugares, la gente responde?

Sí, cómo no, responde, eso es muy bonito. En algunos lugares ha habido más gentes que en otros, pero eso tiene que ver con determinadas circunstancias, sobre todo en cuanto a la difusión, la época en que hemos llegado, pero toda la gente que entra, queda enamorada de la carpa, de lo que se enseña, enamorada de los maestros y hasta enamorados de ellos mismos, de su posibilidad de hacer cultura a través de los oficios y de la música que hacemos allí.

¿Cuándo comenzaste este proyecto?

En 2014. Eso ocurrió después que lancé el segundo disco, y como te dije, sentí ese debilitamiento, una sensación de injusticia porque uno trabaja y trabaja para llevar lo que hace al pueblo y no existe un espacio para presentarlo. Y me dije, "si no tengo espacio, yo voy a pelear por tener mi propio espacio donde voy a tener mi escenario. Y no me importa no tener el productor que me respalde, yo voy a hacer esto".

Eso quiere decir, entonces, que tú eres todo: directora, productora, cantora…

Así mismo. Ahora lo bonito es que ya somos un equipo de gente que me apoya, pues yo sola no puedo hacerlo todo. Imagínate, el trabajo que da armar una carpa, eso sola no puedo hacerlo…

Ahí sí son fundamentales los hombres, para armar la carpa.

Claro, tengo un equipo muy bonito, son todos hombres que arman la carpa, personas muy necesarias; de hecho, son Maestros Carperos, uno de ellos es Tomás Caulén que estudió en Cuba, él vino a estudiar circo y se convirtió en fundamental en mi equipo porque es quien arma la carpa. Él tiene su propia carpa también, pero me ayuda mucho hasta a escoger el territorio adecuado y a mantener el espíritu de la familia porque, cuando uno tiene una carpa para trabajar en equipo, eso nos convierte a todos en familia. Es imposible no compenetrarse en ese espacio circular. Quedan pocos escenarios que sean circulares y la carpa tiene esa cualidad, es como un gran abrazo lo que te transmite.

Las ceremonias y los ritos que se hacen dentro de la carpa, llevan un fuego al centro y hay un diámetro que abraza todo ese derredor y eso genera a las personas que están ahí dentro algo muy mágico, algo muy de los orígenes, algo que está en los ancestros.

A partir de esa experiencia, ¿lograste hacer tu tercer disco?

Después surge algo en mí que me lleva a conocer el lugar donde nací. Paradójicamente, yo nací en Nueva Orleans, muy cerca de Mississippi, pero eso fue algo muy circunstancial, porque mis padres pasaron por ese lugar por sus estudios, allí estuvieron dos años y en ese tiempo yo nací, por supuesto, de allí no recuerdo nada. Y un poco antes de estar yo con el tema de la carpa, fui a Miami invitada por Carmen Vicente, una mujer ecuatoriana, a trabajar con ella en una ceremonia del chamanismo. Suena algo extraño, pero allí también la gente necesita sentarse en la tierra, alrededor de un fuego y tomar el agua rezándola, muy pa' dentro. Hay un gran resurgimiento de todo lo indígena norteamericano, una cultura maravillosa. Y estando allí me dije que era el momento para conocer el lugar donde nací porque allí estuve menos de un año. Y cuando llegué al sitio descubrí lo afro, fue algo muy fuerte para mí. Tanto que, cuando regresé de ese viaje, me propuse que en mi tercer disco tenía que mostrar otros elementos que tuvieran que ver con la historia de lo afro que ha estado invisibilizado en Chile. Así surgió "Cueca Afro", "La cordillera es blanca y las caras negras", canciones que cuentan acerca de la historia invisibilizada de africanos traídos como esclavos desde Guinea, en 1600, por los negreros; atraviesan el Atlántico, llegan a La Plata, cruzan toda la pampa argentina y la Cordillera de los Andes hasta ubicarlos en Valparaíso donde, ya a fines de 1700 y comienzos de 1800, el 10 % de la población es africana, realidad no recogida en los libros que estudiamos en los colegios. Nadie sabe que por nuestra sangre corre también la sangre africana. Pues en este tercer disco hay una estética nueva: los elementos africanos. Lo lanzamos el año pasado, 2017, sin sello de respaldo, pero ya con un camino más fuerte, con más visibilidad y reconocimiento de mi trabajo. Ahora cuando llegue voy a comenzar a hacer mi primera gira por Chile. Y también estoy haciendo un concierto itinerante por muchos pueblos acompañada por un poeta chileno que es muy conocido, aquí también se le ha reconocido, es el poeta indígena Elicura Chihuerlán a quien Casa de las Américas le publicó un libro. Y también estoy muy contenta porque fui nominada este año por los Premios de Música de Chile como mejor cantautora, eso es algo muy bonito pues, si bien no tengo sello, soy independiente, pero estar ahí es reconocer ese camino de esfuerzos, de constancia, talento y profundidad, tenacidad y sobre todo de amor.

Con voz de mujer

Por supuesto, si no hubieras sentido amor por lo que haces, ante las dificultades que te fueron surgiendo en el camino, no hubieras seguido luchando con tanta tenacidad para alcanzar esa meta que te has propuesto.

Así es, estoy completamente de acuerdo con lo que dices. Y ahora, como ves, estoy muy feliz de estar aquí en La Habana, con muchas ganas de volver. Y aunque estoy muy cansada por todas estas presentaciones que te contaba, me siento muy feliz de haber venido. Ahora tengo que volver y seguir trabajando. Tengo que estudiar muchísimo y seguir cantando por allá, porque es parte del rezo. Así que tengo que seguir adelante.

Aparte de este trabajo tuyo como cantautora, ¿trabajas en algo más?

Estoy dedicada completamente a la música y al chamanismo. Desde estas prácticas surgió *La carpa de los oficios*. En este espacio cultural organizo conciertos de amigos que vienen de otros países y otros cantautores chilenos. También estoy estudiando una carrera universitaria: Filosofía del arte, estética, en la Universidad Católica de Chile, no sé cómo se me ocurrió hacerlo este año, cuando tengo tanto que hacer, por conocer, pues exprimo al máximo mis capacidades. Me interesa conocer los orígenes del arte, los mitos, donde converge el chamanismo con el arte, que son mis dos caminos. También doy clases, tengo algunas alumnas a las cuales les imparto elementos de cultura tradicional, voz, sobre la creación a partir del canto. Esos son mis quehaceres hoy día.

Pues son bastantes cosas, pero estás joven, seguro que puedes seguir haciendo muchas cosas más.

Sí, todavía puedo seguir haciendo más cosas. Y tengo un hijo de 19 años, que vino conmigo, hemos cantado juntos aquí, por primera vez ha subido al escenario conmigo, cosa muy significativa para ambos. Creo que ahora él seguirá por el camino del arte y del espíritu. Él está estudiando Historia del Arte y ya ha comenzado a hacer sus propias composiciones. Y, por supuesto, debe seguir estudiando. Yo comencé a cantar cuando estaba embarazada e hice mi carrera de ser madre al mismo tiempo que aprendí música, aprendí a hacer orfebrería, a escribir poesía, a cantar. Creo que somos seres multifacéticos y el tema es no perder las energías y saber manejar el tiempo, saber aprovechar el día en toda su dimensión para que no se nos vayan de la boca palabras, de las manos acciones, recorridos de los pies.

Muchas gracias por regalarme este tiempo, Natalia.

ME SIENTO UNA MUJER REALIZADA

Adys Cupull
Satiago de Cuba, 1937[10]

Adys Cupull Reyes es una mujer que ha transitado por varias profesiones. Se casó joven, ya con experiencia laboral como maestra rural. Ejerció el magisterio en las tres etapas de la enseñanza: elemental, media y superior. Estudió periodismo que ejerció también en otros países, ha sido promotora cultural, investigadora, escritora y madre de tres hijos; junto a su marido, Froilán González, quien la acompaña en sus labores de investigación y escritura que, a sus 80 años, ella sigue realizando con total vitalidad.

Buenos días, Adys, tanto tiempo viviendo en el mismo barrio y hasta hace muy poco descubrí que somos vecinos. Conocía de los trabajos que tú y Froilán publicaban, he estado en conferencias que han impartido y aprovecho ahora la ocasión para invitarte a mi programa VOCES que llevo en Habana Radio, para entrevistarte a ti primero, en otro momento le grabo a tu marido. ¿Me permites que sea así?

¡Cómo no!, encantada.

Pues empecemos. Por tu nombre, poco común, tu infancia, estudios.

Mi nombre completo es Adys María; cuando me fueron a inscribir y dijeron Adys, se sorprendió la persona porque ese nombre no es común, en el almanaque tampoco aparece, entonces agregaron María y de ese modo quedé vinculada a la tradición española. Mi primer apellido es Cupull, un apellido de origen maya, de Chichen Itzá, (hasta allá fuimos Froilán y yo investigando el apellido), y mi segundo apellido es Reyes. Yo llevo los dos apellidos de mi mamá, porque soy de lo que antes se decía 'hija natural'; mi padre no nos reconoció, pues se fue a Honduras cuando yo tenía diez años.

¿Y por qué se fue para Honduras?

---

[10] Entrevista grabada en la casa de Adys y Froylán en Centro Habana. Julio de 2017.

Porque aquí no tenía trabajo y se fue con los Babún.[11] Aquí había una situación terrible, nosotros vivíamos en Santiago de Cuba y allí era peor, de modo que se fue a buscar un poco de prosperidad. Durante los primeros meses escribía, pero después hizo silencio y nunca más supimos de él. Ya yo tenía diez años y no estaba inscripta y necesitaba una inscripción para la escuela, entonces mi mamá fue a hacerlo y, como él no estaba, el abogado le dijo: "¿Usted no tiene dos apellidos? Pues póngale los suyos". Y es por eso que llevo los apellidos de mis abuelos. Y el abuelo Cupull ni sabía el origen de su apellido. Cuando nosotros investigamos sobre ese apellido y estuvimos allá en Yucatán, nos dimos cuenta de que mi abuelo tenía características de esa región yucateca en sus facciones, por su forma de ser, hasta en sus costumbres. Para Froilán y para mí toda la vida ha sido así: encontrar cosas novedosas. Esta fue una. Otra fue, al cabo de muchísimos años, mientras investigábamos sobre la figura de Julio Antonio Mella, fuimos a Honduras, un viaje que nadie había hecho por la falta de relaciones entre ambos países. Allí encontramos cosas asombrosas de ese gran líder estudiantil. Y Froilán encuentra una hermana mía, Ana María Argote; ese debió ser mi apellido, porque era el de mi padre. Así rezan mis diplomas de primaria: Adys Argote. Para esta investigación, Froilán viajó primero y, cuando regresó, publicó el libro sobre Mella y, cuando regresamos, ahora los dos, se produjo ese encuentro. Claro, hubo un asesoramiento de una abogada hondureña para esa búsqueda, ella propició el encuentro. Figúrate qué emocionante sería encontrar once hermanos que yo no sabía que tenía. Lloramos todos, jamás voy a olvidar esa emoción tan grande. Pensé siempre que él se había olvidado de nosotros, éramos tres hermanos olvidados por el padre en Santiago. Pero mi hermana me contó que él siempre hablaba sobre esos hijos que estaban en Cuba, siempre añoró volver a Cuba y les impregnó a ellos el amor por Cuba. Y nunca pudo volver porque sus documentos, el pasaporte, se lo quitaron los Babún, y me contaron que él nunca quiso tener otra ciudadanía, pero a través de un consulado de otro país, no sé cómo lo hicieron, él pudo obtener un

---

[11] Familia Babún, familia muy acaudalada, oriunda de Santiago de Cuba, donde tenían numerosas propiedades y negocios como aserraderos, fábricas, navieras, etc.

documento legal donde constaba su ciudadanía como cubano. Y ellas crecieron con el deseo de conocer Cuba, su música; ellos escuchaban a Matamoros que era de los preferidos del padre, todo eso les dio una identidad hondureña-cubana. Y fíjate cómo la conservan que lo primero que nos pidieron fue una bandera cubana.

Entonces, Adys, ¿tú eres santiaguera?

Sí, nací en el poblado de Los pasos, toda la familia materna es de por ahí; mi madre nació en Palo Picao. A mis abuelos yo les decía mamá y papá y mi madre era maíta. Nací en un bohío en Los pasos, un sitio que está entre Savier y Contramaestre, o Remanganagua, un lugar de tránsito del tren de Manzanillo y, cuando yo tenía como 8 años, mi papá nos lleva para Santiago, ahí estudio desde la primaria. Vivimos en Trocha, en carretera del Morro, en otros barrios santiagueros; mi mamá trabajó mucho para mantenernos. Todo ese contexto del Santiago de aquellos años es mío, es mi identidad. Al paso del tiempo, mi mamá se vuelve a casar con un gran hombre. Era un obrero de la industria Bacardí y con mi padrastro nos mudamos para San Pedrito donde paso mi adolescencia. Al terminar la secundaria básica, me presento a la Normal, tres veces hice examen para ingresar en esa escuela, y aunque aprobaba, no había plazas. Al mismo tiempo hice exámenes de ingreso en la Escuela de Comercio, una muy buena escuela formadora de contadores y corresponsales. Allí pude ingresar y me gradué como corresponsal; al terminar esta carrera pude entrar a la Normal y cuando estaba en tercer año triunfa la Revolución. Pero antes, me presenté a un programa llamado La corte Suprema del Arte y gané el primer lugar en una competencia de canto, quedé como estrella naciente. Me dieron un dinerito y con eso me compré un par de zapatos. En aquel tiempo ese premio te permitía cantar en cabaret, y ni mi familia ni yo queríamos hacer eso.

En ese interín de mi vida hay huelgas en la escuela de Comercio y me sumo a la huelga; ya mi hermano se había ido para la Sierra Maestra y mi mamá estaba en la lucha, apoyando el Tercer Frente; todo esto formó parte de una conciencia tanto de historia como de política, sin ser parte activa de nada, pues era una niña prácticamente, una jovencita muy protegida por mi mamá y por toda la familia. Sí me sumo a la huelga al cerrar la Escuela de Comercio por solidaridad, pero la conciencia revolucionaria en mí comienza en el tránsito posterior con Fidel. En esa época anterior al triunfo, vivía con miedo, viendo a mi mamá arriesgándose, con mis hermanos en la Sierra, con las noticias de los encuentros, todo eso me asustaba, lo sentía, pero no había nacido aún la conciencia de clase. Cuando triunfa la Revolución y Fidel comienza a sumar jóvenes y pueblo a la campaña de alfabetización, es cuando tomo conciencia y digo: "Yo quiero participar". Ya había cumplido 20 años. Dejo la normal en tercer año y me voy para la Sierra como maestra voluntaria y ahí es donde comienza mi vida política con conciencia de lo que hacía, y sigo luchando conscientemente de que soy útil, de que mi trabajo sirve para ayudar a los demás. Te juro que esa formación, subiendo las lomas, se la debo a la Sierra Maestra.

De ese modo me incorporan a la militancia por mi trabajo en las montañas, específicamente en Guisa, fundé una escuelita que se llama Pepito Tey, y he tenido la dicha de que mis alumnos de aquella escuela hoy sean ya maestros de aquella misma escuela, y me escriben, o sea, he vivido una vida tan feliz, fíjate que es en ese trabajo donde conozco a Froilán porque él también era maestro, en otro lugar pero también en las montañas y cuando nos reuníamos en Bayamo ahí, dice él que se fijó en mí, en esa época yo era dirigente sindical y llevaba la emulación, además en esa época yo cantaba. A los maestros nos daban cursos de superación y nos mandaban a La Habana, y Froilán también fue. Él dice que fue allí donde se fijó en mí, yo pensaba que a él quien le gustaba era otra muchacha llamada Lidia Luna. A él lo mandan por su unidad y a mí por la mía, fuimos escogidos ambos para un curso especial; lo mismo pasó cuando el Festival Mundial de la Juventud que se celebró en Helsinki. El curso de la Habana era sobre Psicología y Filosofía marxista, con profesores que venían de la Unión Soviética, todos eran marxistas, muchos de ellos formaban parte de aquel grupo de niños españoles que quedaron huérfanos cuando la Guerra Civil y fueron acogidos por la URSS, eran profesores maravillosos. Ellos nos dieron toda la instrumentación filosófica de la

Economía Política, del Marxismo, de la Psicología, de la Pedagogía moderna. El curso se impartía en la Escuela anexa a la normal habanera, pero el Certificado de aprobación lo emitió la Universidad de La Habana. Durante un año estuvimos aquí recibiendo ese curso. Ahí Froilán y yo nos veíamos diariamente y nos hicimos novios. Fue una maravillosa etapa. Y todos los compañeros, éramos veinte, nos dijeron "Hay que casarse". Y ellos prepararon la boda y hasta nos regalaron la despedida que se hizo en Tropicana.

¿En qué año se casaron?

En 1964. Ya casados regresamos a Santiago, y nos reincorporamos a nuestras escuelas en la Sierra. Fui subdirectora docente, Froilán fue director de una secundaria básica fundada en el Segundo Frente, en Mayarí. Al poco tiempo quedé embarazada y nació el primer niño. Y como respondíamos bien ante el trabajo, vinieron más responsabilidades. Nos trasladamos a Santiago junto a otros profesores o directores para ejercer la dirección de secundarias básicas allí en Santiago de Cuba. Froilán fue nombrado director de la secundaria Rafael María de Mendive y yo fui la subdirectora docente de aquella escuela que tenía dos mil alumnos; allí casi todos los trabajadores eran ya mayores, los más jóvenes éramos nosotros dos, pero nos ganamos el cariño y el respeto de todos. En esa secundaria vimos a Fidel por primera vez, esa escuela había sido el Colegio de Belén donde estudiaron él y Raúl, y él quiso volver allí a conocer a los profesores y alumnos. Después paso a otra secundaria y Froilán va a una misión en el Servicio Exterior durante un año y a su regreso él se queda ya en La Habana, también vengo para acá y comienzo a trabajar en un preuniversitario especial de adultos. Para mí fue muy importante porque por primera vez di clases de nivel superior a adultos. Ese preuniversitario pertenecía al Ministerio del Interior y requería una buena superación para los profesores, lo cual me obligaba a esforzarme mucho porque ya tenía tres niños; en una época difícil, la propia Vilma estaba luchando por conseguir apoyo a las mujeres trabajadoras, mayores reivindicaciones, los círculos infantiles ya funcionaban pero faltaba una flexibilidad, la comprensión que se necesita para entender las necesidades o las dificultades que debe afrontar una mujer con tres niños pequeños. El trabajo para mí fue muy tenso: era la casa, el cambio de vida de Santiago a La Habana, para mí fue traumatizante. Porque en Santiago todo el mundo es familia, todos se conocen, se ayudan, Santiago era mi identidad, mi patria pequeña… en La Habana los edificios son diferentes, todos con muchas escaleras, hay un mundo de gente, gran bullicio, un mundo desconocido. Para mí fue estresante, pero me sobrepuse, traté de cumplir siempre con todas mis obligaciones. Y como el Ministerio del Interior exigía a sus profesores la superación, yo quería cumplir esa tarea. También me gustaba escribir. Leía las crónicas de Nidia Sarabia, y quería escribir crónicas históricas. Ya era maestra, pero se necesitaba tener más cultura. Y comencé a asistir a cursos por encuentros que se impartían en la Universidad de La Habana; pese a los tres niños, matriculé esos cursos que me costaban mucho trabajo, recibí la ayuda de mis compañeros de estudio y de Froilán que me instaba a hacerlos. Y con la ayuda de todos me hice periodista. Cuando ya estaba en el último año y empezaba a hacer la tesis, Froilán fue designado al Servicio Exterior, o sea lo nombran diplomático en México. Yo no sabía qué hacer y hablo con la directora del curso, Nuria Nury, y ella me dice que me vaya a México y haga allá mi tesis sobre Julio Antonio Mella, como sabes vivió allí donde lo matan. Nuria y mi profesora Margarita López del Amo, a quien siempre recuerdo, vieron esa posibilidad de buscar en México datos desconocidos sobre esa figura. Entonces tuve el primer encuentro con Fabio Grobar y me dio una lista de cosas que se ignoraban; ese fue el primer encuentro con el Instituto de Historia. Esa investigación sobre Mella fue la primera que hicimos Froilán y yo, porque él me ayudó en la búsqueda de personas que conocieron a Mella y encontrar determinadas cosas para esa investigación. Cuando regresé a la Universidad presenté la tesis y saqué el máximo, porque nadie sabía más que yo sobre esa figura, gracias a todo lo que pude investigar en México; ese país se interesó en la investigación y la publicaron. Llegamos a entrevistar a trece mexicanos que conocieron y ayudaron a Mella y nunca habían testimoniado sobre ese hecho que se hubiera perdido si no se llega a publicar. Y el libro se ha considerado patrimonio del Archivo Histórico de México; a nosotros nos hicieron miembros de ese Archivo. Después en Cuba se hizo también una edición del libro bajo el título: *Julio Antonio Mella y los mexicanos*.

¿En qué año se publicó?

Fue en 1974. Y te cuento más. Durante el tiempo que pasé en México estaba Fayad Jamís como consejero cultural en el consulado cubano; él nos ayudó a encontrar los archivos donde debía yo acudir y también tuve el apoyo de una profesora mexicana, la periodista Adelina Sendejo, también una gran feminista, ya fallecida, era una mujer muy entregada al socialismo y me decía: "Tienes que defender lo tuyo, lo que tú hagas" y me enseñó a subir mi autoestima.

¿Cuánto tiempo estuvieron en México?

Cinco años yo, seis Froilán. Tuvimos que llevar a los niños porque era mucho tiempo y ellos debían seguir estudiando la escuela primaria; cuando les llegó la etapa de la secundaria esa ya la pasaron en Cuba. Durante esa etapa en México escribí reportajes para el periódico Juventud Rebelde y para Trabajadores. Incluso hice trabajos para la prensa mexicana en El Libertador, un periódico de izquierda. Ellos me pidieron que escribiera sobre Cuba y empecé a escribir sobre los diferentes acontecimientos que salían acá en las noticias, pero no firmaba con mi nombre, sino con el seudónimo de Maya porque siendo diplomática... tú sabes. Ya habíamos ido a Chichén Itzá y habíamos investigado la ascendencia de mi apellido. Cupull es una de las provincias de Yucatán, donde está Chichén Itzá, por eso me gustó esa palabra como seudónimo. Recientemente me hicieron un homenaje y hasta me regalaron un vestido de princesa maya.

Adys, me dijiste que naciste en un pobladito cerca de Remanganagua, pero no me has dicho la fecha de tu llegada al mundo.

Pues vine a la vida el 16 de junio de 1937, fui la primera hija, la primera nieta, la primera sobrina, y nací gracias a una comadrona.

Con voz de mujer

Y en este momento, Adys, ¿qué estás haciendo?

A ver, déjame echar un poquito para atrás para llegar a estos momentos que estamos trabajando sobre Bolivia. Después que terminamos la estancia de cinco años en México, regresamos a La Habana y, a mi regreso, por esas concepciones de discriminación de la mujer, no tenía vínculo laboral, porque no me iban a guardar tanto tiempo una plaza y empiezo a buscar trabajo y lo encuentro en Cultura. Como ya estaba graduada de periodismo y hacía falta una persona con ciertas características de madurez, me nombran en la EGREM (Empresa de Grabaciones Musicales) como jefa del departamento de promoción. Ahí empecé un nuevo trabajo relacionado con la música, escribo comentarios para promocionar los discos producidos por esta empresa, en un boletín publicado por aquellos años, y mantuve un espacio de tres minutos, más o menos, en el espacio televisivo La Revista de la Mañana en el cual comentaba igualmente los discos. De ese modo me convertí en una especialista en otro género, por supuesto, era una promotora cultural. En esta labor me ayudó mucho Ada Santamaría, la hermana de Haydée y de Aida, porque Ada trabajaba allí y ella me tomó gran afecto, ella me decía "cómo vas a trabajar en esta esfera si no tienes ninguna experiencia". Y me enseñó cómo hacer las cosas poquito a poco: aprendí cómo se hace un disco, fui a la fábrica, hablaba con los trabajadores y naturalmente también con los artistas. Y así aprendí de ese mundo complejo. Y estando ahí, en 1983 llaman a Floirán para ir a Bolivia. Ya en este viaje sí me dan a mí un cargo para trabajar en la representación cubana que se abría por primera vez, luego del restablecimiento de relaciones entre Bolivia y Cuba. Y como ya tenía experiencia por toda una vida de trabajo, incluido el de la EGREM, pues fundo un canal de televisión allí en Bolivia y comentaba las películas que exhibía, la música que les ofrecía. Me convertí en una comunicadora, además recepcionaba la prensa y comenzamos paralelamente esta magnánima investigación, así yo la llamo. Magnánima no solamente por el hecho de que sea la historia de la guerrilla del Che, que lo es, sino también magnánima por la forma en que teníamos que hacerlo. Nuestra investigación era legal, pero no era pública.

Con voz de mujer

Pero en ese año aún estaba la derecha en el poder, cómo podían ustedes...

Por eso te digo que era legal, porque somos investigadores también y estamos haciendo una investigación histórica, pero no era público lo que hacíamos. Íbamos a ver a determinadas personas que nos ayudaban. Fui a la Higuera en busca de informaciones históricas, fui la primera mujer, después de los acontecimientos de la guerrilla y del asesinato del Che en llegar a la Higuera.

¿Ya en esos años había esa veneración por el Che, que convirtió aquello como en un santuario?

Sí, ese fervor de la gente de allí, ese sentimiento de respeto y su religiosidad fue lo que salvó ese lugar. Y te digo, ese trabajo en Bolivia fue lo más arduo que he tenido que hacer, allí estaba la cubana, la funcionaria, la revolucionaria, porque era investigar algo que te dolía y abrir por primera vez un camino, que no hicimos solos porque, como te dije, los bolivianos ayudaron, nos decían dónde teníamos que ir, nos protegieron para que todo saliera bien. No obstante, arriesgamos nuestra vida porque había que llevar cámaras y cosas que necesitábamos en aquellos lugares. Recuerdo especialmente a un anciano, el Lagunillero, se llamaba Mario Chávez, él fue uno de los que nos ayudó y ayudó al Che, el Che lo nombra cuatro veces en su Diario. Para nosotros el Lagunillero fue un apoyo, podemos decir que hasta moral, porque fue esa persona que te da confianza para seguir en la búsqueda. Y para suerte nuestra hablaba también guaraní y gracias a él nos entendíamos con las personas que solo conocían el guaraní, aunque apenas hablaban, ni siquiera en su idioma... Para nosotros era bastante difícil porque salíamos y no podíamos decir adónde íbamos, era una vida compleja, complicada, yo sufrí bastante, porque era la que transcribía los testimonios de los campesinos y muchos, hombres y mujeres, lo hacían llorando y mientras iba transcribiendo iba sintiendo las mismas emociones que ellos. Incluso, algunos nos entregaban objetos de los guerrilleros, del mismo Che, mechoncitos de pelos mientras nos iban relatando porqué lo tenían y me convencían de que era cierto lo que me estaban contando. Alguien trajo la jeringuilla que el Che llevaba en su mochila, las medias que le quitaron en Valle Grande, la lona donde fue trasladado su cadáver, las abarcas.

Disculpa, ¿qué son las abarcas?

Son unas alpargatas, pero de cuero, se las hizo el Ñato, Méndez Corne, de una montura porque al final no tenía botas y él le hizo esas abarcas para protegerlo. Y con ellas murió. Nosotros pudimos traer todo eso para Cuba porque la gente de allí lo guardó; todo lo del Che lo guardaron las enfermeras. Todo lo que habían guardado esos campesinos lo tenían como un resguardo y cuando lo donaron para traerlo para Cuba lo hicieron con desgarramiento. Hoy todos esos recuerdos están en el Museo de la Revolución, en el Museo de Santa Clara.

Y por supuesto, cuando tienes en tus manos todas esas reliquias, tú quieres volar pronto para traerlos a Cuba. Pero ¿cómo hacerlo? Y en eso colaboraron también los compañeros nuestros. Al principio me costaba trabajo no llorar cuando hablaba de esa etapa, hasta que ya pasado el tiempo me he sobrepuesto, hemos logrado lo que nos propusimos nosotros y ellos tienen un gobierno progresista que ha cambiado al país, que ha dejado de ser cenicienta y con ello el Che vive, viven sus compañeros, los respetan.

¿Cuánto tiempo estuvieron la primera vez?

Estuvimos cuatro años, luego hemos regresado en otras ocasiones. Ya los niños habían crecido, estaban estudiando o pasando el servicio Militar, así que fuimos los dos solos. Y claro, siempre estuvieron al tanto de ellos los abuelos, los padres de Froilán y los míos. Nunca imaginé ir a esos lugares ni que iba a asumir esa responsabilidad, ese gran compromiso. De la misma manera, que me di cuenta de que era útil a mi país; como antes te conté, en aquellos lugares bolivianos sentí lo mismo, no me importaba nada de lo que podía pasar si dejaba yo de existir. Por eso cuando nos íbamos de Cuba dejaba todo ordenado a mi mamá, le decía dónde estaba cada cosa, y le decía: "si algo sucediera ya tú sabes lo que tienes que hacer con cada cosa". Y tuvimos algunas experiencias bien difíciles. A veces nos cogía la noche por aquellos caminos y nos quedábamos en lugares no protegidos donde también pernoctaban otras personas, caminantes sin rumbo, donde yo no dormía; por supuesto, me acostaba en aquellas camas, pero no dormía. Había caminos infernales, ríos crecidos, quedaban abiertas dos posibilidades: regresar o nunca volver. Y todo eso me dio una convicción muy profunda de que tienes que terminar lo que estás haciendo, lograrlo, aunque pase lo pase. Hasta nuestra casa en Bolivia fue asaltada y saqueada. Ni eso nos hizo regresar, lo hicimos cuando teníamos que hacerlo: cuando concluyó lo que habíamos ido a hacer por el Servicio Exterior.

La historia se pudo escribir, Bolivia acogió nuestros libros, yo pensaba que no iban a salir. Por ejemplo, *La CIA contra el Che*, premiada en Cuba, yo me preguntaba: "Y Bolivia aceptará esto donde estamos enjuiciando el proceder de ellos?" Pues sí, allá lo han publicado y también de *Ñancaguazú a la Higuera*. Después de ese trabajo, nuestro Fidel estuvo por allá y tuvo un encuentro amoroso con ese pueblo. Entonces ya dejé de llorar. Froilán ha ido varias veces, yo también, y cuando sé de las doctoras jóvenes que van de Cuba y llegan hasta la Higuera, me veo realizada.

¿Te imaginas qué cambio ha habido en ese país? ¡El Che vive! ¿Quién me va a decir que no vive? Y viven sus compañeros en todos aquellos lugares. Allí son respetados. Ya Bolivia dejó de ser una cenicienta. Es un país con dignidad.

Adys, ¿quieres agregar algo antes de terminar esta instructiva conversación?

Pues sí, me falta algo y es sobre los hijos nuestros. Todos son profesionales, graduados de la Universidad, pasaron el Servicio Militar y forman parte de nuestro equipo de trabajo. Ellos son los que hacen los documentales que nosotros no sabemos hacer, gracias a todas esas investigaciones históricas que lo permiten, y sobre todo aprenden de la historia. Por lo tanto, me siento una mujer completamente realizada.

UNA DESCUBRIDORA DE TALENTOS

Teresa Gómez
Granada, España, 1960[12]

Teresa Gómez vino de vacaciones a Cuba hace más de diez años. Vive en Granada, España, y es amiga de una amiga que vive en aquella bella ciudad andaluza. Y gracias a esa querida amiga, nos conocimos. Visitó mi casa y fuimos juntas, con su esposo que la acompañaba en el viaje, al Gato Tuerto donde pasamos una bonita velada. Cuando fui a España, en 2013, visité su casa y desde entonces cada vez que regreso a Granada nos vemos. En el penúltimo viaje le grabé esta entrevista a la poeta y profesora Teresa Gómez.

Buenas tardes, Teresa. Aquí estamos, sentadas cómodamente en tu casa, para que hablemos un poquito de ti, de tu vida, de lo que haces. Una sintética historia de tu vida empezando por el principio, como es lógico. ¿Estás preparada?

Sí, Virgen. Te cuento que nací en 1960 en un pueblecito de aquí de Granada, Fadríguez, un pueblo tan pequeño del que me tuve que ir cuando era muy pequeña si quería seguir mis estudios, porque allí no había Institutos, por lo cual a los nueve años ya estaba interna, en una residencia; ahí estuve, con otras chicas, hasta los 16 años. Es una época que la recuerdo no como algo bonito, pues me sentía un poco sola porque era la más pequeña de aquel grupo, todas eran mayor que yo. Una cosa curiosa de esos años es que ya escribía, no era poesía, era un libro, muy gracioso, porque mis compañeras esperaban que yo escribiera algo y se lo pasaban y cada una de ellas iba escribiendo algo y lo firmaban al margen para identificarse. ¡Qué pena que ese libro se haya perdido! Sería muy bonito recordarlo ahora.

¿Escribías memorias?

No, no. Era como una novela, esas cosas de adolescentes. Era una novela de fantasía. A los 16 años me vine a Granada y al año siguiente empecé a estudiar, primero magisterio y después Filología Hispánica. En

---

[12] Entrevista grabada en la casa de Teresa Gómez, en Granada. Junio 28, 2016.

realidad, siempre quise estudiar Filología, pero mis padres siempre tuvieron claro que si quería estudiar tendría que escoger una carrera cortita y por eso escogí primero magisterio. Aunque, en realidad, solo había un año de diferencia entre amabas carreras, algo que siempre me hizo gracia. Claro, es que mis padres no podían pagarme estudios y a ellos tampoco les sonaba muy bien eso de filología español; en cambio, maestra se sabe lo que es. Afortunadamente tenía una beca gracias a lo cual pude continuar mis estudios y terminar lo que yo quería. Para mí esa fue una época fundamental. Además de que llegué a un sitio donde se estudiaba lo que a mí más me gustaba, conocí a la mayor parte de la gente que más me ha influido en la vida y son a los que les debo ser quien soy hoy. Estoy segura de que, si no los hubiese conocido, sería de otra manera. Estoy hablando de José Antonio García, de Ángeles Mora, Luis García Montero, José Carlos Rosales, del profesor Juan Carlos Rodríguez, Ángela Olaya, Javier Egea que no estaba en la Universidad, pero a través de todos ellos lo conocí, porque en aquella época había un bar en Granada llamado La Tertulia, era una suerte de centro cultural, de hecho, hoy lo sigue siendo. Es un sitio que me fascina porque 35 o 40 años después ha seguido siendo el motor de la cultura granaína. Ahora, las que éramos jóvenes entonces no solemos ir por allí, pero van los jóvenes de ahora, eso te da una idea de que ha sido capaz de reformularse y seguir siendo un sitio donde la gente encuentra un espacio para compartir un poema, para presentar un libro, para oír música, etcétera.

¿Quiere decir que todas estas personas que has nombrado se reunían allí?

Sí, allí nos reuníamos todos, aparte de la Universidad estaba La Tertulia, no sé dónde aprendí más. Hasta diría que en La Tertulia, pues en esos años allí estuvo Jaime Gil de Biedma, José Agustín Goytisolo, Rafael Alberti, pasó muchísima gente importante por allí, sobre todo poetas. En esa etapa empecé a escribir ya más en serio, pues hasta ese momento, me sentía como una aficionada, de verdad, quería aprender, imitaba, pero ya en esos momentos empecé a sentirme profesional. Me atreví a enviar trabajos a premios; de hecho a los 19 o 20 años gané el Premio Joven de Poesía de la Diputación de Granada, eso te da un gran impulso porque hace que te tomes a ti misma en serio, además el premio te daba un dinerillo, no era mucho, sí suficiente como para decir: "Se puede vivir de la poesía", luego me di cuenta de que no es así realmente.

Menos mal que te diste cuenta, porque de la poesía, a no ser que te ganes el Nobel, nadie vive, ni en España ni en Cuba.

Sí, pronto me di cuenta de que fue un espejismo, llevada por la emoción del premio. Lo bueno fue que empecé a escribir en serio los poemas que luego formaron parte de *Plaza de Basto*, mi primer libro publicado íntegramente en trozos pequeños aunque nunca publicado como libro porque, cuando gané el premio, se suponía que se publicara pues eso estaba en las bases de la convocatoria, pero entonces decidieron publicar fragmentos de los tres premiados, o sea una antología con fragmentos del primer, segundo y tercer premio, lo cual para mí fue muy frustrante y nunca me apeteció publicarlo después. Soy una poeta lenta, no me apuro para escribir. No escribo un poema al día, ni uno al mes, nada de eso, escribo a lo largo de 10 años un libro y cuando pasan otros 10 años sale el otro libro, por eso el segundo libro se escribió muchos años después y se llama *La espalda de la violinista*, que aún está en preparación, aunque pasa lo mismo que con *Plaza de Bastos*, es un libro ya conocido porque he hecho presentaciones públicas; se han publicado algunos poemas en antologías, o sea es un libro ya conocido por muchas personas del mundo de la poesía y se está preparando su próxima publicación aquí en Granada.

¿Lo presentaste en la tertulia?

Este no, allí sí presenté *Plaza de Bastos*, de hecho, la primera lectura pública que hice en mi vida fue allí con este libro, y me presentó Javier Egea, y García Montero presentó a Ángeles Mora que también leyó de su libro. De esas presentaciones se sacó una foto preciosa que ha estado colgada durante mucho tiempo en La Tertulia, no sé si aún se conservará. Y hay una analogía que hizo Francisco Díaz de Castro llamada *De la otra sentimentalidad* en la cual incluye esa fotografía y una parte de mis poemas de *Plaza de Bastos*.

¿Díaz de Castro es poeta también?

Es un crítico literario, muy bueno, muy riguroso, tiene varios libros de crítica publicados, y estaba muy interesado en hacer una recopilación de los autores más representativos de ese movimiento granaíno. Este movimiento, pudiéramos decir, que respondía a lo que fue un movimiento global llamado "La poesía de la experiencia".

¿En qué año ocurre ese movimiento?

Pues desde un poquito antes de los años 80 hasta hoy día. Todavía hay gente que se sigue considerando parte de esta corriente. Todavía hoy en día me considero parte de ella en varios sentidos. Primero, porque he bebido de sus fuentes cien por cien. Y el teórico de esta corriente sería Juan Carlos Rodríguez, el profesor de la Universidad que vio la norma literaria y escribió una serie de libros que fueron nuestra referencia teórica y yo soy cien por ciento alumna de Juan Carlos Rodríguez. Y también en el sentido de que soy muy admiradora de estos poetas que son un poquito mayores, sobre todo de Javier Egea, a quien considero uno de los mejores poetas que ha dado su siglo, a mí me parece maravilloso. Mis primeros poemas están muy marcados por esta gente que yo había leído tanto, me los sabía de memoria porque sus poemas tenían mi ritmo poético. Creo que ya hemos ido todos evolucionando; cuando leo a poetas que se pueden considerar pertenecientes a la Poesía de la experiencia me parece que mi poesía es un poquito más simbolista, también tengo como referentes la vida cotidiana, me interesa lo que me rodea, contar todo aquello que puedo mirar haciendo un análisis social que no sea solo estética o ritmo o música, me parece que mi poesía ha evolucionado de ser un poco simbolista para ser un poco más surrealista, aunque sigue siendo una poesía muy pegada a lo cotidiano.

Y como no vives de la poesía, ¿de qué vives?

Pues como te dije antes, ya había terminado magisterio y me presenté a unas oposiciones para ser maestra, porque en aquella época de lo que sí no se podía vivir era de la filología; en el año cuando terminé mi carrera salía una plaza para toda Andalucía. Al año siguiente convocaron dos plazas para toda Andalucía y me di cuenta de que ése no podía ser el camino. Me presenté a oposiciones de magisterio, aprobé y decidí formarme mejor y matriculé un doctorado de psico-pedagogía, allí me especialicé en alumnos con altos coeficientes de inteligencia. Estuve trabajando durante bastante tiempo con alumnos con déficit. Pero más tarde, por circunstancias de la vida, me encontré con la experiencia de trabajar con niños súper dotados, algo que me pareció muy interesante Y pasé de una parte de la campana a la parte opuesta de la campana. Y como tuve esa oportunidad, hice la tesis doctoral sobre ese tema, me especialicé en esa rama y, cuando salió una convocatoria específica para dar clases a alumnos con grandes capacidades, opté por ella y la obtuve, esa fue una plaza a nivel regional. En toda Andalucía solo había una, luego se han ido creando plazas y hay una en cada provincia. Yo coordino un programa de atención a alumnos con alto nivel de capacidad que tiene dos vertientes. Por una parte, trabajo directamente con niños de altas capacidades y, por la otra, hago asesoramiento a nivel provincial.

¿Te desempeñas como metodóloga?
No, exactamente, es más asesoramiento. Imagínate: hay un profesor que ha detectado a un niño con altas capacidades y le apetece trabajar específicamente con él, pero no sabe cómo hacerlo. Pues me llama, voy, me reúno con él, con los padres, con el equipo educativo y hablamos de lo que se puede hacer, si necesitan materiales, incluso puedo empezar el trabajo con ellos hasta que se sientan aptos y me voy y ellos siguen con el programa. Es un trabajo muy bonito. A mí me encanta. A estos niños los caracteriza, no tanto su potencial cognitivo por encima de la media, sino su motivación por el aprendizaje, su curiosidad, me hace muy feliz trabajar con ellos porque casi todo lo que les cuentas les interesa apasionadamente, quieren saber más y te preguntan. Es un trabajo precioso.

Esos niños ¿qué edad tienen, más o menos?
Trabajo con niños de todas las edades, desde primaria hasta la universidad, a nivel de atención directa lo hago con niños de seis a doce años,

a nivel de asesoramiento puede ser cualquier edad. También imparto clases en un Máster, para especializar a docentes sobre el tema, en la Universidad de Sevilla. Llevo el módulo de Respuesta educativa. Como ves, es un trabajo muy variado, hago de todo, desde estar con los niños hasta formar profesores en la universidad, escribir artículos, etcétera. Es un trabajo que hago con mucho gusto.

Y dentro de esta especialidad que profesas, ¿has escrito o publicado algún libro de texto especializado, o ensayo sobre esa materia?

Pues sí, aparte de mi tecina, he publicado como coautora, un libro que se llama *Identificación, evaluación y respuestas al alumnado súper dotado*. Fue un encargo de la Junta de Andalucía y se distribuyó gratuitamente en todos los centros andaluces. Y ahora mismo acabamos de publicar el Manual de todo el máster que hemos hecho en la Universidad de Sevilla que se llama *Atención educativa al alumnado con altas capacidades*, así se denomina ahora a estos alumnos. En cada uno de esos libros me ocupo de los módulos de respuestas educativas, que es mi especialidad. No me dedico a evaluación ni pruebas, me dedico específicamente a la respuesta educativa, esto es, qué hacer exactamente con este tipo de alumno.

Es un trabajo muy interesante y muy especializado, imagino no haya muchas personas trabajando en este tema.

No, cuando me gradué en el año 2004, era la única persona en Andalucía que tenía un puesto de trabajo relacionado con los alumnos con altas capacidades. Luego he colaborado en la Junta de Andalucía, en el desarrollo del plan de altas capacidades y, dentro de ese plan, uno de los puntos es que hubiera profesionales especializados en todas las provincias. Ya en cada una de las provincias hay un orientador y un docente especializado. Yo soy la docente especializada de esta provincia de Granada.

Ese es un trabajo destacado, primera vez que oigo hablar de ese tema, están formando gente para la cultura, para las ciencias.

Pues sí, algunos de ellos llegarán a ser lumbreras. He tenido niñas que con 11 años están escribiendo poesía maravillosa. Y he pensado que, si ellas lo quieren, de mayor pueden llegar a ser escritoras, o a lo mejor pianistas. Capacidad tienen para ser cualquier cosa, en el arte o en las ciencias o en la tecnología. Mira, hay algunos niños que desde pequeñitos te asombran por las capacidades que manifiestan.

En estos momentos, digamos en los últimos dos o tres años, se han detectado muchos niños súper dotados,

Pues en estos años el número de niños diagnosticados ha aumentado un montón por esta razón: el plan que implantamos, antes solo se evaluaba porque alguien, podía ser un profesor o un padre, decía: "creo que este niño es muy inteligente, ¿por qué no lo evalúa?". Y solo se evaluaba a ese niño. Pero ahora, por normativa, por ley se evalúa a todos los niños de primero de primaria y a todos los niños de primero de ESO [enseñanza secundaria], gracias a lo cual todos los que tengan esa cualidad ya se identifican, por esa razón ha aumentado muchísimo la cantidad de casos diagnosticados.

Muy interesante, Teresa, ese trabajo como profesora y especialista docente. Antes de terminar ¿quieres agregar algo?

Pues sí, hay un momento de mi vida como poeta que recuerdo con mucho gusto: un encuentro que hubo en Granada de poetas mujeres. La presidenta de ese encuentro era Ángeles Mora y colaboramos varias poetas, como Milena Rodríguez, una poeta cubana afincada aquí en Granada desde hace muchísimos años, otras poetas y yo. Además, pasaron por Granada algunas de las mejores críticas literarias del planeta. Había mujeres de China, de Rumanía, de Estados Unidos, Y por supuesto, algunas de las poetas más ilustres de otras partes de España. Ese evento fue muy bueno, allí pudimos intercambiar opiniones, andar con ellas visitando diversos lugares de esta preciosa ciudad, fue algo muy bonito. Y a raíz de eso nos invitaron a nosotras, dos años más tarde, a otro encuentro de poetas que se hizo en Vitoria, en el País Vasco, y vivimos otro momento muy estimulante en el que también tuvimos la oportunidad de conocer gente muy interesante. Aunque te digo, sinceramente, a mí no me gusta este tipo de evento solo de mujeres, me encantaría que las reuniones fueran de poetas de ambos géneros. Pero la realidad es diferente. Generalmente se hacen reuniones de poetas hombres, por eso debemos reivindicarnos y hacer esos encuentros de mujeres poetas. Y ya te digo, lo ideal sería que cuando vamos a esos eventos, ver en una mesa tantos poetas hombres como poetas mujeres, eso sigue siendo todavía poco frecuente. Pero sería lo justo, lo deseable, pero todavía no lo hemos conseguido.

Muy bien amiga mía, seguiremos luchando por cambiar las cosas injustas de este mundo. Te agradezco mucho por todo el tiempo que me has regalado.

Gracias a ti, Virgen.

MI VIDA HA SIDO SIEMPRE LA CULTURA

Lesbia De la Fe Dotre
Las Tunas, Cuba, 1947[13]

Conocí a la poetisa, promotora cultural y narradora Lesbia de la Fe en 1990 cuando gané un premio en el concurso Cuentos de amor, convocado por ella en Las Tunas. Desde entonces nos hicimos amigas. Al año siguiente me invitó como jurado a la nueva edición de aquel concurso que, lamentablemente, desapareció tiempos después. Cada vez que iba a aquel municipio holguinero, luego convertido en provincia, me encontraba con ella. En 2018 visité una vez más Las Tunas y entonces pude grabarle esta conversación a la poeta, artesana y promotora cultural Lesbia de la Fe Dotre.

Lesbia, hablemos de tus orígenes. ¿Eres tunera de nacimiento?

Sí, nací aquí, en este lugar que entonces se llamaba Victoria de las Tunas. Y como soy una tunera rellolla, me considero nieta de El Cucalambé y de Vicente García, pues me siento muy identificada con la historia de mi ciudad; tuve muy buenos maestros en la enseñanza primaria, eran de esos maestros que te regalaban libros firmados; guardo esa colección de libros de autores contemporáneos. Hice una exposición de esos libros, para darlos a conocer socialmente y tuve la mala suerte de que desapareciera el de *Mitología* de nuestro gran folklorista Samuel Feijóo. Con esa mala experiencia decidí no exponer más ese tesoro. Los conservo con mucho cariño. Entre ellos está uno del narrador Eduardo Heras León que tanto contribuyó a aquel concurso que preparamos sobre cuentos de amor. Y tengo de muchos escritores nacionales y otros de escritores locales que han agradecido mi entrega a la promoción de su obra. Y me emociona ver cómo han crecido y ocupan ya un espacio con sus libros publicados.

Y tú, ¿desde cuándo escribes?

---

[13] Entrevista realizada en la sede de la Unión de Escritores y Artistas de Cuba (UNEAC). Las Tunas, junio de 2018.

Con voz de mujer

Desde hace ya más de cuarenta años. Comencé escribiendo poesía para niños. Me motivé a hacerlo porque vi que los libros infantiles que se vendían aquí eran los del campo socialista y sus dibujos se correspondían con la naturaleza de aquellos países; además, asistí a un seminario de apreciación de arte para niños, convocado por el semanario Pionero, cuando Pampín era el director, fíjate si hace años, y allí me dije que iba a empezar ese camino. Los primeros poemas están dedicados a animales propios de nuestra tierra: el almiquí, la tojosa, la culebra, la bayoya. Esos poemas los publicaron en 1979 y en la contracubierta pusieron un híbrido entre una bayoya y una lagartija grande...

Lesbia, aclárame algo, en Holguín se dice caguayo, ¿es lo mismo que la bayoya?

No, el caguayo es otro animalito. La bayoya es también un reptil, pero diferente, también le dicen arrastra-panza, porque cuando corre arrastra su pancita, se para en dos paticas, enrosca la colita. La vi, así paradita en La Habana, en un lugar llamado El cayuelo, ella estaba entre los arrecifes. También escribo cuentos. Mi primer libro para niños se llama *Abracadabra y el abuelo*, casi todos inspirados en los viajes que hacíamos mi hermana y yo al campo en tren. Luego hice una compilación de las cartas que le escribió Martí a Rosario de la Peña que titulé *Remite José Martí a Rosario de la Peña*, y fue publicado en una colección de Publicigraf; ahí están las cartas y los poemas de él a Rosario, ahí se puede encontrar al Martí humano. Tengo inédita una compilación de expresiones de la oralidad propias para tratar con los niños. Llevo hace años un proyecto: Abracadabra, en los círculos infantiles, y he comprobado que hay ausencia de estas expresiones por parte de las educadoras. Me refiero a las adivinanzas, trabalenguas, retahíla, en fin. He publicado algunas, pero en el libro quiero regalárselo a esas educadoras. Lo he armado gracias a la memoria de otras personas, como mi madre, quien a los noventipico de años recordaba algunas retahílas, tan bonitas, e incluso de los propios niños. También he escrito cuentos, algunos de ellos inspirados en mi familia. Mis abuelos fueron fundadores de la pedagogía aquí en las Tunas, y esa formación la transmitieron a sus hijos y éstos a las familias que formaron. Ellos no eran tuneros, uno era de La Habana y mi abuela de Holguín, pero vinieron aquí y fundaron su familia. Y estos recuerdos y tradiciones familiares las he ido guardando. Por ejemplo, cómo mi papá enamoró a mi mamá, eso se lo preguntó mi hijo a su abuela, pero nunca se lo contestaron. Esas son cosas que despiertan la curiosidad de los adolescentes y me dio pie para escribir un cuento, lo titulé "Margarita" sobre un joven, un negro lindo, que enamora a Margarita mandándole mensajes. Y esto lo hace por el celular que es lo que se usa ahora, pero antes se enviaban los mensajitos en papelitos. Y es con el celular que Rafael enamora a Margarita.

¿Has dejado de lado la poesía?

Ahora estoy escribiendo haikus porque hace mucho tiempo, cuando existía en La Habana un grupo que dirigía Lexis Ojeda de promoción cultural para niños y adolescentes, nos dieron varios talleres, uno de ellos impartido por una profesora sueca que nos contó cómo había utilizado los haikus para llevarle la poesía a los alumnos de secundaria básica. Y aprendí la lección y estoy escribiendo haiku para niños más pequeños. Escojo animalitos de nuestra fauna, también algunos de los llamados mascotas. Esto funciona muy bien, pues como sabes, son tres versos cortos, con sustantivos conocidos por ellos, les funciona como una adivinanza, les gusta mucho. Te voy a leer unos de estos que titulé *Haikús para Marina*. Cuando se publiquen va a ser un regalo para los pequeños que se asoman a la poesía a través de la naturaleza.

> Noche de luna/ vuelan búhos y lagartos/ sobre una escoba.
> Reminiscencias/ mariquilla nocturna/ efímera luz.
> Historia de vientos/ plumas de pajarillos/ nidos deshechos.
> La tojosita / arrulla entre la hierba/ no vuela.
> Danza en el jardín/ con una violeta azul/ doña lagarta.

Muy interesante ese trabajo que estás preparando para los niños, Esperemos que se animen a imitarte. ¿Estás haciéndolo con niños del Círculo infantil?

No, se los leí a niños de tercer grado. Yo soy escritora, pero practico con gusto el trabajo de promoción cultural. Justamente por desarrollar ese trabajo de promoción, me otorgaron la Distinción por la Cultura Cubana en el 2001, y ese trabajo lo llevo sobre todo con niños y adolescentes. Hace diez años tuve el proyecto Abracadabra, y llevo cinco círculos infantiles con niños pequeñitos. A estos les narro cuentos, les pongo canciones infantiles, hacemos adivinanzas y bailamos, éste es un proyecto que adoro. Llevo también otro proyecto que se llama De Concierto con niños de tercero y cuarto grado, este consiste en escuchar una pieza de música de concierto, hacemos su trayectoria, su historia. Puede ser una música del repertorio popular cubano. En estos momentos estoy trabajando en otro proyecto que titulé Abre la muralla, en las secundarias. Aquí en la UNEAC tengo un espacio que se llama Café de artistas al cual vienen invitados los escritores y otros miembros de nuestras asociaciones, a contar sus experiencias del evento al que hayan asistido, a presentar sus nuevas obras, a hacer conversatorios sobre temas culturales o de índole más general, en fin, son reuniones amenas donde intercambiamos opiniones, ideas, presentamos libros y hasta merendamos.

A ver, Lesbia. Todos los trabajos comentados son de promoción cultural, también sé que practicas la oralidad. Háblame de esto.

Ah, sí: La oralidad. El año pasado llegué al medio siglo contando cuentos. Me inicié cuando abrieron las bibliotecas en las secundarias básicas. Yo fui a La Habana a participar en un taller de narración que impartió en Ciudad Libertad la Señora de los Cuentos, Haydee Arteaga. Con ella aprendí a narrar. Cuando regresé a Las Tunas a trabajar en una secundaria, comencé a practicar todo lo aprendido con Haydee. En la secundaria tenía una hora para la narración, el mismo tiempo asignado a cualquier asignatura. Allí, además de la narración, les recomendaba lecturas a los chicos y les prestaba libros. Utilizo tanto textos históricos como literatura infantil y juvenil. Tengo un reportorio grande de cuentos y he obtenido algunos premios por este trabajo que tanto disfruto. Solo dejé de hacerlo cuando enfermó mi madre y tuve que cuidarla. Luego he impartido talleres sobre la narración oral.

Hubo alguien que me comentó sobre tu trabajo como artesana.

Eso es algo que también aprendí de mi familia. Mi abuela hacía muñecas, cosía sobrecamas para las hijas, tejía a punto crochet. Y luego había varias tías que eran maestras hogaristas, ellas les enseñaban a los niños habilidades manuales y en ese medio crecí yo. Así aprendí a hacer mis propias muñecas de trapo. Cuando se cumplieron los 36 años de la creación de las casas de cultura, aquí en Las Tunas, hice una exposición con 36 muñecas, no todas de trapo, hice algunas con tusas de maíz, otras hechas con pomitos de cristal, pues de niña jugábamos a las muñecas haciéndoles vestiditos a los pomitos con los que sustituíamos a las muñecas que no teníamos. Años después hice una exposición con muñecas más sofisticadas porque hasta tenían nombres de personajes de cuentos: por ejemplo, Catalina la maga, Y cuando se cumplieron los ciento cincuenta años de la publicación de *Alicia en el país de las maravillas*, hice otra gran exposición para celebrar ese acontecimiento, creo que la única que lo celebró fui yo. En este caso las muñecas fueron los personajes de esos cuentos infantiles universales como Caperucita Roja, Cenicienta, Hancel y Gretel, Cocolisa, un personaje de un cuento mío. También dentro del trabajo comunitario están los talleres que he hecho sobre cómo hacer estas muñecas, en este caso para las personas mayores fundamentalmente.

Imagino que ya para este año te hayas inventado otra nueva tarea.

Adivinaste. Hace dos años estuve en México donde asistí a un taller de piñatería mexicana y cartonería, un trabajo muy bonito y ahora quiero empezar a hacerlo aquí, aunque no tenemos mucho papel del que ellos usan.

¿Qué tipo de papel se requiere?

El que nosotros llamamos papel de china o papel crepé. Pero voy a hacerlo con papel reciclado, ése que usan las guías telefónicas. Yo espero que me salga bien. Ya te contaré.

Veo que siempre estás inventando

Así es. Y digo y repito que me aprovechen mientras esté lúcida y pueda transmitir lo que voy aprendiendo para que otros lo disfruten. Tú sabes que mi vida ha sido siempre la cultura y todo el tiempo lo he pasado creando. Me encanta trabajar con los niños, he impulsado el trabajo de los jóvenes y para las personas mayores he creado algunos proyectos en la casa de los abuelos, aunque ahora he dejado de hacerlo porque iba en bicicleta y la verdad es que ya no estoy apta para montar bicicletas. Ah, se me olvidaba, tengo el proyecto Camichibai, o teatro de papel.

¿Camichibai? Nunca había oído tal palabra.
Pues te voy a explicar de dónde la saqué. Siempre ando buscando en internet nuevas cosas para enseñarles a los niños. Las pocas veces que puedo sentarme ante una computadora, porque me parece que, aunque en Cuba las conexiones tienen problemas, lo de las Tunas es terrible, pero no me doy por vencida y siempre que puedo busco. Ya sabes lo que dice el refrán: el que busca, siempre encuentra; así veo que, en Argentina o Brasil, no recuerdo ahora exactamente, hay una colonia de japoneses que habían hecho ese trabajo para los niños, que también existe en diferentes países. El Camichibai es un teatrico que los propios niños pueden construir con cartonería o con maderas, con sus puertecitas y todo y por detrás se van pasando las láminas. Es una tradición popular de diferentes países de Asia que viene de hace siglos. Como ves, nunca estoy con los brazos cruzados.

Ya veo, eres una mujer realmente de cultura, trabajando para la cultura.
Para ser sincera debo reconocer que aquí en Las Tunas los artistas estamos muy unidos, nos apoyamos mutuamente. Por ejemplo, la filial Nicolás Guillén hace su peña aquí en nuestra sede, también los artistas plásticos cuando realizan sus exposiciones dentro de la ciudad o fuera de ellos vienen a contarnos sobre lo que han hecho, los músicos hacen aquí sus conciertos y los escritores somos muy activos. Somos la filial que hace más actividades.

Pues te agradezco mucho, mi querida Lesbia, por toda esa información que me has dado y te felicito realmente por trabajar tanto para la cultura de tu patria chica.
Yo te agradezco a ti por este trabajo que estás haciendo.

NUESTRA ESPERANZA SON LOS JÓVENES

Gladys Ilarregui
Argentina, 1958[14]

Conocí a la profesora y poeta Gladys Ilarregui en 2016, en Oporto, Portugal, en un Congreso de Literatura que se celebraba en aquella hermosa ciudad donde mi hija, Milena Rodríguez, expondría un trabajo. Ella era amiga de Gladys con quien había coincidido en Filadelfia, Estados Unidos, en otro de esos Congresos Académicos que sobre nuestra Literatura Hispanoamericana se realizan en instituciones universitarias. Desde que nos conocimos nació entre Gladys y yo una sincera amistad; así, cuando visitó La Habana en enero de 2017, nos fuimos juntas a almorzar y por supuesto aproveché su presencia para grabar esta interesante entrevista.

Gladys, lo primero es conocer el motivo de este viaje a La Habana.

En este viaje he traído un grupo de estudiantes de la Universidad de Delaware para estudiar la revolución cubana y, fundamentalmente, los escritos de Che Guevara desde el punto de vista literario, pues en él hay un espacio de escritor sumamente importante, que cubre varios rangos: lo político, lo epistolar y lo filosófico. Hay muchas capas a estudiar dentro de su personalidad, muy complejas. Eso es lo que hemos estado haciendo conjuntamente con un programa de actividades en museos, excursiones y visitas que han tenido una coherencia que complementa el programa teórico.

¿Tú eres profesora allí?

Sí, soy profesora del Departamento de Lenguas, Literaturas y Culturas en la Universidad de Delaware; allí hago un trabajo interdisciplinario que va desde el siglo XVI, de América colonial hasta el siglo XXI, sobre todo con énfasis en la literatura y los derechos humanos.

Pero, ¿tú no eres norteamericana?

---

[14] Grabada en el Hotel Presidente. El Vedado, La Habana, enero 18 de 2017.

No, soy Argentina. Llegué a Estados Unidos en la etapa de la posdictadura, sin haber sido afectada físicamente, quiero decir, sin haber vivido las historias que muchos otros sufrieron y que todos conocemos de esa época tan represiva; sin embargo, el país se había parado en un sistema tan fuerte de opresión que me vi abocada, como muchas otras personas, a buscar otra salida; es decir, fue un exilio elegido, viajé hacia Washington y allí inicié una nueva etapa que es la que vive todo emigrante latinoamericano.

¿Estudiaste en Estados Unidos o ya habías terminado tus estudios?

Ya tenía algunos estudios hechos en Argentina sobre pedagogía, enfocada sobre todo a la psicología del niño, la psicología diferenciada. Cuando llego a Estados Unidos fue como una marea entender qué me pasaba con mi propio idioma, específicamente en el mundo de la creación. Tenía un bloqueo muy fuerte, una sensación muy extraña, y me vi obligada a reencausar los papeles correspondientes con mis estudios. Empecé por un Máster en Literatura Latinoamericana, hice Filosofía, idioma inglés y después pasé estudios doctorales de literatura latinoamericana en la Universidad Católica de Washington DC, porque yo me había enfocado hasta entonces en los estudios de las culturas prehispánicas. Por eso decidí cursar ese doctorado que comprende mucha historia, a diferencia de los que se hacen en el mundo hispano. Mi tesis fue justamente sobre el rescate del testimonio indígena en el siglo XVI a través de los Códex, específicamente en México.

Si terminaste en Washington tus estudios, ¿cómo vas a parar a la Universidad de Delaware?

Eso también fue un proceso bien complejo. Cuando uno se recibe, tiene que transitar un mapa de la república, y no estaba dispuesta a ir a ciertos lugares, ya fuera por condiciones muy extremas de clima, ya fuera por otras causas, porque trasladarse es siempre una pequeña muerte. No tengo vocación de nómada, uno tiene que crear un lazo, una afectividad con el sitio donde está, y no estaba dispuesta a irme a lugares remotos, con climas despiadados, y esa selección implica que estuve mucho tiempo con trabajos a media jornada, intentando también publicar y hacerme de una carrera paralela que prestigiara mis papeles cuando yo me presentara a algo fuerte. Estuve mucho tiempo con contratos muy malos, pudiera decir que hasta un poco infames, porque aunque uno trabaje muchísimo, la institución no termina de reconocerlo ni te da la seguridad social, no te da la seguridad jubilatoria ni médica. Yo buscaba un contrato serio, responsable, y eso se me dio en la Universidad de Delaware.

¿Ese mundo que estabas tratando de hacerte incluye tu trabajo de creación literaria?
Sí, por supuesto; y es un claro conflicto también porque empiezo a trabajar en otras lenguas. Y aunque hay sitios, quizás ahora más que antes, en donde las comunidades de hispanos son reconocidas, la realidad es que estamos en un país anglosajón; quiere decir, que lo que se hace es en esa lengua o sea, el inglés, y cuando se despierta la creación en español, como es mi caso y el de otros tantos colegas, nos damos cuenta de lo mismo: hay un desfasaje, porque no es el escritor que escribe para comunicarse con su sociedad, es el escritor que escribe y permanece en un gueto, y ese gueto, por grande que sea, no deja de ser lo que es, es decir, no estoy comunicando al hablante estadounidense lo que me está pasando, lo hago a través de la traducción. Pero hay que recordar que la inmediatez de decir: "puedo hacer un periódico cultural, puedo comentar algo espontáneamente". No, no es así. Además, la cultura dentro de Estados Unidos se enmarca dentro de las universidades, no es cultura de calles, no hay esto de reunirnos y hacer tertulias, todo está increíblemente institucionalizado, y si hay grupos que se salvan en un país de trescientos millones de personas, pues son excepciones, que las habrá, pero mi experiencia viviendo en la costa este de Estados Unidos, es una experiencia de total institucionalización. Las embajadas hacen algo; por ejemplo, he participado en lecturas en la embajada de Argentina durante muchos años; la Biblioteca del Congreso, un lugar extraordinario, me ha invitado también a sus actividades; como ves, estas no dejan de ser institucionalizadas. Cuba, México, Argentina, Latinoamérica viven más la espontaneidad de la cultura y, por supuesto, en el mismo idioma. Eso presentó y sigue presentando para mí una gran valla.

¿Qué género trabajas?

La poesía, siempre la poesía, porque para mí el lenguaje poético es una herramienta extraordinaria para entrar tanto al mundo de los sueños como al mundo de la realidad. La metáfora es un camino excepcional. Yo escribo siempre en español y he sido traducida por diferentes traductoras, todas excelentes, que han creído en mi poesía allí en Estados Unidos. A ellas les debo mucho, pues sin ese proceso de traducción al seno de esa sociedad que tengo que informar sobre mi creación, sin ese trabajo de traslación al otro idioma, sería imposible. Y no se trata de que hable o no inglés y me maneje bien con el idioma, se trata de ese espacio de la palabra que necesita de un buen conocedor para poder llevar a bien ese trabajo.

¿Recuerdas en qué año publicas el primer poemario y cuál es su título?

Te diré que empecé a publicar tempranísimo. A los ocho años ya había escrito mis primeros poemas y se publicaban en periódicos escolares y en revistas de la capital de Argentina. A los trece años tuve una actividad febril con la poesía. A los quince años estaba ya en la Sociedad Argentina de Escritores, pero se dan lapsos muy largos para publicar. Hubo mucha literatura de cajón y finalmente fueron saliendo los libros, son alrededor de siete. También influye que siempre he sido muy exigente, nunca publico así de un día para otro, me planteo un tema, lo investigo y a veces pasan años en este proceso. Uno de los libros tiene un título en inglés: *Indian journal,* es un poemario muy breve, obtuvo en México el Premio Plural, y aborda los viajes que hice a los sitios indígenas dentro de los Estados Unidos, pues necesitaba conocer al indígena de ese lugar donde estaba viviendo. Me lancé a hacer ese viaje entre los Hopi, los Navajos, todas esas tribus que habitan aquel territorio. Fue un viaje muy enloquecedor, absolutamente alucinante, del cual sale ese puñado de poemas publicados en libro en 1994, en México. En ese año justamente fue la revuelta en Chiapas, y sale mi poemario con un tema indígena, veo una curiosa coincidencia entre ambos hechos. En 1999 tuve un premio internacional en Argentina, el Jorge Luis Borges, con *Poemas a medianoche,* un libro que me deparó muchas satisfacciones. Este es también un libro de viajes, ahí mezclo la cultura griega con otros elementos, tiene un tono quizás un poco desesperado, pero pienso que cumplió su función. Y fue para mí algo maravilloso volver a mi país para recibir un premio internacional, ni yo misma me lo podía creer cuando me llegó la noticia. También he tenido algún premio otorgado por la embajada de España... He seguido trabajando en este género y en 2012 publiqué el volumen *El libro de vidrio*, éste es bilingüe y en estos momentos debe estar saliendo en México *El libro de las heridas*, es un homenaje a México, y toma desde el lenguaje místico del siglo XVII hasta el narcotráfico de 2016, fecha cuando termina el libro. Está totalmente dedicado a México. Y ahí me pongo como en mexicana para escribirlo, porque adoro ese país, he dedicado muchísimos años al estudio de su historia y su cultura. Por eso comienzo el poemario con ese lenguaje místico hablado en los conventos de aquel siglo, algo extraordinario, porque no es un lenguaje religioso, en verdad es un lenguaje netamente poético. Allí veo todo el sufrimiento de Sor Juana, esa locura suya por ser una mujer creadora, por ser una mujer rebelde, por presentar esa sociedad un no, pero un no desde la creatividad que es todavía más complicado porque no pueden decir: "esta es una rebelde, pero una rebelde brillante". Algo que no se puede obviar. A partir de ahí me muevo alrededor de otras cuestiones de México que conozco muy bien, como la violencia que desde hace varios años el país viene sufriendo. Paso por algunos casos, como los feminicidios ocurridos en Ciudad Juárez. Son poemas en los que están todas esas muertes ocurridas en los pueblos y donde ya se ven como algo normal. No pasa nada: se normalizó la muerte, una cosa muy terrible, muy profunda. Cosas que se mezclan con los muros pintados, esa historia maravillosa que tiene el México colonial. Pues hice una suerte de experimento al poner todas estas cosas juntas, porque pienso que en realidad México se construye como país a través de un síntoma de violencias terribles, que se origina con el ingreso español, o sea, desde el siglo XVI, este país lo único que conoce es la violencia y es ése un signo de su identidad, tan humillada, tan mancillada, cuando los mexicanos son seres tan extraordinarios en todas las artes, en todas las disciplinas.

Hablas con mucha vehemencia de México, se nota que lo has estudiado a fondo.

Sí. Así es. Ese país comenzó con una invasión globalizante, terrible, sometiendo todo lo indígena, destruyendo todos los conceptos intelectuales, la noción de tiempo, la noción de espacio y ahí hay que crear algo nuevo. La verdad es que es asombroso cómo lo indígena resiste: la gente se viste con ropa indígena, comen como lo hacen los indígenas, aunque lo que pasó allí fue una locura. Es una maravilla cómo la cultura resiste. Eso es impresionante. Pienso que bajo el México de la violencia hay un México de la esperanza que es justamente esa resistencia. Lo he visto a través de mis viajes, a través del contacto con comunidades indígenas y es impactante cómo siguen celebrando la vida en medio de un avasallamiento, uno detrás del otro, desde el siglo XVI y que no ha parado con los gobiernos de turno, con las alianzas políticas, con todo lo que sabemos que ocurre en el mundo y con lo que está pasando ahora mismo en ese país.

¿Tú viviste allí?

No, no viví nunca en México, pero he ido muchas veces como parte de mis estudios de investigación.

Te hice esa pregunta porque, por tu manera de expresarte, me da la impresión de que te has adueñado del espíritu de Sor Juana.

¡Ah! Estuve enseñando el año pasado en la Universidad Emérita de Puebla un curso sobre literatura y derechos humanos que comenzaba justamente con Sor Juana, pues ella es la religiosa rebelde, la religión toma un segundo plano, desde todo punto en su vida porque en su época no había otra forma. Y esa mujer necesitaba tanto, pero tanto expresarse y vivir su vida interior y celebrar otras cosas, que a veces me pregunto qué hubiera sido ella si hubiese sido totalmente libre, qué tipo de obra hubiera creado. Porque pasó por el teatro, los villancicos, la música, la matemática, era contadora, la observación astronómica. Tenía un rango enorme de conocimientos, tenía sed de vivir y de conocer y fue tremendamente castigada por esto. Fue un ser extraordinario, un ser totalmente fuera de época. Sí, ahora en los estudios actuales se le considera la primera feminista de América y creo que sí lo fue. Pero, curiosamente hay también una defensa indígena, ella utiliza el náhuatl en una de sus obras. ¡Es una mujer clarividente! Ella ve su época como una adelantada total, y no se lo perdonaron. Desde entonces viene caminando la discriminación hacia nuestro género...

Ha sido una figura muy estudiada, esto habla de su vigencia. No sé si conoces una escritora cubana, Mirta Aguirre. Tuve la suerte de ser su alumna en la Escuela de Letras de nuestra Universidad, ella ganó el premio en un concurso convocado en México sobre Sor Juana con un magnífico ensayo Del encausto a la sangre, *en los años setenta del pasado siglo.*

Ah, qué bueno. Sí, Sor Juana es una figura muy icónica, pero insisto en que todavía queda mucho camino para seguir investigando, porque el pasado no se termina, es una corriente multidisciplinaria. Yo, por ejemplo, tengo dudas de muchas cosas de Sor Juana, aún hay mucha tela por donde cortar, pese a que no soy una investigadora especializada en ella, soy solo una gran admiradora pues, como poeta, ¡ni hablemos! Ella me deslumbra. Pienso que estas personas del pasado que dejaron sentados ideales tan fuertes todavía son material del futuro. Y otra cosa también interesante en Sor Juana son los retratos de mujeres que hizo en su poesía, dedicados a la virreina, etcétera, que muchos dicen: "es cuestión de época", pero no se practicaba tanto la amistad entre mujeres, porque la amistad entre mujeres también ha sido cuestionada, y ella tiene unos poemas maravillosos, eso es otro registro, porque no solamente rescata ella su libertad personal, sino también puede apreciar y admirar a otras mujeres de la corte y a otras mujeres con las que ella se relacionaba.

Ahora, Gladys, regresemos a este momento. ¿Cómo han reaccionado tus estudiantes a este encuentro cubano? ¿Sientes que ha sido útil este viaje de aprendizaje?

Pues te diré, en estas tres semanas hemos cubierto cuatro libros completos, de la tapa a la tapa, podemos decir, hemos registrado la escritura guevariana, un poco, claro, porque es un camino muy largo. Comenzamos con el típico *Diario* de él, famosísimo, icónico, seguimos con escritos de la madurez o revolucionarios, luego pasamos a una admiradora, una activista americana que tiene un libro en inglés, que traducido sería *Che en mi mente*, en el cual habla, como activista norteamericana, de lo que significó para ella la figura del Che. Ella es una mujer muy respetada, por lo cual tiene sentido leer ese libro, porque da un friso generacional de por qué eran importantes esos ideales, y terminamos con el libro de la esposa de Che, Aleida March, un libro encantador; en él se incluyen postales, epistolarios que marcan la intimidad de ese hombre como padre, como esposo. Claro, todas estas lecturas te transmiten una figura muy complicada. Mi idea no es que los estudiantes hagan una lectura simple y digan: "esto es como es". A mí me gusta, como profesora, plantear la posibilidad de que no sabemos si es esto o aquello. Sabemos que hay un camino muy complejo, porque las personas inteligentes son complejas. Las personas inteligentes no caminan una línea derecha, las vidas de todos nosotros tienen tantos altibajos, tantos imprevistos que uno tiene que aprender a hacer lecturas complicadas, porque la misma vida es bien complicada o, como diría una amiga mía de la resistencia chilena: "lecturas involucradas". Uno se involucra con ese texto, pero también con una época, con un tiempo; en fin, a mí me parece que tenemos muchísimo que seguir leyendo y aprendiendo de Guevara como persona y también de la época, lo que fueron los años sesenta en el mundo, lo que significaron, pues en realidad esos años fueron de una irrupción de revoluciones a todo nivel: a nivel filosófico, a nivel racial, cultural, lo que ese friso de tiempo hace (por friso quiero decir mosaico) es revelarnos una cantidad de cosas que antes nunca habían aparecido en el planeta. Es muy interesante ver eso, como también él es producto de una época y cómo a su vez deja su influencia en la época. Es decir, en él están las dos cosas: recibe el influjo de una época particular y a su vez como un bumerán realimenta esa misma época.

Pienso, de verdad, que no hemos visto desde hace mucho tiempo un ciclo tan fuerte de revoluciones y de cambios como los ocurridos en esos sesenta. Todo eso es lo que hemos estado viendo. Los muchachos vuelven con los libros en sus valijas, con la imagen de una Cuba completamente distinta a la que anticipaban antes de venir. Hemos visto gente fabulosamente amistosa, alegres, porque las cosas materiales no marcan siempre felicidad. Es una Cuba complicada, sí, porque tiene muchas aristas, pero se han sentido tan bien recibidos que yo creo eso los va a marcar de por vida. No van a olvidar ese viaje a Cuba y lo que han encontrado aquí.

Gladys, ¿pudieron conocer personalmente a Aleida?
Fue nuestro gran shock. Yo quería ir al Centro de Estudios Che Guevara, obviamente, porque me parecía que era el lugar donde debíamos estar. Había pedido una experta que nos pudiera dar una pequeña conferencia allí y Aleida apareció con toda su sencillez, como abriendo la puerta de su casa. Y fue muy emocionante para nosotros, hasta temblábamos por la emoción. Algunos muchachos decían: "no puedo creerlo", porque es muy impactante que la hija de una figura, en este momento planetario, mundialmente conocido, aparezca de pronto con esa sencillez.

¡Ah, fue con la hija! Es que la esposa se llama Aleida y claro, ella puso su nombre a la primera hija, nosotros siempre decimos Aleidita, para diferenciarlas.
Ah, bueno, disculpa si causé alguna confusión, fue la hija, la que es médica. Ella fue maravillosa, contestó nuestras preguntas, dialogó con los muchachos, nos mostró el último Chevrolet que había utilizado el Che. Fue de una calidez que nunca se nos va a olvidar. Realmente todos nosotros quedamos impactadísimos. Para mí, en este viaje es una de las cosas más relevantes, porque escuchar sus memorias infantiles es algo que no se encuentra en otra parte. Ella vivió esa intimidad con la que nosotros terminamos el recorrido que nos propusimos y nos llevamos *Evocación*, el libro de Aleida March que es maravilloso. Aunque lamentablemente no pudimos conocerla personalmente

Yo sí tuve la suerte de conocerla, intenté hacerle una entrevista, para un documental sobre el Che que quería hacer un amigo y yo fui su asistente, él me dio esa tareíta. Ella siempre ha sido amable y cariñosa, pero en la época de los noventa, no dejaba que la grabara, solo me contó cosas muy puntuales que anoté y aún guardo, pues el documental nunca se hizo.
Yo les dije a mis estudiantes que mi propósito no es influenciarlos ni en un sentido ni en otro, porque ellos vienen de una cultura totalmente diferente, mi propósito es solo que ellos abran esas páginas, lean, discutan,

vamos a opinar. Y, por supuesto, que al participar de ese modo y al ver otros valores y haber nacido en otras circunstancias, hay montones de cosas que se escapan y que van a ser recapturadas con el tiempo si siguen esos estudios, algunos están en Ciencias Políticas, otros en Medicina. Y hemos conversado mucho justamente sobre la medicina. Guevara tiene un escrito sobre los médicos que puede ser muy bueno para esos estudiantes. A mí me parece que hay caminos y lo más interesante es respetarlos, porque el mundo está sediento por ver gente con alguna convicción. Estamos en una época donde los ideales van y vienen.

Es interesante que estas personalidades, como hablábamos de Sor Juana, que han tenido un ideal y una fuerza particular para mantenerlos, todavía son inquietantes, ya sea que uno sea de la izquierda o de la derecha, de donde sea, siguen teniendo una personalidad inquietante porque son de una inteligencia que se rebela, una inteligencia que quiere cambiar el mundo. Y eso es cada día más complejo en el mundo digital, en el mundo globalizante, en el mundo de las corporaciones, cada vez es más complejo, sobre todo para ellos, porque son de una generación que se enfrenta a grandes crisis. Claro que crisis hubo en el pasado también, ahí están esas dos Guerras Mundiales, pero, no sé si estoy equivocada al decirlo, creo que estaba más claro hacia donde uno caminaba. Hoy hay mucha confusión ideológica en el contexto de Estados Unidos, en el contexto universal, simplemente porque no sabemos cómo van a derivar determinadas cuestiones o situaciones, como la economía misma, los acuerdos entre países. Estamos viviendo en estos días lo que eso significa: el bloque europeo que está junto, que se parte, el terrorismo internacional, un terrorismo sin ninguna clase de ideología, no sabemos por qué hacen lo que hacen, cuál es el sentido de matar a la gente, segar vidas inocentes. Por todo eso a mí me parece que estamos viviendo un tipo de locura sin ningún tipo de ideario, pudiéramos decir de manifiesto. Por supuesto, no puedo cubrir todo eso en un mini semestre. En realidad, han sido tres semanas que hemos cubierto aquí, hemos trabajado muchísimo, pero más que todo me parece más bien que el trabajo intelectual no es cerrar preguntas, es abrirlas y que cada uno las conteste como pueda, donde pueda y con la dimensión que pueda. Cuando el profesor se para delante de una clase, cada alumno es una incógnita, no sabemos lo que traen, no sabemos cuáles son sus angustias, sus propios intereses, eso es muy difícil, pero yo me siento feliz, no si cierro una pregunta, sino si la abro. Estos muchachos se van a ir de aquí, de este curso como de otro, y en algún momento va a tener que gestionar esas preguntas. A lo mejor la resuelve de una manera simple, diciendo "esto no me importa", o "esto no me interesa", en fin, tonterías. O a lo mejor la abre y se dice: "por qué no" o "por qué sí" o "cómo podría yo hacer tal cosa". Creo que ése es el triunfo de la educación para mí: nunca cerrar una pregunta sino abrirla. Si una puede crear una inquietud en ese muchacho ya es un buen síntoma. Eso es lo que pienso. Por eso estoy en desacuerdo con los sistemas de evaluación que obligan a un muchacho a aprenderse cosas casi de memoria y entonces le dan tantos puntos y el verdadero aprendizaje no son los puntos de un examen, es otra cosa, y a lo mejor ni siquiera se produce cuando uno está en esa clase.

Tuve un estudiante que me siguió durante varios cursos y una vez me dice: "Ay, profesora, nos tenemos que despedir" y, cuando le pregunto para donde va, responde: "donde el viento me lleve". Con esa respuesta, yo me dije "Ay, Dios mío". Y después de mucho tiempo recibo de él una tarjeta postal desde Guatemala, donde me dice que estaba trabajando en un centro fotográfico para recuperación de niños perdidos. Tengo otra que al poco tiempo también estaba en Nepal, en la recuperación de monumentos que se habían caído cuando ocurrió el terremoto. Y eso me sorprende, pero estoy contenta porque en algún punto se encendió algo que no era estar pensando en el dinero que voy a ganar y todas esas cosas que están tan presentes en un determinado sistema, sino pensar, ver qué puedo hacer yo en otra parte. Eso fue muy lindo y sigue siendo. A lo mejor alguno de estos muchachos que pasó ahora por Cuba, quien sabe si regresa a hacer un estudio de posgrado, tengo dos que quieren ser médicos, quien sabe si terminan haciendo relaciones con Cuba a través de la medicina.

De todo eso uno espera un mejor entendimiento entre la gente y un mayor poder para cambiar todo eso que hoy vivimos y que no es más que una locura. Nuestra esperanza son los jóvenes, los estudiantes. Eso es lo que anhelo yo.

Muchas gracias mi amiga, ha sido magnífica tu disertación.
 No, gracias a ti.

Con voz de mujer

BUSCAR SIEMPRE LA EMOCIÓN

Magda González Grau
La Habana, 1956[15]

En el Concurso Caracol 2018 que convoca la Unión de Escritores y Artistas de Cuba (UNEAC), auspiciado anualmente por la Asociación de Cine, Radio y Televisión de la UNEAC en las categorías Cine y Video, Radio, Televisión, Animación y Crítica, incluyendo esta última los géneros de investigación, crítica y ensayo, fue ganadora la película *Por qué lloran mis amigas* de la realizadora Magda González Grau, a quien de inmediato pedí una entrevista para mi programa VOCES, que realizo en la Emisora Habana Radio. Los resultados de ese concurso se dieron a conocer en octubre de 2018. Pasados cuatro meses pude grabar la entrevista que les presento a continuación.

Buenas tardes Magda, qué bueno que podemos vernos para hablar de ti y de tu trabajo como creadora en los medios audiovisuales. Vamos a comenzar por el principio. ¿Cuándo pensaste que podrías hacer cine?

Recuerdo que estábamos haciendo una guardia del comité mi papá y yo y él me habló por primera vez del séptimo arte. Y me preguntó: "¿Cuál es el arte que conjuga todas las artes?". Yo todavía era una niña y no le supe responder porque no sabía. Entonces me empezó a explicar qué cosa era el cine. Cuando fui creciendo, la idea que tenía yo era la de dar clases. Me encanta enseñar. Toda mi vida he dado clases. Por suerte. De adolescente quería irme para Minas del Frío, pero mi mamá no me dejó, yo estaba en sexto grado y me dijo que irme con esa todavía incipiente preparación, no iba a tener futuro. Cuando me gradué del pre-universitario quería matricular Pedagogía y la doctora Graciella Pogolotti, muy amiga de la familia, dijo que mejor cogiera Filología porque tiene mejor claustro. Le hice caso y empecé a estudiar Filología. Yo pensé que me iba a quedar dando clases en la Universidad o iba a dedicarme a escribir, porque desde chiquitica me gustaba escribir. Veía una representación teatral y escribía una reseña sobre ella. Cuando me gradué, la única plaza que había en la

---

[15] Entrevista grabada en la Sala Villena de la UNEAC. La Habana, febrero 27, 2019.

Universidad no me tocó a mí, hubo una persona que la cogió y yo me quedé "colgada de la brocha".

¿Quieres decir, la plaza de profesora?

Sí, claro, la plaza para poder dar clases en la Universidad, porque yo era alumna ayudante desde primer año, y todo el mundo decía, "Magda se queda dando clases en la Universidad". Y era la primera que me lo creía. Porque podía dar clases de latín, o de hramática o de literatura, pero al terminar la carrera esa plaza no existió y me encontré sin saber qué hacer, para dónde ir. Y apareció el Departamento de Subtitulaje de la televisión cubana y necesitaban graduados de lingüística o literatura, es decir, personas preparadas para poder acometer ese trabajo; me presenté allí, entré y me gustó ese trabajo.

¿En qué año empezaste?

Eso fue en el año 1979. En ese departamento había dos especialidades: subtitulaje y doblaje. Doblaje era un poquito más complejo porque había que dirigir actores. Para evaluarme me dieron una película húngara, nada menos que *Memorias del subsuelo*, una obra de Dostoievski. Era un monólogo, casi siempre en primer plano, en húngaro. Por supuesto, me lo tomé muy en serio. Recuerdo que trabajé con el actor Rudy Mora, padre, y lo hicimos tan bien, que tuve el honor de que un tribunal presidido por Tomás Gutiérrez Alea me calificara con el nivel 3, que no era el que me correspondía, pues por ser mi primera película doblada, me correspondía el nivel 2. Y justamente lo que elogiaron fue la dirección del actor.

¿Ya tenías experiencia previa en esa labor de dirección?

No, pero siempre me gustó dirigir actores. Me dediqué a investigar por qué una actuación puede ser falsa, por qué una actuación puede no funcionar, por qué cuando ellos hablan si no cierran, todo queda en coma alta, queda flojo. Y eso me lo enseñó también la gramática, la filología. Es decir, trabajé mucho en ese sentido. La dirección de actores es lo que más me gusta en la vida. A partir de entonces comencé a hacer documentales en la televisión. Nunca he dejado de hacer doblajes. Y un día cuando estaba dirigiendo el doblaje de los actores de la telenovela *Las honradas*, recuerdo que entre ellos estaban Broseliana Hernández y César Évora, el director de esa novela; Yaqui Ortega vio las indicaciones que les daba a los actores, sobre algo que ellos mismos no habían hecho y era que la voz saliera en términos de actuación y de emoción y evidentemente eso influyó para proponerme ir a trabajar con él en la novela *El año que viene*. Había cuatro directores: Héctor Quintero, también la había escrito, Yaqui, por supuesto, Cheito y la cuarta era yo como asistente de dirección, pero por el trabajo que hice en la prefilmación me ascendieron a directora, aunque seguía cobrando como asistente de dirección, pero eso no me importó y me dije: "esta oportunidad no me la pierdo". Y ahí empecé a montar escenas con los actores. Aprendí lo que es una puesta en escena, sobre todo una puesta en escena para las cámaras, en este caso es un espacio un poquito masculino, misógino. Me acuerdo que yo llegaba, era muy joven, y los camarógrafos hacían una huelga de brazos cruzados, es decir, esperaban mi llegada para entonces preguntarme dónde ponían las cámaras. Ya estaba preparada para eso y, aunque me hubiera acostado a las cuatro de la mañana, cuando llegaba a la filmación ya sabía dónde debían colocarse las cámaras, no podía vacilar ni un poquito delante de ellos pues me estaba jugando la autoridad ante el equipo.

Y de paso les estabas dando una galleta sin manos.

Exacto. Pero tuve que esforzarme mucho pues eran cosas que hacía por primera vez. En la filmación de esa telenovela aprendí muchísimo. También aprendí con Héctor Quintero. Él y yo tuvimos varios problemas de entendimiento porque había una disonancia con respeto a la actuación en la televisión. Por ejemplo, en una escena donde los actores debían trasmitir un sentimiento de vergüenza, él los obligaba a bajar la cabeza, les decía: "pega la barbilla al huequito este del cuello". Y yo le decía: "Héctor, no hace falta, cuando la cámara te toma en primer plano con bajar la vista es suficiente para decir que estás avergonzado. Eso que propones hay que hacerlo en el teatro, donde hay un auditorio larguísimo y para que el que está sentado en la última fila también se entere de que ese personaje está avergonzado". El audiovisual tiene otras ventajas que no tiene el teatro. Y claro, nos fajábamos por cosas como esas, pero reconozco que aprendí mucho de él, realmente Héctor Quintero era un maestro.

¿A partir de esa experiencia seguiste trabajando ya como directora?

Sí, a partir de ahí seguí por ese rumbo. Fui a Colombia donde tuve también una experiencia profesional muy buena, en la televisión de ese país, allí aprendí a aprovechar mejor los tiempos. Creo que el sistema del socialismo acomoda a la gente. En el capitalismo tienes que trabajar bien y rápido porque el tiempo es oro. Trabajar allí, con un sistema diferente, me dio la destreza necesaria a la hora de resolver problemas profesionales. Salir del país y conocer otra realidad es muy importante. Quisiera que todos los cubanos pudieran tener esa oportunidad, pues gracias a esa experiencia pude valorar lo que significaba para mí, la patria, este país y obviamente, el sistema social que nosotros estamos construyendo. Y cuando regresé comencé a hacer ficción. Porque coincidió que se retomó el espacio del cuento y escogí para llevar a la televisión un cuento que había leído siendo estudiante, "La rueda de la fortuna", de Onelio Jorge Cardoso. Y desde ese año, 1998, seguí trabajando en ficción, tuve éxito. Después del primer cuento trabajé una obra que traje de Colombia. Allá la vi por la televisión, pero me pareció que no estaba bien hecha la adaptación. Era *Clase magistral,* [Master Class] una obra de Terence McNally cuya protagonista es María Callas.

Lo que vi en Colombia no se me parecía para nada a una ópera, por todo lo que ya sabía de ese género. A mí me gustaba mucho María Callas, a mi madre le gustaba tanto que hasta viajó a Nueva York para verla actuar; alrededor de esa figura había una suerte de leyenda familiar. Esa obra me encantó porque no solo era hablar de la Callas, la obra habla de la ética profesional, de modo general, o sea, la ética en el arte. Hay un pasaje muy ilustrativo de esa ética. Hay un tenor muy preocupado por dar el DO de pecho, y cuando empieza a cantar, nada más y nada menos que *Tosca*, ella le dice: "¿Dónde estás?" Y él responde, "aquí en el escenario". Y ella dice. "No, no, dónde estás si estás cantando eso, ¿dónde estás". Y él: "En una iglesia". "¿Y qué iglesia?", dice ella y sigue preguntándole: "¿Qué época del año es?... si tú no sabes nada de eso, aunque des el DO de pecho más maravilloso del mundo, estás falto de emoción. Y cuando él se despide le dice: "¿Algún consejo?" Y ella le dice, "recuerda siempre la primavera", porque cuando le había hecho aquellos señalamientos ya le había recordado que la obra se desarrollaba durante la primavera, en la iglesia tal, y le describía toda la situación dramática que antecedía a aquel momento que permitía darle al cantar la emoción implícita. Esa obra a mí me encantó. La monté con Susana Pérez. Ella no se parecía en nada a María Callas. Cuando yo regresé, estábamos en pleno Período Especial, Susana tenía un comportamiento de Diva. Cuando regresé estaba buscando a Isabel Moreno porque era la que más se me parecía físicamente a Callas, pero Isabel se había ido para Venezuela. Eché una mirada al panorama de las actrices y la verdad, la que mejor me dio ese comportamiento de Diva fue Susana y empecé a trabajar con ella en la caracterización del personaje, un trabajo que me encanta recordar. Susana se entregó a su papel. Se tuvo que afeitar la cabeza porque ella tenía la frente muy estrecha y Callas la tenía ancha, se puso pupilentes. Logramos una buena caracterización física y, gracias a su actitud, ella fue María Callas. Claro, no se parecía en la nariz, porque la otra tiene una nariz griega que ni por asomo tenía Susana, pero la obra tuvo mucho éxito. Y seguí haciendo unitarios, muchos unitarios. He trabajado con actrices extraordinarias como Silvia Águila, Amarilys Núñez, Luisa María Jiménez, Edith Massola, con quien repito porque me encanta trabajar con ella. Me encanta trabajar con actrices y actores inteligentes, como Patricio Wood, Omar Alí. En fin, muchos buenos actores y actrices. Me gustan las historias que la gente quiera ver una y otra vez y que siempre encuentren algo nuevo, eso tiene que ver con la sutileza en el tratamiento del conflicto; son esas historias donde parece no pasar nada, pues transcurren casi en tiempo real, pero está pasando mucho por dentro de los personajes que están representando a los seres humanos, son las historias que más me gustan. Por supuesto, eso conlleva un conocimiento de psicología, toda la historia para construir al personaje. Y tengo la suerte, tal vez por la forma en que lo hago, de que los actores se entreguen en cuerpo y alma, con una confianza absoluta, gracias a lo cual se establece un magnífico clima creativo. Yo puedo disfrutar la grabación, puedo disfrutar la edición, pero lo que más disfruto de un proceso de ficción es justamente la pre-filmación, es decir, todo lo que hacemos para construir el personaje: saber cómo se va a vestir, cómo se va a peinar, cómo va a decir, cómo se va a sentar. Por ejemplo, en el caso de la película *Por qué lloran mis amigas*, no quería que se supiera desde el principio que Amarilys era lesbiana. Y trabajamos cosas muy sutiles, le dije: "No cruces nunca la pierna". Por qué, porque ése es un acto absolutamente femenino. Y ella todo el tiempo está con las piernas abiertas. O un gesto que ella hace con el pelo, un poco brusco, esas son sutilezas para que cuando ella dijera, "soy lesbiana" la gente pudiera ir atrás y decir: "Verdad que sí". "Cómo no me di cuenta". Y así trabajar a todos los personajes a ese nivel de detalles. En esta misma película, esa secuencia cuando Edith llega a su casa en su bicicleta y la madre le pone delante un vaso de agua para que se lo prepare con el azúcar prieta, ahí no hay diálogos, pero a mí me daba mucho placer que en el cine la gente reaccionara ante esa escena, porque esa gente se estaba viendo a sí misma cuando vivíamos esa etapa del Período Especial, cuando se andaba en la calle en bicicleta y al llegar a la casa había que tomarse un poco de agua con azúcar para reponer las energías y poder llegar a la comida.

Eso de montar los textos con las acciones es difícil. Hay otra escena de Jazmín con el marido donde están haciendo cosas cotidianas: lavando, pelando las malangas, poniendo la olla de presión. Y todo el tiempo están dialogando sobre cosas importantísimas, y me gusta hacerlo así porque eso es la vida. Se están tratando temas profundos, pero están en la vida cotidiana de cualquier cubano. Esa es la puesta en escena. Eso lo aprendí con Héctor Quintero y para mí fue algo vital, porque cada situación es diferente, cada actor es diferente, yo disfruto mucho esa parte de la creación. Me revitaliza.

Hablemos ahora de algo más personal. ¿Cuándo y dónde naciste?

Nací el 31 de marzo de 1956 en La Habana. Creo que soy lo que soy gracias a que nací en una familia extraordinaria, con una madre y un padre extraordinarios ambos. Ellos me enseñaron la importancia de la cultura, desde que éramos niñas mis hermanas y yo, fuimos al teatro, a conciertos. Recuerdo que mi papá nos ponía un disco de Wagner que tenía la canción de *Tristán e Isolda*, porque ésa era la canción de mi mamá. Y llegamos a odiar ese disco porque lo ponía diariamente al mediodía, cuando venía a la casa a almorzar, y nosotras sentíamos que eso nos alejaba de él. Sin embargo, gracias a esa perseverancia, nosotras conocemos ópera, música clásica, y tenemos un sentido abierto a todas las manifestaciones culturales, por eso siempre digo que el gusto se educa.

¿Tus padres pertenecían al mundo de la cultura?
Mi mamá fue promotora cultural, desde que era universitaria era culturosa, como le decían entonces, de la FEU. Después fue divulgadora del Ballet Nacional de Cuba, fue directora del Teatro Nacional, se llama Ángela Grau Emperatori. Mi papá era contador, pero tenía una cultura tremenda, para estar a la altura de mi mamá se esmeraba por superarse. Él leía constantemente; nosotros tenemos una biblioteca, que se conserva todavía. Ese ambiente fue creando en todas nosotras el deseo de saber y de estudiar para conocer. De hecho, una de mis hermanas es bióloga y la otra es contadora. Y yo me incliné por las humanidades, específicamente por la filología, yo pensaba que iba a ser escritora. De modo que todas somos cultas.

¿Son tres hermanas?
Y un varón que falleció en un accidente muy temprano. Yo siempre digo: mi hermana es mejor bióloga porque es culta y mi otra hermana es mejor contadora porque es culta. Porque yo, como me dediqué a la parte del arte, no por eso soy más culta que ellas. No, para nada...

Ahora quiero preguntarte cómo se te ocurrió la idea de hacer película con estas cuatro historias de mujeres.
Pues te cuento. Esto me lo propone una muchacha joven que se inspiró en una catarsis que hicieron las amigas de su mamá en una fiesta a la que habían asistido. Me lo propone y me gusta la idea. Empezamos a trabajar junto con la asistente de dirección, ahora no está en Cuba, pero fue muy buena colaboradora, se llama Geraldine León. Y empezamos a tra-

bajar los conflictos de cuatro mujeres. La idea original es de Hannah Imber que fue también la productora de la película. Ella se graduó en la FANCA, en Producción, y me presentó el guion; a mí me encantó desde el principio. Luego de la escritura del guión, comenzamos el trabajo de mesa con un final que no es el que ocurre después en la película: Luisa se iba bajo un aguacero y no regresaba, y terminaban las otras tres amigas sentadas en el sofá y una dice "Mañana vamos a llamar a Gloria". Y esto es lo que cambia Luisa (Gloria) cuando nos dice: No, ese no es el final, hay que darle una oportunidad a esta mujer. Esta obra trata de que hay tareas al otro día, pero si ustedes no me entran de nuevo en la historia, ese final va a quedar muy vago, porque yo soy la más retrógrada, la más reacia... Yo no creía mucho en esa solución, porque, cómo hacerle creer a la gente ese cambio tan rápido, como se dice vulgarmente 'cambiar de palo pa' rumba'. Cuando le digo eso ella, me pide que la dejen pensar hasta el día siguiente. Entonces llegó con una biografía en la que explicaba por qué Gloria era así, y cómo ella cuando salió de esa casa bajo la lluvia, se quedó en la parada pensando que ya no tenía contacto con su marido porque él la había dejado, ya no tenía contacto con sus hijos porque no los entendía, con ellos no tenía comunicación y lo único que le quedaba eran las amigas. Y por eso ella regresa. Nos convenció y cambiamos el final ya en la filmación. Y cada vez que veo la película me felicito de esa solución porque, efectivamente, ése era el final de la película.

Cuando vi esa escena pensé más o menos lo mismo que Gloria. Porque cuando la ves llegar totalmente empapada, me dije: la lluvia le hizo ver su desamparo, tiene que reconciliarse con sus amigas.

Mira qué bueno. Incluso hay un detalle importantísimo. Es cuando Amarilys, que ha sido rechazada antes, cuando la Gloria habla de sus hijos, cuando la ve llegar empapada y trae la toalla, no se atreve a cubrirla porque eso significa un abrazo y la cara de Luisa le está diciendo: "Claro que me puedes abrazar". Como ves, son escenas con muchos detalles con actrices muy inteligentes. En esta obra todo el mundo aportó. Algunos me han hablado de la paleta de colores. Eso también está muy trabajado, Tomás

Piard fue el director de arte y discutimos mucho sobre cómo debía ir vestida cada una. Hicimos pruebas de todo: de vestuario, de maquillaje. En general, el trabajo de pre-filmación a mí me satisface. Por supuesto, hay cosas que cambiaría ahora mismo, pero ese trabajo está ahí. El maquillista también se esforzó bastante. Él hizo las caracterizaciones de las cuatro actrices, algo bien complicado en la producción, porque en casi todas las escenas están las cuatro. Y pensé que eso nos podía atrasar. Pues no, hicimos una prueba de maquillaje con las cuatro juntas y se demoró dos horas. Con eso planificamos los llamados para dos horas antes de estar en la locación. Así él podía hacer su trabajo, primero con dos actrices y luego con las otras dos. Sl íbamos a grabar a las 8 de la mañana, se hacía el llamado para las seis, de ese modo a las 8 ya las actrices estaban listas. Él es un especialista con mucha profesionalidad, estoy muy contenta con el buen resultado. Y claro, el asombro ha sido el impacto en la población. Porque es una película de mucho texto, verbalista, y la gente rechaza lo que vulgarmente se dice "la muela" y, como sabes, ahí no se para de hablar. Nosotros limpiamos bien los textos para que se dijera lo esencial, lo que había que decir y no el blablablá. Yo le tengo mucho miedo al blablablá, pero sí creo en el poder de la palabra. La película no tiene ningún efecto especial ni tampoco exteriores, algo común en las películas cubanas, porque la belleza natural casi siempre se explota. Incluso vinieron unos ingleses a darnos un curso de marketing y, cuando dije que mi película no tenía exteriores, se asombraron mucho y me dijeron que cómo iba a hacer una película donde no estuvieran los escenarios de La Habana... Y es que no los lleva, no puedo forzar eso. Y te confieso que tuve la tentación de hacerlo porque, me dije: "esta película no va a ir ni de aquí a la esquina". Pero el día del estreno yo iba por 23 y 12 y, cuando vi la cola delante de ese cine que iba por 12 para abajo, por poco se me para el corazón.

Sí, ha tenido una buena recepción por parte del público, pero no solamente de él, es la crítica también.

Sí, la crítica ha sido muy generosa.

Yo pienso que ha sido justa.

Gracias. Y ha pasado otra cosa, hay gente que me ha dicho: "he visto tu película tres veces". Y eso en breve tiempo. Por lo general, cuando uno vuelve a ver una película, lo hace al cabo de los años. Y cuando pregunto por qué la vuelves a ver, me dicen: "porque la primera vez la vi de esta manera, la segunda buscando tal cosa" y así. Bueno, qué chévere que la quieran ver varias veces. Y lo otro que me ha sorprendido es que me digan que han llorado con mi película. Y hasta he sentido pena, porque cuando me dicen: "¡cómo lloré con tu película!" He dicho "¡Qué bueno!" Y entonces esa exclamación espontánea me hace sentirme avergonzada. Es una cosa paradójica.

Realmente es una película que te emociona Y eso habla bien de ella como obra artística.

Yo creo en la emoción. Cuando empecé a hacer mi primer trabajo en el programa *Te quedarás*, un programa meramente de testimonios, mi papá me decía: "siempre busca el dato junto con la emoción, si buscas el dato solo eso no es el audiovisual, no vale la pena que lo esté diciendo la persona, porque el dato se puede buscar en los libros". Y claro: el testimonio sin emoción es eso, pero con emoción le da al ser humano una personalidad única e irrepetible. Entonces hay que buscar siempre la emoción, así como la reflexión a través de la emoción. Esa es una verdad y esa enseñanza se la debo a mi padre. Quizás el nivel profesional que logré en esta película, es mi ópera prima, no había hecho nada en cine, es porque hice mucha ficción en televisión, muchas historias. No he hecho otra cosa más que contar historias. Eso te da un entrenamiento con la dirección de actores, un entrenamiento con la dirección de un equipo, en un medio bastante machista; sin embargo, he trabajado con colaboradores hombres con los que he armado un buen equipo, basado en el respeto y he logrado que se involucren en la obra que se va a hacer, que la sientan propia, eso es primordial. Escucho a todo el mundo. Me acuerdo en la novela *El año que viene*, unos camarógrafos me señalaron hacia unos actores que estaban en mangas de camisa. Era una novela de época, y uno insiste: "Nunca he visto fotos de esos años donde la gente esté en mangas de camisa". Y le dije: "sabes lo que pasa, que lo que has visto son fotos de estudio. Te voy a traer una foto de mi familia, en una fábrica, es una foto doméstica, para que veas que así era como se vestían la gente a diario". Y le llevé la foto. Esa acción de escucharlo, de darle una explicación y haberle traído la foto para convencerlo de que lo que estábamos haciendo estaba bien, me ganó al equipo. Cualquier otro director hubiera dado otra respuesta como: "Va como yo dije porque soy la que mando". Pero no hice eso, a mí me interesa que todo el mundo trabaje convencido de que lo que estamos haciendo es lo máximo, aunque después tenga defectos, como toda obra, pero en el momento cuando la estamos haciendo haya una entrega, una unidad y algo tan importante: involucrarse, dar todo lo que saben, es la mejor fórmula para trabajar el audiovisual, porque ése es un arte colectivo, no hay otra manera de hacerlo que escuchar a todo el equipo, desde el que trae el café, o el que carga la luz, o el protagónico. A propósito de luces, una anécdota muy chévere que ocurrió en la grabación de *Clase Magistral*. Un día, en un receso oigo a los técnicos de luces cantando *recóndita armonía* y por poco me desmayo, porque estoy segura de que ellos nunca habían oído a María Callas, pero esa escena se había repetido tanto que se les pegó porque estaban metidos en la obra. Esa es mi manera de ver el trabajo profesional. He llegado a la ópera prima un poco tarde porque ya voy a cumplir 63 años, casi estoy en edad del retiro, pero aún me siento fuerte, con energías para seguir trabajando.

¿Tienes nuevos proyectos para ahora mismo?

Sí, tengo dos telefilmes. Uno sobre el embarazo en las adolescentes, porque dirijo *Una calle mil caminos*, una revista, aunque no es precisamente mi especialidad, me interesé por trabajar para los jóvenes, ellos son el futuro de este país y es importante decirles cosas, ese tema del embarazo es importantísimo. El guion es de Amilcar Salatti, uno de los mejores guionistas de este país, él escribió el de la película *Inocencia*, y estaba ansiosa por hacer algo de él. Y el otro telefilm está basado en un cuento de Laidi Fernández de Juan, con quien me une una excelente amistad. En este caso la guionista es Lin Romero. Es un cuento en tono de humor. Me gusta mucho el humor, pienso que por el humor se puede llegar mejor a la gente. No es que no me guste la tragedia, pero prefiero llegar a la gente como es la vida. La vida es una mezcla de comedia y tragedia.

Risa y llanto.

Efectivamente: risa y llanto. Este cuento de Laidi es una historia muy linda, muy poética, con ese tono que ella tiene, muy humorístico. Tengo en proyecto unas cápsulas sobre Martí, el Martí desconocido. A mí me preocupa la forma en que a veces se presenta a José Martí y que los jóvenes no encuentren al Martí que necesitan para convertirlo en el Apóstol verdadero. A veces se trilla demasiado, a veces se presenta como un busto de yeso. Quiero hacer algo diferente. También quiero hacer unas cápsulas sobre Marx que pienso titular *¿Marx aquí y ahora? ¿Vale Marx para ahora?*, este también dirigido a los jóvenes. Porque soy revolucionaria, soy marxista, creo en el socialismo como sistema y en el futuro del socialismo que ojalá llegue a haber comunismo. Me gusta mucho cómo Marx trata a la historia. Y quiero hacer mi segunda película, basada en una novela de Milene Fernández Pintado titulada *La esquina del mundo*. Ahí ella aborda el crecimiento de una mujer, su autoestima, pero sobre todo trata una cuestión muy actual: por qué ella no se va de este país. Pero sin teque, sin barricada, sin bandera, sino exactamente las causas por las que yo vivo en este país y por las que quisiera que mis alumnos vivieran siempre en este país, crearan en este país. Y esas cosas están presentes en esa novela. Ya estoy trabajando en el guión. Milene me cedió los derechos amablemente y esa sería mi segunda película.

Además del trabajo en los medios también eres profesora.

Sí, soy profesora en el Instituto Superior de Arte (ISA), allí imparto Dirección. Le doy clases a los alumnos de primer año, me han propuesto pasar al cuarto año, pero yo no cambio ese primer año por nada del mundo, porque vienen de la enseñanza general, vienen cortando cabeza, iconoclastas, con miles de ideas y a mí eso me encanta. Ni siquiera uso medios audiovisuales porque no me alcanza el tiempo para conversar con ellos. Yo les digo, "¿de qué quieren hablar?" Y hablamos de cualquier tema, lo mismo de la corrupción, la soledad, la homofobia, lo que sea. Converso mucho con ellos y trato de convencerlos, sobre todo, en algo que creo, y es la responsabilidad social que tiene el arte. Es decir, uno no hace una obra para uno, uno hace arte para la sociedad, sobre todo, en medios de comunicación masiva, como puede ser la televisión o el cine, tienen que ser muy responsables a la hora de abordar cualquier tema. Por eso hay que investigar, tener clara cuál es su tesis, ése es un entrenamiento muy útil y a mí me hace muy feliz todos los años cuando terminamos el semestre con un corto de un minuto. Llevo ya ocho años haciendo este ejercicio y de verdad ha sido una experiencia muy buena. Además, realicé mi sueño de dar clases porque siempre quise ser maestra.

¿Y tienes también algún cargo en la UNEAC?

No, ahora no. Pasé con mucho gusto seis años en la Presidencia de la UNEAC, pero en el pasado Congreso no quise continuar. Yo siento que la UNEAC ha perdido rumbo, y lo decía el otro día su vicepresidente, que la UNEAC no es una institución cultural, la UNEAC es una organización de creadores, y para eso la creó Fidel, para que sirva como una contrapartida a la institución, una partida constructiva, una contrapartida positiva, y esa vanguardia, ese pensamiento tiene que estar en función de las decisiones que pueda tomar el Estado. Y pienso que eso se ha perdido un poco. Y si estoy hoy aquí donde dentro de unos minutos se va a celebrar la Asamblea de nuestra Asociación, es porque yo quisiera que se rescatara esa función para la que fue creada. Me alegró que el vicepresidente Morlote hablara sobre eso, porque me parece muy necesario. La Revolución necesita de todas las manos, de todas las mentes para seguir adelante, sobre todo en este momento cuando ya no está Fidel, cuando Raúl acaba de ceder su puesto. No me gusta retirarme. Siempre voy a estar en la línea de batalla a favor de este país, por nuestra nación, por lo que creo. Y en este momento, si vamos a rescatar a la UNEAC como lo que Fidel soñó que fuera, entonces yo también estoy aquí.

Me parece muy bien, Magda. Muchas gracias.

UNA ITALIANA EN COSTA RICA

Luciana Biseo Frasquetti
Roma, Italia, 1939?[16]

En 2018 llegó a La Habana la escritora, poeta y periodista italiana Luciana Biseo, invitada por la Unión de Escritores y Artistas de Cuba (UNEAC) a la Feria del Libro. Acudí al recital que diera en la Casa de Poesía de Centro Habana y nos conocimos ese día; le pedí una entrevista que grabamos dos días más tarde en la sede de la UNEAC en el Vedado. Al principio ella pensaba que no tenía mucho que contar, pero la conversación se fue desarrollando en medio de las pausas causadas por el ruido circundante. Por suerte ella comenzó contando sobre su vida, que resultó ser casi novelesca. Y este fue el resultado.

Luciana, hablemos de tus orígenes.
Nací en Roma. Mi familia por parte de madre toda era romana, los Biseo eran de la región de Lombardía, al norte de Italia. Era una familia de artistas. El padre de mi abuelo era decorador y tenía dos hijos, Vitorio, ése fue mi abuelo, y César. Ambos fueron pintores. En esa época todo el mundo estaba concentrado en sacarse a los austriacos de encima y lograr la independencia de Italia. Vitorio y César decidieron irse a Roma porque allí tendrían trabajo decorando las iglesias, haciendo murales. Todos los artistas se fueron a Roma, donde único había futuro. Cuando iban de camino hacia Roma, hicieron un alto en Parma, una ciudad linda, en ese entonces era un ducado con su propia corte. Vitorio y Cesar lograron entrar en la corte y allí conocieron a una damisela muy hermosa, de ojazos verdes y Vitorio se prendó de ella y aunque la familia de ella se opuso, porque querían casarla con un noble, ella no entró en razones y se casó con él y los tres se fueron a Roma. Apenas llegaron, pusieron un atelier en pleno centro de Roma. De los dos, el menor, César, se hizo muy famoso pintando retratos de los nobles, decorando palacios de los tantos que había, retablos en las iglesias… En cambio, Vitorio se quedó atrás, pero hizo

---

[16] Grabada en la sede la Unión de Escritores y Artistas de Cuba. El Vedado. Febrero 22 de 2019.

ocho hijos a su esposa: cuatro mujeres y cuatro hombres; mi padre fue el penúltimo de ellos. Pero el abuelo murió muy joven, solo con 48 años. Entonces Cesar le dijo a su cuñada que él se ocuparía de sacar adelante a sus sobrinos y cumplió su palabra. Mi padre era, como se dice, la perla de la familia. Era muy bonito. Era rubio, de ojos azules, todos tenían qué hacer con él, en la adolescencia se volvió medio rebelde, y mi abuela y César decidieron meterlo en la marina. Por esos años se estaban estrenando los primeros submarinos y ahí estuvo él. Poco tiempo después se fundó en Italia el arma de la aeronáutica militar y él se inscribió inmediatamente y se convirtió en un piloto muy diestro, gracias a lo cual ganó competencias internacionales y llegó a ser una especie de héroe nacional; y como era lindo y aquel uniforme azul de los pilotos le hacía más elegante, tenía a las mujeres así, detrás de él, siempre fue mujeriego, soltero o casado. No sé cómo conoció a mi mamá, pero se casaron. No sé si en los años 20 o 30. Tuvieron cuatro hijos, yo fui la última de esos cuatro. Por eso, a diferencia de mis hermanos, no me enteré de sus competencias, de que fuera un personaje. Él era un aventurero, le gustaban las cosas muy riesgosas y, como te dije, las mujeres. Cuando la Segunda Guerra Mundial, él fue el general más joven de la aeronáutica de Italia en ese momento. El grado lo ganó por Méritos de Guerra, porque estuvo en África y no sé dónde más. Al terminar la guerra conoció a una chica muy bonita, del Norte de Italia y, todavía en esa época no estaba permitido el divorcio, figúrate, teníamos al Vaticano ahí y desde los púlpitos los curas hablaban de pecado mortal, etcétera; pues él decidió irse lo más lejos de Italia y se fue a Chile, para vivir tranquilo con esta chica. Después de un tiempo tuvieron una hija que tiene diez años menos que yo, la quiero muchísimo y la considero una verdadera hermana. Es igualita a mi padre. Yo seguí viviendo con mi mamá hasta los 18 años, tenía yo esa edad cuando ella murió. Entonces pasé a vivir con mi hermana mayor que estaba casada y tenía hijos. Yo desde los 15 años me había hecho mi plan de vida. Punto uno: Quiero ser periodista como Oriana Fallaci, ella era mi ídolo, no me perdía un solo artículo de ella; segundo punto: conocer el mundo, pero conocerlo no como turista, sino conocer cómo es la gente, cómo viven, su cultura. Una pretensión bastante grande, pero esos eran mis objetivos.

No había en ese plan ni casarme, ni tener hijos, eso no estaba contemplado. Y como en esa época yo era muy libre, andaba de aquí para allá, me dije: "Necesito que mi padre se ocupe de mí. Soy huérfana de madre, no de padre". Le escribí a Chile para decirle que quería verlo y respondió que me esperaba en La Habana. Él había puesto una compañía de aviación con unos socios chilenos. Ya él tenía experiencia en este negocio porque fue el fundador de Alitalia, conocía todos los tejes y manejes de una compañía de aviación, también seguía pilotando. Esta compañía hacía la ruta Habana-Miami-Santiago. Por eso me dijo que lo esperara en La Habana. Después de luchar con todos los parientes, logré coger un avión hasta Madrid donde me quedé una semana.

¿Tenía familia en España?

No, yo me quedé sola allí y por fin llegué a La Habana. Ese fue el primer país que yo conocí del continente americano. Había triunfado la Revolución, estaban todos eufóricos, yo no sabía español y no entendía nada. Por fin llegó mi padre que, como viajaba con frecuencia a La Habana, pues tenía sus amigos allí. Pasamos dos o tres días y nos fuimos a Miami. Imagino que para él debe haber sido muy difícil, pues apenas me conocía, y se preguntaría: ¿"Qué demonios hago ahora con esta hija"? Estuvimos algunos días en Miami, me presentó a todas sus amigas y, finalmente, nos fuimos a Santiago; allí viví un año en su casa, con Piera, mi madrastra, y con mi hermana. Y como mi madre se había muerto él, podía casarse con Piera y reconocer a la hija que habían tenido. Yo me llevaba muy bien con mi hermana, éramos compinche en todo. No hice nada en ese año, excepto conocer a quien sería mi marido, en una fiesta en Santiago. Él no era chileno, era peruano, estaba en Chile terminando sus estudios. Al cabo de un año regresé con mi padre a Italia. El peruano se consiguió una beca y también fue a Italia y allí continuamos nuestras relaciones apenas comenzadas en Santiago. Nos casamos en Roma, por la iglesia, como se acostumbraba en esa época. Él continuaba sus estudios gracias a la beca, quedé encinta y decidimos que me fuera a Perú primero y, cuando él terminara los estudios, regresaría. Viajé en barco. Al llegar a

Perú conocí a su familia. Él era el primero de seis hermanos, todos hombres, mi suegra una matrona de esas de temer, en una casota inmensa. Ella fue muy cariñosa conmigo, muy maternal y los hermanos de él siempre me han querido, hicimos muy buenas migas. Perú era otro mundo, eso era lo que yo quería conocer. Debo decir que amo ese país; después de haber vivido tanto tiempo allí, puedo decir que lo he conocido a fondo. Conozco su cultura, su historia, todo. Tiene sus defectillos... Son racistas, no los indígenas, los blancos, pese a su cultura, su arte, su literatura. Tienen su Vallejo, como ustedes aquí tienen su Martí, como Neruda en Chile. En general, puedo decir que los peruanos son gente generosa, a mí nunca me trataron como extranjeras, más bien me abrieron las puertas. Yo quería ser periodista y en Perú pude desarrollarme completamente, desde hacer lo más bajo, eso que te dice el jefe de redacción: "anda a cubrir esta huelga", hasta ir pasando a cosas de más envergaduras, es así como se aprende el oficio. Además, tenía que escribir en español y hablarlo. Me esforcé muy bien, a tal punto que mis colegas me traían sus artículos para que les corrigiera la ortografía, sobre todo las tildes, que son como una pesadilla para mucha gente. Haciendo el periodismo fue como aprendí; pensaba que a mí en la universidad no me iba a enseñar mejor, viéndolo y haciéndolo es como se hace de verdad. En Perú estuve en diarios, revistas, radio y televisión. Pasé por todos los medios. En la televisión tuve un programa mío que se llamó "La hora de la mujer nueva", porque ya andaba liada con el feminismo. Fue un programa exitoso, duró varios meses, me gustó mucho poder hacerlo. Estuve muy metida en estos programas feministas. Fui a México a la Conferencia que hizo allí la ONU por el Año Internacional de la Mujer. Después me llamaron de la Federación Internacional de Mujeres para el encuentro que se efectuó en Berlín Este. Estuve mucho tiempo dedicada al feminismo. Mientras tanto, mi marido, que era muy culto, eso sí, se pasaba todo el día leyendo, él no trabajaba, nunca en su vida trabajó, vivía de mí, te parecerá una barbaridad, pero así era. Yo enseñaba italiano en el Instituto; además del tiempo que dedicaba al movimiento feminista colaboraba en las actividades culturales que programaba el Instituto, sobre todo de poesía; se hacían muchas y atraían mucha gente. Y así fue pasando el tiempo hasta que un día me di cuenta que mi matrimonio no tenía sentido y le pedí el divorcio. Mi marido no quería, claro, tenía que buscarse otra boba para que lo mantuviera, pero después no le quedó más remedio. Conocí en el Instituto donde trabajaba un gran poeta peruano, Alejandro Romualdo. ¿Lo conoces?

Sí. Cómo no, sé quién es, aunque solo he leído su libro publicado por Casa de las Américas en la década de los setenta.

Él era ya premio nacional de poesía en Perú cuando nos conocimos, cuando yo estaba divorciada, nos enamoramos y, como no me iba a casar jamás, pues nos juntamos, como se dice, nos fuimos a vivir juntos. Pero aquí sucedió otra cosa. Él era el vate, el poeta, ocupaba todo el espacio físico, no físico, tenía un egocentrismo elevado al máximo. Y sentí que tenía que escribir otra cosa, además de artículos y otras por el estilo, pero me sentía muy poca cosa para dedicarme a la poesía, porque tenía gran devoción hacia ella, sobre todo a la poesía italiana, donde brillan los poetas Giussepe Ungaretti y Salvatore Quasimodo. Y me decía que jamás iba a estar a la altura de ellos, me sentía muy intimidada para escribir poesía. Claro, no me sentía arropada por mi compañero, realmente estaba aplastada, ahogada. Te cuento cómo era la vida. Teníamos una gran mesa donde trabajábamos los dos. Yo desde el lado de acá, corrigiendo los trabajos de los alumnos o haciendo una traducción, y él al frente escribiendo poesía. De repente levanto la cara y lo miro a él y me doy cuenta de que no tenía una aureola, ni que habían estado los dioses a su lado. Lo vi normal, como un hombre común, sin nada especial, pero él me dice: escucha esto: y me lee el poema que había estado escribiendo. Tampoco oí algo extraordinario, era algo común, y ahí fue donde me decidí a escribir mi poesía, aunque lo hacía a escondidas porque el poeta era él; esa relación me enseñó muchas cosas, sobre todo para escribir poesía. Por él aprendí todas las figuras retóricas, que yo de eso nada sabía y siempre se lo reconoceré, pues me ayudó a romper esa berrera que me impedía hacer lo que quería, me ayudó a barrer esa timidez ante la hoja en blanco y escribí, aunque fuera poco, pero era lo mío.

¿Y publicó entonces sus primeros versos?

En Perú, no, allí estaba metida en muchas cosas, entre ellas en una fundación americana de comunicación; yo hacía su propia revista, siempre estaba metida en el mundo de la comunicación. También estuve en una Organización No Gubernamental (ONG) feminista y llevaba igualmente su revista sin dejar de lado impartir mis clases en el Instituto, no tenía tiempo para nada. Esta ONG en la que trabajaba tenía relaciones muy estrechas con la OMS, la Organización Mundial de la Salud, y la OPS, la Oficina Panamericana para la Salud, y ambas instituciones estaban haciendo unos estudios demográficos para conocer los problemas de la población, y ahí estaba yo, éramos un grupito de seis personas solamente y a mí me enviaron a Washington, a un Seminario para prepararme en esas cuestiones. En esos encuentros participaba también la UNICEF, que tenía un programa con las comunidades indígenas en Bolivia. Ese programa lo aplicaban en comunidades de los alrededores de Sucre, pero no funcionaba y no sabían por qué; entonces me llaman y me cuentan el problema. Y es que ellos ignoraban que la comunicación es un sistema. Un sistema que funciona tal y como funciona nuestro cuerpo. Si a nosotros se nos estropea el hígado, digamos, el cuerpo entra en entropía, se nos deteriora todo nuestro sistema orgánico, del mismo modo en un programa social, si hay un pequeñito aspecto que no funciona, todo el programa va abajo, se hace incomprensible. Entonces, me pongo a trabajar tomando la comunicación como sistema, buscando los enlaces pertinentes; diseño un manual explicando cómo deben hacerse las encuestas. La gente que trabaja con la comunidad indígena tiene que entender que no se puede ir a una comunidad de la cual no conoces ni su mundo cultural, mágico, ni siquiera el idioma que hablan. En Bolivia hablan el aymara, en Perú quechua, etc. Todos son analfabetos, no puedes darles cosas escritas, hay que emplear gráficas, dibujos con los cuales puedan identificarse para que ellos lleguen a conocerse, no puedes hacer esto si no los conoces a fondo. Hay que formar un grupo de validación y trabajar con él. Ese grupo es el que debe ir a la comunidad para llevar esos dibujos, afiches, etc., y son los que dirán si los integrantes de la comunidad se identifican o no con él. Me acuerdo que habían hecho un afiche de una supuesta familia indígena: dibujaron un pantalón verde para el hombre y una camisa rosada, y la ropa de la supuesta mujer ni se diga, por supuesto, las personas a quienes iba dirigido el mensaje no se identificaron para nada con esos dibujos, pues la vestimenta nada tenía que ver con ellos. El grupo de validación confirmó que una de las cosas por las que no hubo identificación fue justamente por la vestimenta. Después de varias discusiones, por fin entendieron que ellos no podían imponer nada en esas comunidades con los métodos que estaban utilizando.

¿Cuánto tiempo estuvo usted trabajando allí?

Estuvimos tres meses en Sucre. Ellos por fin entendieron, tuvieron que bajar su soberbia, ese sentirse que lo sabían todo. Cambiaron su actitud totalmente, se comportaron con más humildad y pudieron entenderse con los integrantes de la comunidad. Entonces regresé a Lima y allí me llamaron de una Universidad de Washington para trabajar también en otra comunidad andina del Cuzco, donde tenían un programa que no funcionaba. En ese sitio los bebés de menos de un año se morían a causa de unas diarreas incontenibles y ellos no sabían qué pasaba. Entonces me tocó ir a esas aldeas, yo sola, blanca, medio rubia, me fui allí a investigar la causa de esas muertes infantiles y descubrí que todo era producto del agua. En la primera reunión vinieron varias mujeres con su bebé a la espalda, ninguna hablaba castellano, solo quechua, por suerte había venido también una mujer viejita, que todo el mundo respetaba y hablaba el español. Ella entendió que yo no era el blanco malo, sino que había venido a ayudarles. Una de las mujeres se animó a hablar, dijo que ella amamantaba a su bebé y cuando tenía cólicos, le daba una tisana, pero no hervía el agua. Ahí estaba el problema. Entonces les expliqué por medio de la viejita, que en esa agua estaban los espíritus malignos y había que hervir el agua para acabar con ellos. Algunas dijeron que no podía ser pues ellas tomaban la tisana sin hervir el agua y no les pasaba nada. Les dije que íbamos a hacer una prueba. Puse a hervir un poco de agua y cuando empezó a hacer glo glo gló, dije: esos son los espíritus malignos, a ellos no les gusta el calor del agua y se van. Ustedes verán como sus bebés no se enfermarán tomando esa tisana con el agua hervida". Entonces, a la viejita se le ocurrió hacer una danza propiciatoria alrededor de la olla y todas hicimos la danza y las mujeres llenaron los biberones con el agua hervida y las hojas que se le habían puesto, creo que eran de coca; allí se toma mucho la hoja de coca, es como su medicina. Pues al otro día averigüé y ningún bebé había tenido diarrea. Y le expliqué a la viejita que eso era lo que tenían que hacer siempre, matar a los espíritus malignos que enfermaban a los niños. Esa fue la forma que encontré para que hicieran lo correcto, pues logramos el objetivo: que los niñitos no se mueran. Cuando regresé a Lima seguí un tiempo con el poeta, aunque ya me sentía cansada, me estaba ahogando, pero a él lo habían invitado a la Universidad de Siena, en Florencia, Italia, a hacer unos cursos de verano sobre literatura iberoamericana, y nos fuimos juntos, allí pasamos un año. Esa región es muy bonita. Había un bar muy antiguo donde se reunían los poetas más importantes del hermetismo, como Ungaretti y Montali, y nosotros íbamos con frecuencia a ese sitio. La Universidad de Siena está a una hora de la ciudad, y por la tarde, cuando él terminaba sus clases, yo lo recogía y nos íbamos con otros profesores a almorzar a los restaurantes situados en los alrededores de la ciudad, y lo pasábamos divino, como dicen en Costa Rica...

En Cuba también decimos así.

Ah, qué bien. Aquel viaje fue una buena experiencia. Cuando regresamos, como ya había tomado mi decisión, le dije: "hasta aquí llegamos, me voy", y me regresé a Italia, donde estuve año y medio; ya mi hija se había casado y estaba viviendo en Costa Rica, y me fui a ese país, pero mi hijo seguía en Lima, con su padre que no era nada bueno como ejemplo para él, yo quería sacarlo de allí. Me fui a ver a un hermano de mi ex que estaba también en Costa Rica, donde tenía una empresa muy grande, estaba muy bien económicamente y le pedí que me ayudara a sacar a mi hijo de Lima para que hiciera la Universidad en Costa Rica y también le diera trabajo en su empresa. Y así fue, organicé su viaje y se fue a Costa Rica y matriculó en la Universidad Latina, y ahí terminó su carrera, entonces me fui a vivir a Costa Rica y ahí me quedé.

Y luego de esa azarosa vida, ¿pudiste escribir poesía?

Sí, escribí y publiqué allí en Costa Rica, creo que son trece libros, no estoy muy segura, te puedo regalar algunos de los que he traído. Poemarios son 8. También he publicado algunos artículos y trabajos de los que salieran en los periódicos. Un día un amigo me dijo que, si no escribía una novela, no podía ser considerada como escritora. Y asumí el reto. Te cuento. Casualmente me llegó una invitación de la región Lacio, en Roma, a mí junto a otros escritores, allí estuvimos como tres meses, cada día nos llevaban a conocer los sitios más importantes, hasta que llegamos a un castillo llamado Sermoneta, muy antiguo, con sus sembrados por los alrededores, y en ese sitio se me ocurrió escribir la novela que se llama *Entrevista al castillo*. Es una novelita corta, tipo thriller, con algo de misterio, un poco de todo. Entonces me dije: "¡Ahora sí me puedo llamar escritora!" Ya en Costa Rica estoy editando desde hace 20 años una revista que se llama L´amico de Italia, escrita en italiano, totalmente dedicada a la cultura: hay poesía, literatura en general y actualidad. La preparo completa yo sola, sí tengo corresponsales en varios países. Recientemente estuve en Roma, adonde me invitaron a un congreso para la prensa italiana en el exterior y justamente estuve con uno de los corresponsales de mi revista, gracias a que estoy afiliada a una Federación que tutela nuestros derechos.

Entonces, ¿has venido a Cuba como poeta?

Sí, invitada como poeta a la Feria del libro de La Habana, invitada específicamente por la UNEAC, gracias a Gaetano, un escritor italiano que trabaja aquí y es el corresponsal en Cuba de la revista de la cual te hablaba; él pensó ir también a Costa Rica, pero se enamoró de Cuba y se vino para aquí donde tiene muchos amigos.

¿Y sigues escribiendo actualmente?

Sí, sí, he escrito varias cosas que están por ahí, añejándose, las veo un poco, las vuelvo a leer, las guardo de nuevo. Quería escribir otra novela, porque me divertí mucho con la primera que escribí, pero todavía estaba dando clases de italiano en la Universidad Tecnológica de San José, la capital de Costa Rica, y no me alcanzaba el tiempo. Es que se me ocurrió fundar una editorial. Creo que ya hablamos bastante.

Sí, pero quiero hacerte una última pregunta. ¿Después de aquella vez que viniste a Cuba donde te esperaba tu padre, habías vuelto a Cuba?

No, después de esa primera vez no volví hasta este viaje, es la segunda vez que piso esta tierra. Y aunque hay muchas cosas que uno lee, cuando vienes aquí te percatas de los cambios habidos; eso que están haciendo con la Constitución es algo admirable, es una cosa muy democrática, con la participación de todos los ciudadanos. He tenido una experiencia muy enriquecedora, que me ha abierto los ojos sobre cosas que no sabía o que estaban tergiversadas. Realmente me voy con una visión muy diferente a la que tenía cuando viajé a La Habana.

Te agradezco mucho que nos hayamos conocido y me permitieras grabar esta tan interesante entrevista.

Yo te agradezco a ti, Virgen.

Con voz de mujer

EL CINE HA SIDO EL MOTOR IMPULSOR DE MI VIDA

Lourdes de Los Santos
La Habana, 1955[17]

Conocía desde hacía varios años a Lourdes de los Santos Matos, aunque nunca nos presentaron formalmente; empezamos a saludarnos dadas las reiteradas coincidencias en los estrenos de películas en la sala Charles Chaplin o en otros eventos culturales. En octubre de 2018 ambas fuimos premiadas en el Concurso Caracol que convoca la Asociación de Cine, Radio y Televisión de la Unión de Escritores y Artistas de Cuba. Y esa misma noche acordamos la entrevista que se realizó tres meses más tarde.

Lourdes, vamos a comenzar hablando de tu ingreso al Instituto Cubano de Arte e Industria, Cinematográfica, conocido por sus siglas: ICAIC.

Me gradué en la especialidad de Historia del Arte en 1978, famoso año cuando se celebró en La Habana el Décimo Festival Mundial de la Juventud y los Estudiantes. Yo había estado insertada en el Departamento de Cine de Extensión Universitaria; al parecer por esa razón el Ministerio de Cultura me ubicó en el ICAIC para trabajar allí. En ese momento el cineasta Jorge Fraga dirigía el Departamento de Programación Artística y él decidió ubicarnos, a mí y a Magaly González, en el campo de la producción cinematográfica, porque estaba completa la plantilla de asistentes de dirección. Él tenía planes de mejorar el nivel cultural de los especialistas que trabajaban en la esfera de producción

¿Ya trabajaban otras mujeres en esa esfera?

No, existía una famosa productora española, Margarita Alexander, que trabajó como productora en la década del sesenta, pero ya para cuando entramos nosotras, ella había regresado a su país, así fuimos nosotras las primeras cubanas que empezamos a trabajar en la producción, pero como asistentes en documentales y luego pasamos a ser productoras

---

[17] Realizada en la casa de Lourdes, en el Vedado. Enero de 2019.

de documentales. Como productora hice más de 40 documentales y Magaly muchísimos más. Durante ese período también fui asistente de dirección de varios directores que explotaron la posibilidad que yo tenía de poder desempeñarme como tal. Recuerdo a Luis Felipe Bernaza, uno de los primeros en llamarme, con quien trabajé en varias ocasiones. También hice casting para otros directores, por ejemplo, el de *Cecilia*, la película de Humberto Solás, y luego, con él también el de *El Siglo de las luces* y la asistencia de la música, en este caso bastante complicada; también trabajé con Manuel Octavio Gómez como asistente en su película *Patakín*.

¿Cuándo empiezas a hacer tu propia obra?

Empiezo a dirigir mis trabajos durante el Período Especial, gracias a la revolución tecnológica. Primero, en codirección con Manuel Iglesias, a quien le agradezco haberme dado muchas luces en esa nueva tecnología que comenzaba en esos momentos, al menos, en los primeros cuatro documentales conté con su apoyo. Ya en el 97 empecé a desempeñarme sola como directora de documentales. El primero, sobre Ars longa *Fiat Lux*, después *Barroca* sobre la música recién descubierta de Cayetano Pagueras.[18] En 1999 dirijo *Identidad*, documental sobre el músico cubano Sergio Vitier, terminado con mejor factura, recibió el premio Mégano en el Festival de Cine de ese año. Por supuesto, todos en videos, porque esa fue la vía que encontró el ICAIC para los documentales y dejar los recursos en 35 mm para la ficción. Y aproveché ese soporte para comenzar a dirigir. En el año 2000 hago uno dedicado a Silvio Rodríguez, titulado *Estado de gracia*

¿Ya en este siglo XXI has seguido trabajando como documentalista?

Sí, cómo no. En el primer año del nuevo siglo hago un documental sobre La Bienal de La Habana, *7BH*. Al año siguiente sale *De mi alma recuerdo*, sobre la Nueva Trova. Este es el documental que más premios internacionales ha recibido. En el Festival de Bahía, en Brasil y en el de San

---

[18] *Músico español (1730-?), llegado a Cuba en 1750; trabajó con el músico cubano Esteban Salas.*

Juan, Puerto Rico, como Mejor Documental. También se llevó una mención en el Festival de Cine Latinoamericano; éste es hasta ahora mi documental más premiado. He continuado haciendo documentales con temáticas variadas. Hay uno sobre artes plásticas, otro dedicado a la danza, hay uno sobre los festivales de Ballet: *Tempo*. También está *Son para un sonero*, dedicado a Adalberto Álvarez. Entre los más recientes está *Últimos días de una casa* de 2014 sobre la casa de los Loynaz. Esa casa ubicada en las calles 19 y E, en el Vedado, es Patrimonio, por ahí pasaron grandes glorias de la literatura, como Federico García Lorca, Gabriela Mistral, Juan Ramón Jiménez, esa casa estaba en un estado calamitoso. En los años 30 y 40 fue sede de las tertulias que organizaba Dulce María junto con sus hermanos, las famosas "Juevinas". Sobre esto me comentó una amiga acerca de unas cartas que tenía del hijo de José Martí, donde escribió excusándose porque no podía asistir ese jueves, ahí puedes ver que él y su esposa eran invitados asiduos a esas tertulias. Se sabe que también María Zambrano y las figuras más destacadas en esos años acudían allí. Alejo Carpentier escribió sobre esas juevinas y de las ideas locas que se les ocurrían a los hermanos Loynaz. Yo creo que es un sitio que no se debe pasar por alto y, aunque esté habitada, hay que repararla, ése es un lugar histórico y debe quedar para las generaciones que vienen.

Creo que hay uno de tus documentales dedicado a Santa Bárbara.

Sí, se llama *Copa y Espada*. Y está basado en la procesión que se hace en Güines cada 4 de diciembre, dedicado a esa santa. Me di cuenta de que hay documentales dedicados a San Lázaro o sobre la Virgen de la Caridad, sin embargo, no existía nada dedicado a Santa Bárbara, pese a ser una deidad muy arraigada en nuestro país, y me dije, voy a hacer este documental y aprovechar que existe esta procesión para averiguar su historia. Es muy interesante porque la organiza una capilla particular, procede de un cabildo de lucumíes que compran una imagen en Barcelona, con su dinero, y esa imagen es la que sacan cada 4 de diciembre. Lo interesante para mí es saber que es una expresión popular de la identidad del pueblo de Güines, todos desfilan vestidos de rojo y blanco. También aproveché la coyuntura para hacer una danza a Changó, de la autoría de Manolo Micler, bailarín y coreógrafo del Conjunto Folclórico de Cuba; hasta entonces nunca se había hecho una danza como ésta al orisha, por el Folclórico. También conseguí que dos especialistas como Miguel Barnet y Natalia Bolívar hablen sobre la transculturación de Changó en Santa Bárbara cuando llega a nuestro país, traído por los esclavos africanos. Y puse la canción de Celina González dedicada a Santa Bárbara y para los finales utilicé música compuesta por Sergio Vitier y una música compuesta especialmente por Lucía Huergo para este documental. También utilicé música compuesta por Lucía para el documental de la casa de los Loynaz y para *Mujeres creadoras*, el último que realicé...

Este fue premiado recientemente en el Festival Caracol
Sí, obtuvo cuatro premios en ese Festival celebrado el año pasado. Y si Lucía hubiera estado viva hubiera sido mi décima mujer entrevistada para este documental dedicado a las creadoras. Ya estoy muy cerca de los 30 documentales dirigidos.

¿No has pensado en hacer ficción?
La verdad, no. Aprendí mucho viendo trabajar a Humberto Solás, y aunque me gusta trabajar el cine de ficción, me di cuenta que eso no es lo mío. En la ficción, tú ideas las cosas, las realizas con la ayuda de otros, claro, uno no puede hacerlo solo, y es la idea lo que se hace. El documental tiene una frescura diferente, porque estás captando lo que te rodea en el momento que lo estás haciendo, tiene una veracidad que a mí me atrapa. Me formé dentro de la escuela documental cubana, viendo trabajar a Oscar Valdés, Santiago Álvarez, Bernabé Hernández, Marisol Trujillo, los vi hacer y ese hacer me atrapó de tal modo que no creo que me suelte. Ellos fueron creadores muy ilustres, también Octavio Cortázar, ese documental que hizo dedicado a san Lázaro es glorioso, también hizo otro inolvidable *Por primera vez*, y otros documentales extraordinarios. Yo respeto mucho el trabajo de ficción, con sus propias características: es la idea del guionista y la idea del director, no es la realidad que te rodea, aunque esté inspirado

en un hecho real. Por ejemplo, acaba de estrenarse el filme *Inocencia*, dirigido por Alejandro Gil, lo considero una obra extraordinaria, está inspirado en un hecho histórico, y da luces sobre determinados aspectos de aquel acontecimiento que no habían sido muy divulgados. Por ejemplo, yo no sabía que Fermín Valdés había hecho esa búsqueda tremenda investigando dónde habían sido enterrados los 8 estudiantes fusilados.

La película es magnífica, sin embargo, lo que más me llamó la atención fue la identificación de los más jóvenes, pese a ser un tema que conocen desde que estudian historia en la primaria, la película está tan bien hecha que logra tocar las fibras tanto de jóvenes como de adultos.

Sí, a mí también me llamó la atención, ahí te das cuenta cómo influye la factura de una película. Y tiene el atractivo para los jóvenes de que sus protagonistas son también jóvenes y, aunque está reflejando un hecho conocido, tiene esa carga dramática que trasmiten las imágenes.

Ahora vamos a hablar de tus primeros años de vida. ¿Eres habanera?

Sí, soy habanera, nací el 2 de enero de 1955, aquí en La Habana. Tengo un grato recuerdo de los primeros años de mi niñez porque el 2 de enero se efectuaba un desfile militar. Mis padres vivían aquí en El Vedado, pero en algún momento nos fuimos a vivir a Guanabacoa, a la casa de mi abuela materna; estuvimos un tiempo residiendo en ambos lugares. Tengo etapas donde estudié la primaria en escuelas de allá y de aquí en El Vedado, en la escuela Tomás Royo, incluso durante la etapa de la secundaria pasé por lo mismo, igualmente cuando cursé el pre-universitario. Por esa razón tengo gran apego a Guanabacoa, forma parte de mi vida. Incluso, he descubierto que por la rama paterna también tengo familiares oriundos de Guanabacoa, dato que desconocía entonces. Mi papá es pinareño, pero su bisabuelo es guanabacoense. Y es una coincidencia que al final las dos ramas sean del mismo sitio. Y en el caso de mi mamá y mi papá ambos tenían cuatro nombres y cuando se casaron decidieron que a los hijos les pondrían un solo nombre, y así fue conmigo y con mi hermano, ambos tenemos un solo nombre.

¿Y tú tienes hijos?

No, no he tenido hijos, aunque me casé dos veces. Mis hijos son mis obras, porque en realidad se vive el proceso de gestación y, cuando por fin la terminas, es como el parto. Eres feliz al ver terminado un proceso.

¿A ti qué te atraía de niña, de joven, qué era lo que más te gustaba?

Yo leía mucho. También hacía representaciones teatrales con mi hermano. Nos disfrazábamos y hacíamos representaciones para el resto de la familia, de obras inventadas por mí. Ese recuerdo lo tengo vivo, sin embargo, nunca se me ocurrió seguir esa faceta.

¿Y cuando te hiciste mayor a qué querías dedicarte?

Considero muy positivo haber entrado en el cine, porque no me imagino trabajando detrás de un buró. Aunque en un inicio no pensaba en el cine como una profesión, sí pensaba estar vinculada con el arte, porque la carrera que estudié en la Universidad fue justamente Historia del arte. Cuando me ubicaron en el ICAIC, me di cuenta de que era lo mejor que me había pasado, y lo agradezco muchísimo porque el cine ha sido el motor impulsor de mi vida, porque me formé dentro de él pues, como sabes, cuando se sale de la Universidad, uno tiene muchos conocimientos teóricos pero práctica no tienes nada. Tuve la suerte de entrar en el departamento de producción cinematográfica en 35 milímetros, donde había una cantidad de procesos tecnológicos impresionante, y llegué a dominarlos bastante bien como productora, incluso estuve una etapa como jefa de postproducción de documentales, lo cual me permitió conocer todo ese proceso productivo. En esa época no existía en Cuba una escuela de cine, uno aprendía en la práctica, pero desde el comienzo trabajabas con los que tenían ya una experiencia. A mí el primero en darme clases fue Manuel Octavio Gómez. Específicamente las clases de producción lasrecibí de Humberto Hernández y Santiago Yapur. Esa fue la escuela que tuvimos los que entramos al ICAIC en esos años: los que sabían más, impartían sus enseñanzas a los que no sabían nada o sabían menos. Nos íbamos rotando por los diferentes procesos, en vivo, y así aprendimos. Por supuesto, las escuelas de cine son muy buenas, pero si no tienes la práctica, es más difícil poner en marcha esos conocimientos teóricos. En estos momentos se está intentando revitalizar el documental y se están insertando a los estudiantes de la facultad en ese proceso, que tengan la posibilidad de poner en práctica lo que están estudiando. Pues si no hacen así cuando ya tienen su título, digamos de director de fotografía, cuando empiezan a trabajar, como nunca han cogido en sus manos una cámara, ¿qué van a hacer?

Y ahora que tienes ambas experiencias, tanto de productora como de directora de documentales, ¿cuál te satisface más?

No tengo que pensarlo. Esta, la de directora, porque puedo llevar a cabo mis propias ideas; en cambio, como productora, se trabaja para alguien, completando, orientando, produciendo la obra de otra persona, respondiendo a la idea que tiene esa otra persona. Como directora me siento más realizada porque estoy haciendo las cosas que yo quiero, poniendo en práctica mi idea.

Y por la obra que tienes ya como documentalista creo que puedes considerarte una realizadora privilegiada, teniendo en cuenta que a las mujeres les ha sido más difícil acceder a la dirección en el cine, no solo en Cuba.

Sí, creo que sí, porque empecé en los años 90, años muy difíciles, como sabes y ya acumulo casi 30 documentales, en los cuales he empleado también mis dotes como productora. Incluso, hubo momentos en que no tenía posibilidades de dirigir en el ICAIC y he trabajado con la productora Cortázar. He hecho dos o tres documentales y me ha ido muy bien. Esta productora tiene un perfil muy definido, sus trabajos están dedicados a personajes de la cultura, sus recursos son más restringidos, etc. Allí hice uno al pintor Servando Cabrera. Este es el primero y fue Octavio quien me llamó para que lo hiciera. Después hice uno sobre Vicente Bonachea y hay otro proyecto recién presentado.

¿Siempre has tenido el apoyo del ICAIC para hacer tus trabajos?

Sí, cómo no. En el último que hice *Ellas crean*, tuve también el apoyo del Ministerio de Cultura, pues es un trabajo muy abarcador, porque esas mujeres viven en diferentes provincias. Aunque tenía un equipo pequeño, se llevaba más recursos, había que tener transporte, hospedaje, etcétera. Por eso se incrementaba el presupuesto y el Ministerio de Cultura apoyó económicamente al ICAIC para poder hacerlo.

Lourdes, ¿hay algo que creas deba añadirse a nuestra conversación?

Sí, qué bueno que me das esa oportunidad. Yo pienso que, aunque la Oficina del Historiador está haciendo algunos audiovisuales, creo que es importante hacer una producción documental institucional, que respalde lo que están haciendo en cuanto al rescate de las obras, hacer la historia de esos sitios, por ejemplo, el de la Plaza vieja, o el Callejón del Chorro o la calle Inquisidor, que tiene dos nombres: Mercaderes hasta la Plaza Vieja y de ahí en adelante Inquisidor, esa calle tiene su historia. Pienso que esas historias podrían perfectamente ser contadas en documentales, para que la gente sepa y no se pierdan esos conocimientos.

Muchas gracias, Lourdes por esta conversación y por tu recomendación.

POR FIN APRENDÍ A HABLAR ESPAÑOL

Tatiana Grostko
Moscú, 1954[19]

Conocí a Tamara Grostko en el homenaje que le hizo, en 2019, el Instituto Cubano de Arte e Industria Cinematográfica (ICAIC) al investigador y crítico Desiderio Navarro, con quien ella estuvo casada durante más de 40 años. Ese mismo día le pedí una entrevista a Tatiana que pude grabarle ya cuando estaba andando la pandemia de COVID 19, en octubre de 2020. Aquí está el resultado de la conversación con esta modesta y tímida mujer que, junto a su marido, realizó muchas de las traducciones de los artículos que sobre diversos aspectos de la cultura y el pensamiento marxista vieron la luz en diversas publicaciones, sobre todo en la Revista Criterio, fundada por Navarro.

Tatiana, empecemos por tu nacionalidad.
Soy rusa, nací en Moscú, el 5 de febrero de 1954. En realidad, casi no viví en Moscú, mis padres vivían en una casa de huéspedes con la familia de mi papá; seis personas en un solo cuarto, desde luego, no había lugar para un bebé; por lo tanto, pocos meses después de mi nacimiento, me enviaron a una pequeña ciudad, a unos 300 kilómetros de Moscú, donde viví hasta los 7 años con mi abuela. Ese fue uno de los tiempos más felices de mi vida que puede definirse en dos palabras: libertad y lectura. La libertad era la más absoluta, limitada únicamente por el horario de las comidas. A la edad de cinco años en aquella época, los niños podían andar donde quisieran, lo mismo dentro que fuera de la ciudad. Y, por supuesto, había donde andar, pues muy cerca teníamos dos bosques y tres ríos. Honestamente, cuando pienso en los niños de hoy, el cuento de mi infancia parece de ciencia ficción.

Mi abuela era maestra de literatura y lengua rusa; cuando nací ya ella estaba retirada, pero tenía muy poco tiempo libre, pues tenía un enorme jardín que atender, y yo, desde luego, le quitaba bastante libertad. Ella despertó en mí el interés por la lectura desde muy temprana edad y como

---

[19] Entrevista realizada en la sede de la UNEAC. Octubre 2020.

ella era una gran lectora y quería leer para sí misma, mataba dos pájaros de un tiro: leía sus propios libros en voz alta, de modo que antes de entrar en edad escolar ya yo había leído a Tolstoi, Balzac y muchas otras obras de la literatura clásica. No le voy a negar que a la edad de 6 años es bien difícil apreciar la profundidad de esas obras, pero sí es posible apreciar la intriga, darse cuenta de lo interesante que es leer una historia. Desde luego, ya a los 6 años dejé de ser dependiente y aprendí a leer. Creo que desde entonces decidí que toda mi vida la iba a dedicar a trabajar con los libros; incluso pensé convertirme en bibliotecaria, por suerte, mi mamá que es bibliógrafa me explicó que el trabajo de bibliotecaria no es tanto con los libros como con el papeleo. Entonces decidí entrar en la Universidad, en la Facultad de Filología. Y ya en la escuela, lo que esperaba con el corazón palpitante eran las clases de literatura. Y no puede usted imaginar cuán amarga era mi decepción: estudio de una obra literaria, más bien para una escuela normal, parecía disección de un cadáver, hasta tal punto era formal y aburrida. El primer resultado de esto fue que, no solo yo, sino los otros niños que no tenían mi preparación, pues llegaron analfabetos al primer grado, cogieron aversión no solo a esas obras de Tolstoi, Puschkin, sino a toda la literatura, en sentido general. Hablando de mí, puedo decir que pude leer a esas víctimas de la enseñanza escolar solo ya en Cuba, muchos años después. Mi libertad duró hasta la edad de catorce años, pues a esa edad un niño soviético tenía que decidir entre universidad o no universidad. Y si era universidad, por desgracia la escuela común no daba suficientes conocimientos y la vida se convertía en un peregrinaje de un maestro pagado a otro y de un tipo de curso a otro; gracias a eso logré ingresar en la Facultad de Filología de la Universidad, aunque el concurso era de trece personas para una plaza. En la Universidad se presentaron otros problemas. Por ejemplo, eran interminables los libros que debíamos leer. Yo podía entender a los profesores. Un filólogo tiene que conocer la literatura desde sus inicios hasta nuestros días, pero desgraciadamente el día tiene solo 24 horas y de ellas, al menos 6 hay que dormir. Y esas listas no estaban calculadas para el tiempo real que dispone un estudiante, pues cada profesor de las diferentes literaturas te daba su lista, como si fuera la única que debíamos leer. El resultado fue que leíamos las obras a todo correr, o sea, sin disfrutarlas. O se practicaba el recuento de una obra entre unos y otros. Se puede imaginar con qué resultado. La otra parte podría llamarse "falta de material". Recuerdo que en la primera lección el profesor de literatura medieval europea nos advirtió: "en mi asignatura hay cuatro manuales y ninguno de ellos sirve, por lo tanto, empiecen a apuntar mi conferencia y lo demás tienen que buscarlo ustedes". Y nosotros empezamos a buscar. Esto significaba que casi a diario teníamos que recorrer las cuatro principales bibliotecas de Moscú y trabajar allí, prácticamente hasta el cierre de la biblioteca, a las diez de la noche. Por suerte, gozaba todavía de mi libertad, nadie venía a buscarme, salía de allí y me iba sola a casa adonde llegaba a las once de la noche. A pesar de esto nuestro esfuerzo no alcanzaba, porque no todos los materiales estaban al alcance de nuestras lenguas y, además, a partir del tercer curso, teníamos que leer todo en español, lo que hacíamos con dificultad pues la lengua con que ingresamos a la Universidad no era esa, en mi caso fue inglés, los demás tenían francés y alemán. Eso constituyó una gran limitación, pues ninguna otra lengua estaba a nuestra disposición. Debe ser por estas razones que acogí con tanto entusiasmo la idea de Criterios[20] porque daba la posibilidad de tener al alcance de la mano una gama de materiales tan necesarios para todos, pues justamente la carencia de materiales fue la que me trajo en el año de 1974 a Cuba. Mi interés era reunir la bibliografía para mi diploma fundado en el estudio de la novela *Cien años de soledad*, del colombiano Gabriel García Márquez. La impresión que recibí de Cuba fue realmente enorme. En primer lugar, fue el primer país extranjero que visitaba.

En segundo lugar, pasé de un otoño moscovita, muy frío en julio, a un otoño subtropical que es un gran verano bien caluroso, por tanto no le voy a negar que la mayor parte de mi tiempo la pasé recorriendo las playas y en general la ciudad de La Habana. Otra cosa que me impresionó fue con qué facilidad Cuba ofrecía sus conocimientos, sobre todo sus bibliotecas. Por lo menos, en aquel entonces cualquiera podía entrar de la calle, aunque fuese la Biblioteca Nacional de Cuba, José Martí, la principal

---

[20] Revista Criterios, fundada en 1972 por Desiderio Navarro (Camagüey, 1948- La Habana 2017); Colección Editorial y Centro dedicado a la divulgación en español del pensamiento teórico mundial sobre literatura, artes, cultura y sociedad.

del país, o el Instituto de Literatura y Lingüística que también acudí allí y nadie te detenía, podías entrar como Pedro por su casa y trabajabas ahí. Para mí eso fue impresionante. La otra cosa impresionante era estar en otro país entre otra gente. Yo no paraba en el albergue. Visitaba museos, teatros, calles, me encantaba escuchar hablar a las gentes, me empapaba de la vida cubana y, además, una cosa muy importante: por fin aprendí a hablar español como es debido. No como para traducir, sino de una manera desesperada, porque me dije: "O yo me expreso como es debido o nadie me entiende ni yo entiendo a nadie".

Ahora Tatiana, cuéntame cómo conociste a Desiderio Navarro.

Conocí a Desiderio de la manera más tradicional: me dieron en Moscú dos cartas de presentación, de dos personas muy respetables: un profesor universitario de la Universidad de Moscú y otro profesor de literatura y lingüística, para el profesor cubano Salvador Bueno y para Desiderio Navarro. Me describieron a Desiderio como un hombre más joven que Salvador Bueno, pero muy culto, inteligente e interesante. Cuando lo conocí personalmente me percaté de que todo eso era verdad, pero todo en superlativo. Realmente era súper inteligente, súper interesante y muy agradable en su trato.

¿En qué año se conocieron ustedes?

En el año 1974, exactamente en noviembre de ese año, fecha en que llegué a Cuba. Creo que nos gustamos el uno al otro y nos congeniamos a primera vista. Desde ese primer encuentro empezamos a pasar todo o casi todo el tiempo juntos. Él vivía con su familia y yo en un albergue, en un lejano barrio. Nuestra casa realmente fue La Habana entera, incluida las bibliotecas, desde luego. Y en la primavera del año 1975 decidimos que queríamos seguir juntos hasta el fin de la vida. Así fue decidido nuestro matrimonio que se efectuó en mayo de ese mismo año. Nos casamos en un bufete colectivo cerca de la Bodeguita del Medio [en La Habana Vieja] y en ese mismo restaurante, nosotros dos con nuestros respectivos testigos, celebramos nuestro banquete de boda. No hubo luna de miel porque al día siguiente tuve que partir para Moscú.

¿Puedo preguntar la causa de esa tan pronta partida?

Tuvimos dificultades burocráticas para efectuar nuestro matrimonio. Hasta aquel entonces en la URSS no se veía con buenos ojos el matrimonio entre soviéticos y extranjeros, y creo que en Cuba tampoco, aunque no hasta tal nivel, pues solo veinte años antes de viajar a Cuba, a una persona que osara casarse con un extranjero, la metían presa, como le sucedió a una actriz rusa. Por eso había que esperar mucho tiempo para obtener el permiso de autorización para casarse. Los matrimonios de los soviéticos debían realizarse en las embajadas, y a mí se me acababa el tiempo de estancia en Cuba. Y sabía perfectamente que si me iba sin casarme no volveríamos a vernos. La situación era bastante desesperada. Nos salvó la personalidad de Desiderio. A mí me parece que desde edad muy temprana él tenía una personalidad científica. Cualquier cosa que le ofreciera la vida, fuera diversión, ciencia o fuera lo que fuera, se acercaba a ella científicamente. Primero él estudiaba la teoría y después sacaba sus conclusiones. Voy a darle un pequeño ejemplo. Una vez tuvimos un perro en nuestra casa, pero antes de traerlo él reunió todo el material que encontró sobre la vida canina, desde la alimentación, la medicina y educación del can. Después de un tiempo en casa ya hubiéramos podido organizar una casa de apoyo para los dueños de los perros. Cuando Desiderio se interesó por la comida árabe reunió toda una biblioteca sobre la cocina árabe en todos los países, y él mismo aprendió a cocinar los mejores platos. Cuando vivimos en la nueva comunidad de Los Naranjos, que era un plan genético, él aprendió a ordeñar las vacas. De modo que cuando surgieron los problemas con nuestro matrimonio, lo primero que hizo fue estudiar la teoría y prácticamente se aprendió de memoria el código de familia, tanto de la Constitución de la Unión Soviética como de la cubana y sacó las siguientes conclusiones. Primera: Un soviético o una soviética tiene derecho a casarse con un cubano cuando quiera y como quiera; segunda: en el caso de que uno de los novios no pueda estar presente en la ceremonia, ambos países aceptan el matrimonio con sustitución y, tercera: por la ley de reunión familiar que está aceptada en Cuba y Rusia, nosotros podemos reunirnos en cualquier momento, es decir, yo tengo el derecho de regresar a Cuba. Armado con toda la teoría él se presentó en el Ministerio de Justicia cubano, más exactamente al núcleo del Partido donde provocó una gran impresión que permitió nuestro casamiento. Al día siguiente me marché a la Unión Soviética, así nuestra luna de miel fue solo de una noche.

¿Y en la Unión Soviética cual fue la situación?

Era un caso tan inusual que en mi país no sabían qué hacer conmigo. Hubo conversaciones al más alto nivel, para que al final se decidiera que mi matrimonio no tenía que ser registrado en Moscú; eso era algo muy negativo porque el matrimonio no registrado no daba derecho a la reunificación familiar. Entonces, en vez de registrarlo, me entregaron la traducción de mi certificación de matrimonio cubana y con ella fue reconocido mi matrimonio en la URSS. Así todo se resolvió, preparé mis documentos y regresé a Cuba. Cualquier cosa tiene su precio. Nos casamos, es verdad, pero no tuve ni un vestido blanco ni un velo. Debo confesar que hasta estas alturas me duele, pues para mí eso era algo muy importante.

¿Y cómo acogieron las respectivas familias (la tuya y la de él) ese matrimonio?

Eso fue bastante traumático, más que todo porque ambas familias tenían un modo de ver a los extranjeros muy estereotipado. Para mis padres Desiderio era visto como un latino machista que prefiere la diversión al trabajo y tiene una novia en cada pueblo. Para mis suegros, sobre todo para Hilda, la madre de Desiderio, yo era una extranjera estirada que en el fondo de mi alma tal vez despreciaba a los cubanos, habituada al lujo y queriendo vivir metida en las playas, los restaurantes, viviendo en lujo y despreciando el trabajo de la casa. Yo no lo desprecio, lo asumo, aunque debo confesar que no me gusta para nada. En realidad, esas opiniones variaron cuando todos se encontraron personalmente. Para mis padres fue un auténtico choque. Para mi padre encontrar un hombre científico, duro trabajador, con tremendas habilidades manuales para trabajar y sobre todo un hombre casero. Mi suegra durante mucho tiempo no pudo creer que a mí no me interesaran playas ni restaurantes y que mi vestimenta fuera muy modesta y apenas usara maquillaje, y que mi vida estuviera dedicada a la casa y a mi marido, ambas familias se aceptaron y se estableció un vínculo muy estrecho entre mi mamá y Desiderio y entre mi suegra y yo. Así que no hubo ningún problema y las relaciones se hicieron bien fuertes.

Luego de regresar a Cuba, ¿encontraste trabajo en La Habana?

Mi trabajo en Cuba empezó antes de llegar a Cuba, porque en mi primera estancia, antes del matrimonio, Desiderio y yo formamos un equipo en el cual él lideraba y yo ayudaba. Nos enfocamos en divulgar en este país el conocimiento de la literatura y la teoría literaria de la URRS, ésta era la más conocida, y del resto de los países de Europa oriental que eran menos conocidas. Y cuando regresé publicamos muchos materiales en revistas como Revolución y Cultura, Arte y Literatura, Gaceta de Cuba, El Caimán Barbudo. Poco a poco, luego del fin del campo socialista, nos dedicamos primero a la creación, primero de la Revista Criterios y poco después al Centro del mismo nombre. Sinceramente, la mayor parte del trabajo la hacía Desiderio, y para poder hacerlo el dedicaba hasta su tiempo libre, que era realmente una excepción. Él era más científico que traductor, aunque todo el mundo lo conoce ahora más bien como traductor. Él le dio enorme importancia tanto al Centro Criterio como a la Revista homónima pues su interés era dar a conocer a los estudiosos e interesados en cuestiones de arte, literatura, los últimos adelantos no solo de Europa oriental sino también de países asiáticos, países nórdicos, su campo de estudios se fue aumentando paulatinamente. Mi ayuda se centró mayormente en la Revista. Pasamos dos períodos: pre-computadora y pos-computadora.

En pre-computadora fue el tiempo del linotipo y, como era de obligación, teníamos que revisar kilómetros y kilómetros de galeras de plano, y yo sospecho todavía, que a Desiderio lo odiaban con la mayor sinceridad por aquellos linotipistas que tuvieron sus trabajos, al menos una vez, entre sus manos. En esos trabajos había un millón de nombres desconocidos, una enorme cantidad de neologismos, nombres extranjeros que uno no sabía escribir correctamente y mucho menos pronunciarlos. Desde luego esto exigía de aquellos linotipistas un esfuerzo extraordinario. Cuando Desiderio tuvo la computadora, las cosas mejoraron un poco porque apareció un programa de redacción, aunque esto no era suficiente, hasta el último día de su trabajo estuvo defendiendo los neologismos. El programa preparado por la Academia española no reconocía neologismos, los cambiaba a algo más común. Hay otro renglón de nuestro trabajo en que pude ayudar a Desiderio: fueron las traducciones del ruso. Él era un traductor totalmente independiente, conocía bien el ruso, apenas cometía errores. Yo entraba en el juego cuando fallaban los diccionarios, sobre todo en las citas de teoría literaria. Otra tarea muy importante fue la cacería para encontrar los materiales para la Revista Criterio. Allí no se publicaban obras cubanas, solo extranjeras. Por eso él viajaba por el resto del mundo y yo a la Unión Soviética. Por lo general teníamos que fotocopiar las obras en las bibliotecas y, lamentablemente, en Rusia no existía la democracia que tienen las bibliotecas cubanas; teníamos que presentar una remisión de algún organismo, incluidas aquellas llamadas de un dominio público como la Biblioteca Lenin, biblioteca de lenguas extranjeras, equivalente a la José Martí de La Habana. Esta parte de nuestro trabajo no nos la quitó internet.

¿Y en este momento qué estás haciendo?

En este momento no diría a lo que me dedico si no a lo que nos dedicamos. Ya en el velorio de Desiderio se me acercaron varias personas para decirme que el Centro Criterio no debía desaparecer. La revista sí desaparecería, pues para hacerla de nuevo haría falta otro Desiderio. Sus amigos como Magui Mateo, Magaly Espinosa, Modesto Milanés, Joyce, la hija de Desiderio y yo hacemos todo lo posible para mantener a flote al menos una parte del Centro. Hemos recibido gran ayuda del Ministerio de Cultura y sobre todo el Instituto Cubano de Arte e Industria Cinematográfica (ICAIC), ellos nos apadrinan. La biblioteca del Centro está en el mismo edificio del ICAIC. Allí hacemos presentaciones de libros, hay muchos que él reunió, vendemos algunos. En estos momentos todo pasa a un segundo plano debido a la pandemia que estamos viviendo. Queremos empezar a hacer algo a través de la vía virtual. Tenemos pensado hacer lo primero con un libro disco, editado en México. Por supuesto contribuimos con los homenajes que se le han dedicado a Desiderio, tanto en Cuba como en el extranjero, por lo menos en México ya se han realizado algunos y también está previsto un simposio internacional dedicado a su legado. Tenemos muchos planes, muchos trabajos, pero yo pienso: "Nosotros somos cinco, ¿cómo Desiderio lograba prácticamente solo hacer más que lo que nosotros estamos haciendo?"

Y en el plano personal, ¿cómo te has sentido en Cuba durante todos estos años?

Sigo siendo rusa, pienso en ruso, mi conversación con usted es una traducción simultánea del ruso al español. En los últimos años, cuando empecé a tener trastornos de memoria, escribir me resultó muy difícil. Sí dediqué mi vida a la lectura y ella me ha acompañado a lo largo de toda mi vida en Cuba, que no ha sido nada fácil. En primer lugar, caí en una situación totalmente contraria a la que tenía en Moscú, en todos los sentidos, no solamente el económico que es el primero que salta a la vista, tuve problemas con mi apellido. Tengo una personalidad contraria a la cubana, no logro aceptar muchas de las costumbres de ustedes, nunca he podido aplatanarme, y llevo aquí casi medio siglo, sigo sintiéndome extranjera; Desiderio lo sabía y sabía que mi gran aliciente era la lectura y él hizo todo lo posible para allanarme el camino, por eso me llenó de libros. En cada viaje al extranjero me traía libros. Me hizo el regalo más valioso que he tenido en mi vida: un libro electrónico. Gracias a esa costumbre de leer siempre, creo que soy de las pocas personas que no ha tenido angustias durante el encierro por la Pandemia. Yo nunca fui genio como Desiderio; soy una persona común y corriente y no voy a dejar ningún aporte a la cultura cubana, pero gracias a la ayuda de Desiderio esta vida mía resultó ser útil y a pesar de todos los problemas interesantes, él llegó a ser el centro de mi vida, por lo tanto, no siento su ausencia.

Muchas gracias Tatiana por este tiempo robado a la pandemia de Covid.

LA RADIO ES EL MEDIO MÁS NOBLE

Isabel García Granados
Holguín, 1955[21]

Isabel García Granados es una mujer que ha dedicado prácticamente su vida a los medios, fundamentalmente a la radio. También ha trabajado para la televisión y ha impartido docencia en centros de estudios de los medios audiovisuales en Holguín. Nos conocemos hace bastante tiempo, pero antes no había tenido la oportunidad de grabarle.

Buen día, Isabel. Cada vez que venía a Holguín a presentar algunos de mis libros o discos tú me entrevistabas para la radio holguinera. Hoy se invierten los papeles y soy yo quien viene a conversar contigo para la emisora Habana Radio en la que llevo el Programa VOCES. Además de tu trabajo como radialista, sé que has hecho y haces otras cosas, empecemos por ahí.

Soy graduada de Filología por la Universidad de Oriente. Después de cuatro meses de graduada, como no me llegaba la ubicación por el Órgano de Trabajo, que era entonces el encargado de colocar a los graduados universitarios, decidí presentarme allí para saber qué era lo que ocurría; el compañero que me atendió, realmente fue muy amable y muy sincero, pues me dijo que no me habían ubicado porque ellos no sabían para qué servía un filólogo, desconocían el perfil de mi trabajo. Le dije que, si le parecía bien, me diera mi expediente y yo misma me buscaba el trabajo. Él aceptó y, cuando salí de allí, pasé casualmente por frente a la emisora Radio Angulo, aquí en Holguín, entré y pedí ver al director para saber si había plaza allí, pues contaba con la experiencia de haber trabajado en la radio, en Santiago de Cuba, como parte de la docencia en producción, y ése era un medio que me gustaba, pues desde niña en mi casa escuchaba la radio, a mi familia le gustaba ese medio. Y empecé a leer gracias a las adaptaciones literarias que hacía la radio, pues me motivaban para buscar

---

[21] Entrevista grabada en la sede del Instituto Superior de Arte holguinero. Junio 9 de 2018.

las obras y leerlas. En esta emisora me dijeron que había una plaza para Redactora de notas, la iban a poner en convocatoria y, si nadie la pedía allí en la emisora, me la podían dar. Nadie la pidió pues tenía un salario bastante bajo, pero como lo que me interesaba era trabajar y ese medio me atraía, además no tenía grandes necesidades económicas pues, como recién graduada todavía mis padres seguían pendientes de mí, asumí esa plaza en la emisora, en 1980 y, a partir de los primeros momentos, empecé un aprendizaje autodidacta, viendo y escuchando a los que llevaban más tiempo en el oficio y tenían ya un dominio de todo lo que se debe saber sobre la parte tecnológica. Por supuesto, leí muchísimo acerca de los medios de comunicación, de las particularidades de la radio y otras muchas cosas. Ahí en la radio he hecho prácticamente de todo: he escrito programas, los he conducido, los he dirigido, y todavía trabajo en la radio como algo alternativo. También he trabajado en la televisión; para ese medio conduje y escribí varios programas; realmente, el medio más noble para mí, que tiene un sentido de familia, es la radio. Ese medio trabaja veinticuatro horas. Nadie se puede ir y dejar un puesto vacío, ese sentido de solidaridad, de compañerismo que crea la radio no lo he encontrado en ningún otro lugar, por eso nunca he dejado la radio. Me encanta hablar con la gente a través de la radio, comunicarme y tener que prepararme cada día para hacerlo, pues se requiere tener una riqueza de vocabulario para decir exactamente lo que se quiere decir; esas exigencias me han servido como una escuela, en todos los aspectos. Profesionalmente, me enseñó desde el mismo principio una disciplina de cumplimiento de horarios, que a las 8 de la mañana era a las 8 de la mañana. No era a las 8 y tres minutos, ni las 8 y catorce ni las 8 y media. Me enseñó a trabajar en colectivo, a formar equipos de trabajo y a aprender a escuchar a los demás y que los demás también me escucharan a mí para llegar a un consenso. La radio me dio la posibilidad de crear proyectos de trabajo y saber que la gente aún permanece en el medio pese al desarrollo de otras tecnologías como los teléfonos móviles, del mundo de internet, porque la radio se adecua. Ya se transmite en tiempo real a través de internet, y tiene la capacidad de irse adecuando a diferentes soportes y por tanto a diferentes públicos. Hoy en día la gente lo mismo oye la radio en su equipo tradicional, que lo escuchan desde su móvil o en una computadora, el hecho es que se sigue escuchando la radio.

Es que trabajar en la radio te da un sentido de pertenencia muy fuerte.
Exactamente. Además, es un medio difícil, pues solo con el sonido debes lograr la comunicación. Aunque se puede escuchar de forma colectiva, es el medio más unilateral porque cada uno imagina lo que oye a su manera, con imágenes, e imágenes propias de cada cual, según su nivel de formación, su gusto personal, según su sensibilidad, incluso según sus deseos. También la radio es múltiple porque, mientras estás escuchándola, puedes estar cocinando, o manejando, o haciendo cualquier cosa, porque ella no interfiere para nada y sigue brindándote ese mundo tan creativo donde está la música, te está informando y todavía en Cuba se transmiten dramatizados, además programas deportivos, de participación, todo eso es muy bonito. Me gusta mucho la radio.

¿Actualmente tienes algún programa en Radio Angulo?
Sí, ahí sigo trabajando. Hace muchos años hago un programa cultural que se llamaba "De fin de siglo", pero se terminó el siglo y ahora se llama "Café milenio", es un programa de corte cultural, siempre me he empeñado en poner lo que considero que es buena música; no es que me abrogue el derecho de decir que esto es lo único que es buena música, solo que está dentro de eso que considero buena música. Lo escribo, lo dirijo, lo conduzco y hago la producción musical, dentro de un universo diverso. Pero no me preguntes por reguetón y rap, te diré que nosotros estamos libres de reguetón y rap.

¿A qué se debe esa decisión?
Porque considero que el reguetón es demasiado pobre desde el punto de vista musical. Pero que a mí me guste un aria cantada por María Callas, no quiere decir que no pueda estar el Trío Matamoros, o Alaín Pérez o Los VanVan. Puede estar un trovador de los más reconocidos como Pablo Milanés junto a un trovador menos conocido dentro de los medios de

comunicación. Es un programa variado, que se mueve en un perfil de diversos géneros musicales, lleva comentarios acerca del mundo artístico literario, o sea, es un programa cultural; a veces aborda aspectos de la propia sociedad porque uno trabaja para ella, no trabaja para sí mismo y tiene que palpar las circunstancias en que se vive para poder trabajar sobre ellas. Es un programa sencillo, pero ya tiene una audiencia, es muy comunicativo, su soporte fundamental es la palabra. El hombre después que caminó habló, y para mí la palabra sigue siendo esencial en el medio radial; no tiene complicaciones técnicas, se puede transmitir en vivo, a mí me gusta trabajar en vivo.

¿Qué frecuencia tiene tu programa?

Se transmite todos los días, de lunes a viernes, de 7 a 8 de la noche, ése es un horario ya establecido y es en vivo, porque si tú vienes y te pones como oyente, a mí como oyente me gusta ser partícipe de algo vivencial, algo que está sucediendo en ese mismo momento. Y el programa en vivo te permite eso. Por ejemplo, cuando se hace el Festival de cine de Gibara, el programa me permite comunicarme con Gibara en vivo. Y así cuando ocurre cualquier acontecimiento de ese tipo. Nosotros no trabajamos esas falsas comunicaciones telefónicas que las graban y las sacan en otro momento como si fueran en vivo; nosotros no, nosotros trabajamos en vivo. ¡en vivo!

¡Eres arriesgada!

Sí, es riesgoso, pero es divertido en el mejor sentido de la palabra. Cuando acontece el Festival de Cine de Gibara, trabajamos en colaboración con la emisora municipal de allí, de ese modo hemos podido hacer entrevistas a figuras como Pancho Céspedes, Victoria Abril o una productora de Telesur. Esas son cosas que el público agradece mucho.

¿Cuánto tiempo llevas haciendo este programa que veo tanto disfrutas?

Como te dije, en la radio he hecho de todo, menos deportivos, no porque no me guste el deporte, sino porque es algo que respeto mucho y tiene un buen equipo de realizadores. Tenía antes de este que ahora te hablaba, un programa que se llamaba *Comentando*, aparecido en esos difíciles años del llamado Periodo Especial, que coincidió con el columnismo cultural del periódico Ahora. A pesar de ser una etapa tan difícil en el aspecto económico, social, las carencias y demás, fue un momento en que aparecieron proyectos, dentro del ámbito cultural en Holguín, muy buenos. Pues en ese momento apareció *Comentando*, un programa que, te confieso, no fue idea mía; se le ocurrió a una asesora de la radio, que ya no trabaja con nosotros, pero lo asumí como propio y empecé a escribirlo y también puse la voz. Como decía, en esos momentos coincidieron aquí otros eventos además del columnismo cultural de Ahora, que era un diario y por las carencias de papel se convirtió en semanario; el Taller de grabado de Holguín tuvo en esos años una buena etapa. También coincidió la Semana de la Cultura holguinera y la entrega del Premio de la Ciudad y la aparición de los primeros libros del sello de la Editorial Holguín. Coincidió también, lamentablemente, con el fallecimiento de Raúl Camayd, el fundador del Teatro Lírico Rodrigo Prats, pese a lo cual el Teatro no se cerró. Pienso que esas cosas que iban coincidiendo eran como un enfrentamiento de la cultura a las carencias; eso motivó o refrescó un poco a la radio, porque ese movimiento cultural comenzó a visualizarse a través de sus ondas. Hasta esos años el movimiento cultural, al menos aquí, sucedía así, no sé si ocurriría así en otras partes del país, pero aquí era visto con un cierto prejuicio, sobre todo por los políticos. Estos consideraban a los creadores como gente medio loca, extravagante, gente sin ética, de poca moral, sin compromiso político con la revolución. Opino que la aparición en esos años de todo ese movimiento cultural, en el cual estuvo incluida la radio, aquí, fue muy bueno, provechoso A partir de ese momento, políticos y artistas se sentaron a conversar, comprendieron que no hay mejor arma que la cultura, comenzaron a apoyar y a respetar el movimiento artístico. Julio Méndez desempeñó un papel muy importante, él era entonces Director Municipal de Cultura y fue quien generó el proyecto de la semana de la cultura holguinera durante la cual se entregaban los premios de la ciudad con un jurado donde se podría encontrar a grandes figuras de nuestras letras: podía ser Pablo Armando Fernández, Carilda Oliver Labra, o Cintio Vitier, o Eliseo Diego, de ese modo el evento logró una prestancia que permitió que la cultura se visualizara y que la propia sociedad reconociera en sus artistas el alma del pueblo. Hoy Julio es el presidente de la UNEAC holguinera. Me he extendido un poco para hablar de esa etapa porque fue la generadora de *Comentando*, ese programa que dio origen a otro proyecto, ese sí mío: *De fin de siglo*. Y como se acabó el siglo le cambiamos el nombre, pero en su esencia sigue la misma estructura que su predecesor. Y claro, se adecua a las nuevas tecnologías, a los nuevos tiempos e intereses. Los jóvenes de 2018 ya no son lo mismo que los de los años 90. Tampoco queremos hacer un programa que sea elitista, el arte tiene un destino social y eso lo respetamos.

¿En este tiempo que lleva el programa, ya un poco más de un cuarto de siglo, siempre lo has conducido tú?

Sí, he faltado muy pocas veces. Pero cuando he faltado, lo lleva el otro compañero, siempre somos dos. El famoso triángulo de la comunicación.

Ahora Isabelita, vamos a hablar de la otra etapa de tu vida, la de profesora y ahora dirigiendo esta Escuela de Arte.

Cuando se fundó la Facultad de Arte de los Medios de Comunicación Audiovisual en Holguín, el decano de esa Facultad de las Artes en La Habana era Jesús Cabrera. En ese entonces era Instituto Superior de Arte. Y por el desarrollo audiovisual que ya existía en Holguín, tú que has estado en los estudios de televisión de aquí, sabes que es uno de los estudios más grandes de todos los telecentros, incluso hasta con un lunetario para la participación del público y ya se ha ampliado a un segundo estudio. Pues Jesús Cabrera aprobó la petición de los holguineros: la creación de una Facultad en esta provincia. Esa Facultad contó casi enseguida con la creación de una academia de canto para el Teatro Lírico Rodrigo Prats. Aquí en el oriente del país existe este teatro lírico de larga trayectoria y con mucho prestigio, eso permitió la aprobación igualmente de esa academia. Con el tiempo, esta academia se convirtió en una carrera universitaria y pertenece a la Facultad de Música, en la especialidad canto. Posteriormente, cuando se aprueba la filial, se unen las dos facultades. El primer director de Arte de los Medios de Comunicación Audiovisual fue Hugo Edelquis Cruz, un realizador que fue mucho tiempo director de programas de televisión, y por la parte de música primero fue el propio Raúl Camayd y, a su fallecimiento, Náyade Proenza, su esposa, que también era su compañera de vida artística y cofundadora del Teatro Lírico, asume la dirección de esa escuela de canto. Luego, Conchita Casals sigue con ese trabajo. Con esas dos facultades se crea en Holguín la filial de Arte con una sola dirección cuyo primer director fue Humberto González Carlo, le sigue María Victoria Santana pero, lamentablemente, ella se enferma el año pasado y creo que, por carambola, me toca a mí dirigir la filial de la Universidad de las Artes aquí en Holguín.

¿Por qué dices que por carambola te toca a ti?
Porque soy fundadora de la Facultad de Arte de los Medios de Comunicación Audiovisual. Allí empecé como profesora de Historia de la Radio, después, además de esa asignatura, impartí Teoría y Técnica del Guión. Luego pasé a Jefa del Departamento de Audiovisuales y ahora, por la enfermedad de Vicky, ella es la persona que tenía más tiempo trabajando aquí, con más experiencia, pero no puede seguir por su enfermedad y me ha tocado a mí. Y aquí estoy, hace menos de un año dirijo la filial, no creo que me vaya mal, pese a chocar con algunos asuntos económicos y administrativos que no estaban contemplados en mi esfera de trabajo, a los que tengo que dedicar mucho más tiempo que a la parte creativa, y al aspecto referido a la motivación de los estudiantes, a la Extensión Universitaria y a sus propios proyectos.

Ese trabajo de dirección un poco complejo, ¿te permite seguir impartiendo clases?
En estos momentos estoy impartiendo uno de los módulos de un diplomado de radio. Y como soy directora solo me toca un 10 % de docencia. Además de este diplomado asumo las clases de Teoría y Técnica del Guión que asumió el profesor Junior García, cuando no está en Holguín debido a las labores de su vida artística como dramaturgo. Esta filial, como la de Camagüey, Santiago y la Central de la capital, se caracteriza por la gran cantidad de profesores adjuntos. Estos son artistas de vida

activa y nosotros contratamos como profesores para dar clases prácticas. Y a los profesores que son de asignaturas teóricas, como Filosofía o Estudios Cubanos, los contratamos de otros altos Centros Docentes.

Me surge una duda, Isabelita; lo que yo conozco como Instituto Superior de Arte, que abreviamos ISA, ¿ya no lleva este nombre?

A ver, el logotipo dice: Universidad de las Artes ISA. Y no sé por qué han dejado también Instituto Superior de Arte, porque realmente es Universidad de las Artes y nuestra filial se llama así: Filial de Holguín de la Universidad de las Artes. Y tenemos dos facultades: la de música con una sola especialidad: canto. En el Superior increíblemente no se estudia canto popular. En el caso de Holguín es lírico y esto está justificado porque Holguín tributa desde su facultad al Teatro Lírico Rodrigo Prats. Aquí tenemos dos modalidades para estudiar canto: curso regular diurno conformado con los estudiantes que vienen de preuniversitario y cursos para trabajadores. Los que vienen de la enseñanza media normal por lo general, cuando se gradúan, pasan al Lírico. Y los trabajadores algunos son ya del Teatro Lírico o de otras instituciones afines que desean cursar estudios superiores de canto. La otra facultad es la de Medios Audiovisuales que tiene cinco especialidades: edición, producción, sonido, fotografía y dirección. Esta Facultad está ubicada en un lugar que cuenta ya con un estudio de televisión; tiene, además, un Festival Internacional de Cine aquí en Gibara y cuenta con un movimiento de audiovisuales bastante amplio.

Y sé que existe un departamento de dibujos animados que se llama Anima. He visto algo de ellos. ¿Esto depende de esta Facultad?

Directamente, no. Anima pertenece a los Estudios del ICAIC de La Habana, pero muchos de los jóvenes que trabajan allí son graduados de la Academia de Artes Plásticas de nivel medio, de aquí de Holguín; ellos tienen ya asignaturas de animación. Y muchos de esos muchachos hacen estudios superiores de audiovisual aquí en la filial. Sucede lo mismo en el nivel medio de canto, una especialidad que no hay en otros lugares, pero aquí sí hay una escuela de nivel medio y es una unidad docente del teatro lírico que va preparando desde ese nivel a los alumnos que luego harán su servicio social en el Teatro Lírico y entran a nuestra Facultad en el curso de trabajadores. De modo que esta filial tiene esa función: satisfacer las necesidades que desde el punto de vista artístico tienen ambas instituciones.

¿Tú eres holguinera?

Sí, nací en San Germán; en realidad, nací en un central que se fundó en el siglo veinte con capital norteamericano. El típico central con casas de madera doble, por dentro y por fuera, pintadas de verde, con techos rojos y rejas de tela metálica. Rodeadas esas casas por abundantes árboles como el ficus, el tamarindo. Un típico pueblecito, con las características arquitectónicas que imprimían a esos lugares las compañías norteamericanas. Pueblos divididos en dos partes: la primera, donde estaba la compañía, se le decía así y la otra donde vivía el médico y demás pobladores, y ése era el pueblo. Y por el centro pasaba la línea del tren. Yo vivía en la compañía porque mi abuelo pertenecía a esa especie de clase intermedia que no era ni obrero, cortador de caña, ni trabajador directo en la producción del central, él era trabajador de oficina. Mi madre toda la vida fue telefonista de ese central de San Germán, que después de la Revolución se llamó Urbano Noris, un mártir de la localidad. Mi padre sí fue trabajador del central durante toda su vida. Allí me crié y allí hice hasta la secundaria básica. El preuniversitario lo hice aquí en Holguín. Hice mis estudios superiores en la Universidad de Santiago de Cuba y, al terminar, regresé y aquí he pasado el resto de mi vida, pero todavía añoro a San Germán porque mi infancia allí fue muy feliz. Además, allí se vivía en una sociedad del ganchito.

¿Qué es eso de la sociedad del ganchito?

Pues el ganchito que se le ponía a la puerta; aunque salieras a la calle y la casa se quedara sola, no cerrabas la puerta con llave, bastaba el ganchito. Era una sociedad respetuosa de lo ajeno. Es verdad que era racista porque mi madre me contaba que existía un parque para los blancos y otro para los negros, una sociedad de blancos y otra de negros, aunque, por supuesto, no todos los blancos podían asistir a esa sociedad, ni todos los negros tampoco. En la de los blancos estaban asociados los dueños del Central, por supuesto, y esa burguesía que se movía alrededor del central y la llamada aristocracia obrera, que eran los trabajadores de oficina, los profesores, etc. En el Central había un teatro con sus pequeños camerinos; allí daban también funciones cinematográficas, se hacían veladas, en fin, había una vida cultural típica de ese tipo de pueblos, con ciertas costumbres también como poner el reloj en hora cuando pasaba el tren porque, si tenía que pasar a las 7 y 19 minutos, pasaba exactamente a esa hora. Todo eso hizo que pudiera vivir una infancia feliz, sana, agradable.

¿Fuiste hija única?

No, tengo una hermana mayor que yo.

Y volviendo a la radio. Imagino que en tantos años y haciendo variados programas en ese medio algunos premios tendrás, ¿no?

Sí, he tenido varios premios en festivales provinciales, premios de la ciudad, premios en festivales nacionales. ¡Ah, y un premio en una bienal de radio hispanoamericana que se hizo en México! Y ya no concurso.

¿Te cansaste de concursar? ¿O es que fueron tantos?

No, no es que fueran tantos. Es que realmente pienso que ya eso le corresponde más bien a los más jóvenes

¿El premio en esa bienal fue con el programa Café?

No, fue una crónica sobre la muerte de Barbarito Diez. En mi casa se oía mucho a Barbarito, a mis padres les encantaba. Y, cuando llegaba el carnaval ahí en la Plaza de la Marqueta, tocaba Barbarito Diez y su orquesta, y yo iba a oírlo desde la emisora. Y cuando él murió, en mi casa fue como si se hubiera muerto alguien de la familia. Y a partir de ahí escribí una crónica que se montó y se mandó a esa bienal de radio y obtiene premio en la categoría de programas musicales; aunque era una crónica, pero ellos lo catalogaron como un musical así y así fue como la premiaron.

Pues muchas gracias por este tiempo.
　　Y yo te agradezco a ti.

LA POESÍA ME MANTIENE VIVA

Noni Benegas
Argentina, 1947[22]

En 2019 se celebró en Granada un coloquio sobre poetas hispanoamericanas, convocado y dirigido por la investigadora y profesora titular de la Universidad de Granada, Milena Rodríguez Gutiérrez, al que asistieron profesoras, poetas, investigadoras de varios países, entre ellas Noni Benegas, a quien conocí en ese encuentro. Allí nos hicimos amigas y tuvo a bien grabar esta entrevista donde cuenta, entre otras cosas, de su temprana preocupación por rescatar la labor de las escritoras y de su propio trabajo como poeta. Una argentina que ha desarrollado su labor literaria en la tierra que la acogió: España.

Mi nombre, Noni, es una contracción de Noemí, mi verdadero nombre, pero preferí Noni porque es más popular en Argentina. Nací en Buenos Aires y, cuando los niños van a dormir, les dicen "noni noni". Yo desde muy pequeña tuve vocación por la poesía. En casa había una gran biblioteca con muchos libros de poemas, entre ellos las canciones de Lorca (lo recuerdo ahora que estamos en Granada) y estamos disfrutando de este Congreso convocado por la también poeta Milena Rodríguez que tuvo esta maravillosa idea de invitarnos para hablar de la labor de las poetas hispanoamericanas, y estoy encantada de ser una de sus asistentes porque ha sido una verdadera fiesta disfrutar de estas charlas, ponencias, lecturas, todo muy organizado, como un reloj, sin dejar de lado la distención, el placer y la relajación en las noches, alrededor de la cena.

¿Participaste como ponente, poeta o investigadora?
Milena me pidió que abriera el Congreso con una conferencia que se ubicó en La Madraza, un centro dependiente de la Universidad granadina, enclavado en el centro histórico, frente a la Catedral. Es un palacio magnífico, además con ese nombre de Madraza, especial para un congreso de

---

[22] Entrevista realizada en la residencia estudiantil Corrala de Santiago. Granada, septiembre de 2019.

mujeres. En esa conferencia me referí a varias poetas hispanoamericanas que he reunido en un libro que acabo de presentar este año, que titulé *Ellas resisten*. Y explico el porqué de ese título. Hace veinte años hice una antología de poetas españolas contemporáneas, nacidas después de 1950, esto es, las que están en activo en este momento, para una editorial muy conocida aquí en España: Hiperión, que llamé *Ellas tienen la palabra*; esa antología ha tenido muy buen camino, se ha reeditado cuatro veces, la última en 2008. Y diez años después, la volví a editar; básicamente el ensayo preliminar exento, son unas ochenta páginas, en la editorial mexicana Fondo de Cultura Económica. Aun me quedaban algunos papeles de trabajo con entrevistas, reseñas y artículos sobre poetas que estaban en aquella antología y otras nuevas, hispanoamericanas, sobre todo. En *Ellas resisten* hago lo que no pude hacer en la anterior donde todas eran españolas, esto es, las incluyo a ambas.

Además de esa conferencia inaugural, ¿presentaste algo más?

Sí, hablé sobre una poeta colombiana, María Mercedes Carranza, la creadora de La Casa de Poesía Silva, en Bogotá. Ella es una grandiosa poeta con un gran peso encima, pues su padre era Eduardo Carranza, casi es el poeta oficial de Colombia en su época, pero ella logró revertir lo que yo llamo "el personal parricidio de María Mercedes", pues le dio la vuelta a través de su poesía al modelo de mujer que presentaba la poesía decimonónica de la generación de su padre que era el grupo Piedra y Cielo. De este modo ella inaugura la modernidad poética en Colombia. También me referí a Mirta Rosemberg, quizás la poeta más importante de Argentina, después de Alejandra Pizarnik. La poesía de Mirta Rosenberg tiene una capacidad musical que la hace una poeta de toda la lengua española de ambas orillas y de todo el español que se habla en el mundo. Ella toma los temas clásicos y los devuelve en temas renovados: el amor, la soledad, la otredad, el exilio. Ella fue también traductora de inglés, este trabajo suyo fue como una adquisición de nuestra lengua a través de su palabra.

Has hablado sobre tu trabajo investigativo, fundamentalmente y qué hay de tu poesía.

Con voz de mujer

Antes quiero decir unas palabras sobre la gran poeta granadina, aunque nació en Córdoba, Ángeles Mora, quien fue recientemente galardonada con el Premio Nacional de Poesía. Tuve el honor de presentar su poemario en Madrid, *Ficciones para una autobiografía*. Ella recitó varios de los poemas de ese libro que es como un inventario de temas muy actuales, vinculada a la situación social y política de la mujer en esta sociedad en la que todavía hay tantas cosas por cambiar.

Creo que tenemos que empezar a hablar sobre el trabajo poético de Noni Benegas, si no te parece mal, mi amiga, que eres también poeta, además de investigadora.

Claro. Tengo que decir las cosas como son. Yo me exilio en España a fines de los años setenta por aquella caza de brujas que hubo en Argentina, cuando llegaron los militares y los que logramos subir a un avión o un barco, nos salvamos, pero los que no lo lograron desaparecieron, como todos saben en el Río de la Plata. Entonces cuando llego a España es que puedo publicar. Pero yo escribo desde niña, cuando descubrí mi vocación. Recuerdo que mi madre guardaba un poema mío escrito cuando murió Mariyin Monroe. La poesía se hace con el cuerpo, se hace con el caminar, se hace con el vivir. Aunque empecé a escribir muy pronto, en Argentina no había publicado, esto empezó en España, pero me di cuenta de que no formaba parte del mundo español y lo atribuía al hecho de ser extranjera, hasta que una amiga, Elizabet Burgos, me dijo que el editor Jesús Monarriz quería conocerme. Fui a verlo y él me invitó a hacer esa antología de poetas española, que efectivamente hice y titulé *Ellas tienen la palabra*, de la que ya te comentaba anteriormente. Fueron tres años de arduo trabajo, leímos quinientos libros entre los dos, para seleccionar lo mejor, él me pidió que escribiera el prólogo. Mientras leía me di cuenta de que esas mujeres no estaba situadas, estaban invisibles. En las antologías que se hacían en aquel momento, que son las que forman el canon de una época, la historia de un período literario, solamente incluían una o dos, esto era solo de un ocho por ciento, eso significa que la presencia de mujeres en esas antologías era prácticamente nula. Lo más curioso es que sus nombres no se repetían en las diversas antologías. Entonces me di cuenta de que ellas estaban tan ausentes como yo. Y en ese momento me sentí hermanada, que esa causa era también la mía. La primera idea era empezar a hablar de cada una, pero eran muchísimas. Cuando llegamos a 41 frenamos, porque la famosa antología de Clara Janet reúne 41, que son las primeras poetisas castellanas, la mayoría monjas o hijas de letrados o nobles. Cuando llegamos a ese número, le dije a Jesús: Es un número cábala, vamos a dejarlo ahí. A medida que fui investigando me di cuenta que tomarlas individualmente no era posible, porque cada poeta tiene su propia voz, su propio timbre. Y necesitaba alguna teoría que me permitiera responder a mis preguntas porque mi formación no es de literatura. Sí, he leído desde que tengo uso de razón y aprendí a leer a los cuatro años, pero mi madre pensó que con la literatura me iba a morir de hambre y me puso a estudiar ciencias económicas. También estudié sociología, aunque no terminé la carrera. Mi pregunta, derivada de esa formación era: dónde están y, si no están aquí, por qué no están. Entonces un amigo antropólogo, Andrés Guerrero, me habló sobre un libro del sociólogo francés Pierre Bourdieu, titulado *Las reglas del arte*. Y en ese libro, un tremebundo manual, descubrí el tema del campo literario. Él divide la sociedad en campos. Está el campo de los abogados, el de los panaderos, el de los médicos, el de los actores... Y cada uno tiene un oficio en común: defienden en común su profesión frente al resto de la sociedad, para tener normas y para poder cobrar, porque juntos se hace la fuerza. Ahí nace la idea del sindicato que les permite hacer sus reclamaciones. Con esa teoría de Bourdieu aplicada al campo español pude investigar y me di cuenta que el campo literario español se crea en el siglo diecinueve cuando surge la revolución industrial y termina el clásico mecenazgo de los nobles. Esto cambia cuando comienza una ligera democratización en España, en ese siglo, cuando el mecenazgo se convierte en mecenazgo de Estado. Ya había nacido la Academia, copia de la francesa. Ya estaba en pie la Revolución Industrial que permite el nacimiento de la Industria Editorial moderna: hay prensa, imprentas que permiten la producción masiva que da lugar al mercado. Y ello coincide con el momento en que el gobierno liberal español crea escuelas públicas también para mujeres y niñas. Hasta entonces las niñas eran analfabetas, sí iban a las escuelas, pero solo para aprender a coser, a bordar, a limpiar, a cantar, para ser la perfecta casada de Fray Luis de

León, pero, cuando eso cambia, hay un montón de mujeres que tienen acceso a esos conocimientos, la mayoría de clase media, también de clase baja. Al cabo de dos décadas tienes un contingente de mujeres muy preparadas, porque no hay nada como el hambre acumulada de siglos para tener la fuerza, curiosidad y querer mejorar. Muchas de ellas están ya preparadas para trabajar en esa industria editorial. Paralelamente está en su apogeo el movimiento romántico en Europa que agita las sensibilidades, aunque en España fue más débil que en Alemania, por ejemplo. Estas mujeres españolas, ahora preparadas, jóvenes, con el corazón latiendo, vuelcan sus sentimientos al papel, se convierten en poetisas. Hay una antología de la época que recensa más de 160 poetisas. Como ocurre en todos los períodos, de ellas queda un diez por ciento que son las buenas. Ocurre una cosa que investigué con esta formación económica que tanto me ha ayudado y es que, hasta ese momento, a los varones les había importado un pito la poesía escrita por mujeres. Se habían metido con Sor Juana cuando ella comenzó a tocar claves que atañían a la iglesia, pero la poesía de ella ni les iba ni les venía. Pero ocurre que en esos momentos ellos empiezan a tomarles el pelo, a burlarse de estas mujeres románticas, se esfuerzan ellos para ponerlas en ridículo, la palabra poetisa cae en desgracia. Claro, la prensa ayuda a esa burla, pues ya hay muchas revistas, prensa diaria o semanal, y estos medios son el elemento idóneo para la campaña de desprestigio contra esas mujeres. Y me pregunté: ¿Por qué el ensañamiento? ¿Quién se beneficiaba? Los beneficiaba a ellos, pues había "un pastel" para repartir: los trabajos en la recién nacida industria editorial: corrector, editor, jefe de redacción, traductor, ilustrador. Ellas estaban capacitadas para asumir esos trabajos. Y ellos querían ese pastel. A eso hay que sumar los beneficios del mecenazgo de Estado que se concreta en becas, subvenciones, premios, altos cargos en la política cultural, sillón vitalicio en la Real Academia, ¿entiendes por qué ellos no aceptaban que ellas accedieran a ese campo literario para su formación? Es en esos momentos cuando se crea en España el campo literario y ellos expulsaron a las más débiles. Nuestras abuelas no estaban unidas. No obstante, se han descubierto algunas correspondencias entre ellas. Por ejemplo, Rosalía de

Castro recibe cartas de unas jóvenes gallegas, y en una de esas ella contesta: ¿con qué poder contamos nosotras en este mundo?

¡Ay, Noni, disculpa, pero te alejaste de mi pregunta! ¿Cuándo empezaste a publicar tu poesía?

Disculpa, es verdad, es que esos temas me apasionan. Te diré que antes de hacer esa antología había empezado a publicar cosas mías, que tampoco eran escuchadas. Hice esa investigación que me sirvió también para dilucidar cuál era mi problema como extranjera, en esta sociedad, en este mundo. *Ellas tienen la palabra* se publica a finales del 97 y se agota esa primera edición en menos de tres meses, y se hace una segunda edición y luego una tercera. Eso me da ánimos para seguir escribiendo, trabajo fuerte. Al mismo tiempo me encargan presentaciones, me hacen entrevistas que me permiten decir lo que no pude incluir en el prólogo de ese libro, pese a sus 80 folios, que es un ensayo preliminar de la antología; hablo también sobre el campo literario y de alguna manera siembro un poco de esa metodología de Pierre Bourdieu, para los estudios que se hacen en España de Literatura y Sociología. Eso sería el trabajo comprometido con la causa de un trabajo que hasta ahora me agita y me apasiona. Luego viene mi propio trabajo. Publico un primer libro: *Argonáutica*, que solamente tuvo dos lectores. Uno de ellos fue José Ángel Valente, en Ginebra. A él le envié por correo ese libro que son poemas en prosa, que aquí en España no tienen mucha tradición, como sí ocurre en Francia. Cuando él los lee, me llama para conocerme. Me comenta que le parecen originales y nuevos. Me da una carta para José María Valverde en España. Vengo a Madrid y me pongo en contacto con ese gran historiador de la literatura. Dejo los manuscritos y luego él me llama y me dice: "Me he reído mucho". Eso me dio ánimos para pedirle un prólogo y él lo escribió. *Argonáutica* se publica en 1984, en España. Poco después gano el Premio Miguel Hernández con otro libro: *La balsa de la medusa*. Luego sale *Cartografía ardiente* que tiene una ayuda A la Creación Literaria, del Ministerio de Cultura. A ese libro le sigue *Pilar vertical* y le otorgan el premio Pilar de Martorel y poco después *Animales sagrados* que recibe el Premio Rubén Darío que otorga Palma de Mallorca.

Pues vas teniendo muy buen reconocimiento.

Al ser extranjera no tengo esos grandes contactos, cuestión propia del campo literario. Fíjate en los hombres. Ellos heredan las notarías, los consultorios, en fin, los contactos del padre. Yo no, es como si fuera una mujer nacida aquí, es lo mismo. No tengo contactos en la vida literaria porque no tengo antepasados, desciendo del barco, por eso me tengo que presentar a las convocatorias de premios, es la única manera de garantizar la publicación, que es la vía para dar a conocer los libros. Son dos vías paralelas, una la de antóloga y otra como creadora, que a mí no me preocupa que sea secreta. A mí lo que me interesa de la poesía es que me mantenga viva y caminar al borde del abismo. Que me sorprenda a mí. Si yo no me sorprendo, no puedo sorprender a los demás. Yo me soñé como un monje en un monasterio clásico, trabajando en silencio su obra y cuando pasan los siglos descubren esos manuscritos y descubren que allí había un gran autor. Pienso que lo peor que le puede pasar a un autor es que lo admiren en vida, porque se lo cree y puede ocurrir que sea arruinado por la fama.

¿Qué disfrutas más: escribir tu poesía, investigar o escribir sobre otras?

A mí la clave me la dio un poeta catalán que vivió en la época de Franco que firmaba con dos siglas: JV Foix. Yo firmo con un seudónimo: Noni. Cuando a él le preguntaban si era poeta, respondía: "Yo soy investigador en poesía!". Pues respondo tu pregunta, como Foix: soy investigadora en poesía, porque para mí, escribir poemas es lo mismo que cuando hago una investigación, solo que el tipo de investigación cuando haces poesía la haces con tu memoria, con tus sueños, con tus estados de semi vigilia. Esto me parece bueno. A mí me gusta trabajar temprano en la mañana, cuando me levanto, cuando todavía estamos en ese embeleso que es no estar del todo despierto ni del todo dormido, en el cual se producen ciertos lapsus que impiden la tensión de estar con la mente fijada solamente en lo que ocurre; ahí es donde se escribe el poema, justo en esos momentos en que se deja ir a la imaginación es donde puede ocurrir algo nuevo.

Con voz de mujer

Me sorprende esa teoría tuya sobre la hora de la escritura. He oído muchas maneras o teorías de escritores para referir las condiciones que necesitan para escribir. Algunos dicen tranquilidad, música, o silencio, o una hora determinada, pero la tuya es muy original, nunca me hubiera imaginado ese momento especial para escribir.

Es que en ese despertar es cuando realmente ves. Ya un poeta lo dijo hace siglos: "La vida es sueño". Y nosotros, cuando estamos viviendo, estamos sometidos a los estímulos exteriores. A vos te mantienen despierta para poder controlarte y que cumplas con las obligaciones. Cuando estás dormida, solo dependes de tu cabeza y de tu memoria. Estás más viva que cuando estás despierta. Por eso en ese estado de duermevela es cuando realmente ves, porque un poema se escribe un poco con algunas memorias inconscientes que dejó el sueño, con mucho trastabillar de la lengua, porque son esos lapsus de la mente los que dicen lo que tú sentías, que no sabías que sentías, pero está queriendo decirse. Ahí eres más tú que nunca, es ahí donde la voz puede ser más original para construir el poema. No hay libertad anterior a la escritura hasta que no se pone uno a escribir.

Vamos a ver, Noni, tus lapsus, ¿cuántos libros de poesía te han dejado escribir y sobre todo publicar?

Tengo siete volúmenes publicados en diferentes años y algunos de ellos han sido recogidos en una compilación que publicó el Fondo de Cultura económica bajo el título *El ángel de lo súbito*, que es este ángel del lapsus. Ese ángel de lo súbito es el que te trae el verso. En esa selección del Fondo de Cultura están los mejores versos. La hizo Benito del Pliego, un investigador y poeta español que trabaja en Estados Unidos.

¿Y tú, donde vives en España?

En Madrid, en pleno centro de la capital, a pocos metros del Museo del Prado

¿Has sido o eres docente?

He sido invitada alguna vez a impartir conferencias en universidades, pero no he formado parte de ningún claustro para poder conservar mi libertad. Me gustan todas estas cosas: escribir, investigar, pero no podría reducirme a trabajar con lo que se produce en español, en inglés o francés.

Hemos hablado bastante, Noni, ¿quieres añadir algo '?

Me gustaría terminar como comenzamos, hablando de este maravilloso encuentro que hemos tenido, convocados por esa brillante profesora y poeta, Milena Rodríguez y resaltar la valentía de muchas ponentes, algo que permitió este congreso que entrara todo, hasta los temas más difíciles, más oscuros, hasta los más banales, pero que siempre ocultan una clave que da la visión del conjunto. Me voy muy satisfecha de haber participado en este evento dedicado a mujeres poetas.

MI VOCACIÓN SIEMPRE FUE POR LAS LETRAS

Ivette Fuentes
La Habana, 1953[23]

Mi encuentro con la investigadora, ensayista y narradora Ivette Fuentes de la Paz ocurrió en 2016 gracias a nuestro común amigo el escritor, dramaturgo y mi condiscípulo, Nicolás Dorr (1946-2018). Ella es investigadora, ensayista y dirige también la Revista Vivarium, órgano del Arzobispado de La Habana. Tres años después de nuestro primer encuentro le grabé la entrevista que leerán a continuación.

Nací en La Habana, en el seno de una familia española, tuve una infancia muy feliz. Mis primeros estudios los cursé en la escuela del Centro del Comercio de Dependientes de esta ciudad, que está ahora en el Cerro. Allí estudié tercero y cuarto grados, porque entonces salió una convocatoria en la Escuela Provincial de Ballet de L y 19, en el Vedado. Se presentaron dos mil aspirantes para ochenta plazas, cuarenta para hembras y cuarenta para varones; por suerte fui una de las elegidas y estudié allí durante cuatro años, que eran básicos; los estudios superiores se hacían en Cubanacán que, como sabes, es un barrio bien alejado del centro de la ciudad y no tenía transporte y mi mamá dijo: "hasta aquí llegó la aventura danzaria", y seguí estudiando en la secundaria urbana. Yo también declamaba y, en sentido general, me gustaba mucho el arte. Fui varias veces a programas televisivos para recitar. Poco después trabajé en teatro, en el antiguo Consejo Nacional de Cultura. Los Camejo[24] eran familia de mi mamá y trabajé con ellos en las funciones con Títeres que ellos habían creado y que llevaban hasta otras provincias. Además de recitar y bailar,

---

[23] Entrevista realizada en la sede del Centro Cultural Félix Varela. La Habana Vieja. Mayo, 2019.

[24] Los hermanos Caridad y José Camejo -conocidos como Carucha y Pepe respectivamente, son los fundadores del teatro de títeres en Cuba, y al mismo tiempo su cima y lado más oscuro. Su trabajo se desarrolla en los años 50 y se consolida con el triunfo de la revolución, en 1959. En 1971 fueron víctimas de los desaciertos de funcionarios de la cultura en el periodo bautizado como Quinquenio gris.

me gustaba escribir. En esa época comenzaron los Seminarios de Estudios Martianos y gané el Primer Premio de esa primera edición. Tendría 10 años. Como premio me dieron una preciosa edición de la Revista La Edad de Oro, estaba en sexto grado. Hice el pre-universitario en el Instituto de Segunda Enseñanza de la Víbora. En mi grupo estaban los hermanos jimaguas Lichi y Fefé Diego, hijos del poeta Eliseo Diego, uno de los integrantes del Grupo Orígenes, que por aquellos años no tenía el reconocimiento que sí tuvo años más tarde. Cuando íbamos a los trabajos al campo, que entonces hacían los estudiantes, Eliseo y Bella, su esposa, iban a ver a Fefé que estaba en mi grupo y me había contado que su papá era poeta, entonces yo ignoraba la grandeza de este poeta. La fiesta de mis 15 años se hizo en la finca donde ellos vivían, en Arroyo Naranjo tengo magníficos recuerdos de esa época.

Mi vocación siempre fue por las letras; sin embargo, mi mamá siempre quiso que estudiara física nuclear, porque ella era profesora de matemática y, como yo era monitora de esta asignatura, ella pensaba que podía enrumbar por ese camino mis estudios. Todo el mundo opinaba sobre lo que debía estudiar, mi madrina que era médico quería que yo estudiara medicina. Finalmente, como la matrícula de física empezó en septiembre, me matriculé en esa carrera de la cual cursé los dos primeros años, que me sirvieron de mucho, porque en la vida todos los conocimientos tienen un valor, incluso años después esos conocimientos me sirvieron para mi tesis doctoral, sobre todo las asignaturas de álgebra y del análisis matemático. Pero en este país realmente la física se emplea fundamentalmente como física experimental y, en ese aspecto, yo estaba bastante mal. Figúrate que, cuando iba al laboratorio me daban el trapeador, porque todo se me rompía. Y como me pasaban esas cosas, me escapaba para la sala de Cine del Varona, donde ponían muy buenas películas. En fin, que dejé esa carrera para estudiar Letras. Como sabes, de humanidades para ciencias el cambio es fácil, pero en el caso contrario te penalizaban, es decir, no te permitían entrar en el año correspondiente, sino en el siguiente. Entonces empecé a trabajar en un lugar que nada tenía que ver conmigo: en un centro técnico automotor, el antecedente del Ministerio de la Industria Sidrero Mecánica, eso fue lo que me buscó mi papá para que no estuviera yo en la calle. Pasó el año y en 1972 pude matricular en la Escuela de Letras. Allí pasé los cuatro años de la carrera, conocí a muchas personas que hoy en día se destacan en el mundo del arte y la cultura. Uno de mis profesores de literatura universal fue Guillermo Rodríguez Rivera, cuyas clases me encantaban porque él te hablaba de cualquier cosa, no se ceñía a un programa y todo cuanto dijera transmitía cultura. Otro profesor que recuerdo fue Gustavo Dubuchet, él nos daba clases de historia y nos decía: "La historia son los hechos, lo demás es interpretación" y la profesora de Filosofía Zaida Rodríguez. ¡Ah, y el doctor José Antonio Portuondo que impartía Estética! Fue una estancia maravillosa la de mi paso por la Escuela de Letras. Cuando me gradué, fue un poco difícil encontrar trabajo. Ese fue el año de la institucionalización y tuve que esperar a que me botaran del centro técnico donde seguía trabajando; cuando salí de allí pasé a un centro de documentación en Guanajay. Yo digo que nada es fortuito. En la biblioteca del centro técnico descubrí la obra de Lezama Lima. Finalmente, Lucía Sardiñas me encontró trabajo en la editorial Pueblo y Educación; trabajaba en el departamento de redacción, aunque la pasé bien solo trabajé allí un año; por cierto, compartía mi escritorio con Wichy Nogueras, nos hicimos muy amigos y, como era una persona de muchos conocimientos, le consultaba cualquier duda que me surgiera. Pese a que trabajaba en otras cosas, nunca me desvinculé de la danza, y trabajando allí la Central de Trabajadores de Cuba [CTC], a través de su brigada, Granma lanzó una convocatoria para conformar un grupo folklórico que actuaría en el Onceno Festival de la Juventud y los Estudiantes. El director de ese Grupo fue nada más y nada menos que Alberto Alonso, alguien de gran prestigio, no sólo en nuestro país, sino a nivel mundial, uno de los fundadores, junto a Alicia, del Ballet Nacional de Cuba. Me integré a ese grupo y, cuando se celebró el Festival, bailamos en Río Cristal. Continué en ese grupo, pero ya se había terminado la licencia que me habían dado en la Editorial, justamente por las características del evento y, como me interesaba seguir en el baile, me fui de la editorial y fui a trabajar en el Municipio Plaza de la Revolución como asesora literaria en su sección de cultura, de día y de noche ensayaba con el grupo de danza y ya me iban a examinar para pasar a la categoría de profesional y en enero comencé a padecer de la cervical y no pude seguir por los escenarios. Seguí mi trabajo en cultura como asesora y, cuando el ballet de Laura Alonso abrió una convocatoria de clases de ballet para adultos, me matriculé, recibí mis clases y me gradué allí, pero ya tenía novio y cuando nos casamos se acabó el ballet.

¿El marido no te permitió seguir bailando ni seguir trabajando?

Es que quedé embarazada y así no podía seguir, aunque a él no le gustaba mucho eso del bailecito. Sí seguí trabajando en cultura y gracias a ello pude seguir estudios de doctorado, pues salió una convocatoria por el Ministerio de Educación Superior en la que incluyeron por primera vez a los asesores literarios. Yo tenía tres temas para mi doctorado, debía escoger entre el humanismo en el Padre Bartolomé de Las Casas, Eliseo Diego o Lezama Lima y me decidí por este último. Desde entonces, cursé cuanto posgrado tenía que ver conmigo; en ese periplo de mi vida, me crucé con algunas personas muy importantes como Orlando Suárez Tajonera, especialista en Estética, fue mi mentor en la primera tesis doctoral que titulé *La estética subyacente en la obra de José Lezama Lima*. Y en este proceso conocí a Abel Prieto que también quería trabajar sobre la poética de Lezama Lima y coincidimos ambos en un posgrado sobre ese asunto, que cuando empezó éramos muchísimos y al final quedábamos seis personas. Y digo que Abel también contribuyó como Tajonera a abrirme el camino para deslindar mejor mi tesis, porque Abel me insistía en que yo debería de precisar si era la estética o la estética subyacente y ellos junto con Retamar, me dieron la idea exacta de lo que yo quería hacer. Retamar escribió en un trabajo sobre Lezama algo así como que lo más importante de la poesía de este autor no era la metáfora sino el movimiento. Y ahí empiezo a ligar el movimiento en la danza con la poesía. Fue algo que pude constatar y darle un viraje muy importante a mi punto de vista.

A ver, Ivette, aclárame algo. ¿Abel era un alumno o era un profesor de ese posgrado?

Abel era otro profesor de ese posgrado. Otra persona importante para mi tesis fue Julio Le Riverand, porque el Consejo de evaluación no quería que trabajara sobre Lezama y se inventaban excusas para hacer su dictamen, me ponían trabas para que yo desistiera del tema y escogiera otra figura.

¿Pero eso en qué año fue?

Eso fue a finales de los 80, todavía era tabú mencionar a Lezama y, para quitar ese obstáculo de mi camino, fue decisiva la presencia de Le Riverand que habló con Graciella Pogolotti. Ella me abrió los caminos, habló muy bien sobre la tesis y respaldó la evaluación y a los jurados no les quedó más remedio que hacer su trabajo. Ya eso quedó resuelto. Pero entonces comenzó un segundo tiempo de lucha: ¿dónde se inscribía el trabajo? Tenían que ser en la Universidad de La Habana y allí no lo quisieron, no hubo forma de que lo aceptaran.

¿Y esa debe haber sido una de las primeras tesis sobre Lezama?

Cómo no, fue no solo la primera tesis sobre ese poeta en Cuba, sino también en Latinoamérica, y digo Latinoamérica porque ya en Estados Unidos sí existían tesis sobre Lezama. En esa época yo iba frecuentemente a Santiago de Cuba a dar unas conferencias en la Universidad y Amparo Barrero era la jefa del Departamento de Literatura; nosotras teníamos amistad y ella me dijo que allí, en esa Universidad, podían aprobar la tesis. Pero que ella tenía que ser la tutora y, por supuesto, acepté. Desde entonces viajaba allá a realizar las rendiciones de cuenta que se hacen periódicamente, pero la defensa se hacía ante un tribunal estatal en La Habana. Hice aquí la defensa, el 16 de diciembre de 1993, gracias a que la Universidad de Oriente me abrió sus puertas. Ya en aquel año estaba yo vinculada al grupo de la casa de Lezama Lima que se formó para rescatar tanto el inmueble como todo lo que este contenía y sobre todo la figura de ese poeta. Éramos unas cuantas personas, aunque no había una cabeza dirigente, pues nadie se atrevía a nombrar un director, al menos eso era lo que parecía. Finalmente, nos quedamos cuatro personas que presentamos un proyecto al vice ministro de cultura Carlos Martí y él acoge el proyecto; entonces todo giraba alrededor de mí, se suponía que iba a ser yo la directora, pero no fue así, unos meses después inauguraron la casa y nombraron otra directora, una persona totalmente desconocida que dos días antes de la inauguración me llamó para que le dijera algo sobre Lezama, con eso te lo digo todo. El caso es que me quedo en el aire, sin trabajo, sin saber dónde ir. Y otra vez el baile me salva. Empecé a trabajar con Alicia Alonso. Yo conocía desde hacía mucho tiempo a Pedro Simón (como tú sabes, compañero de Alicia) y él estaba también en el grupo de investigadores que trabajaban sobre la obra de Lezama y él quería crear un grupito de investigadores teóricos para que trabajaran en lo que él mismo creó: el museo de la danza y, aunque aún no había ni plantilla, empecé a colaborar ahí, pero no había plaza y fue Alicia Alonso la que libró la batalla para que se creara esa plaza para mí, y así pude quedarme a trabajar con el ballet. Estando trabajando allí, me llaman del Instituto de Literatura y Lingüística (ILL) porque se había ido Jorge Luis Arcos y quedada vacía la plaza que él ocupaba; estaba indecisa y se lo dije a Alicia; ella me dijo que podía aceptar la nueva plaza y ocuparme de las dos tareas. Y pude hacerlo porque al ILL solo tenía que ir una vez a la semana. Y también tenía la Revista Vivarium que luego te hablaré de eso. Así que llevaba tres trabajos al mismo tiempo. A principios de los noventa, cuando comienza lo que se designó como Período Especial, un grupito de estudiosos creamos unos seminarios sobre filosofía alternativa.

¿Y donde lo impartían?

Lo hacíamos en el Departamento de Historia de la Filosofía de la propia Universidad, una vez al mes. Eran seminarios donde se discutían temas filosóficos contemporáneos, trabajos polémicos, pero algunos empezaron a ponerse "pesados" y nos trasladamos al Instituto de Filosofía de la Academia de Ciencias. Allí esos seminarios cogieron más fuerza, dirigidos por Pedro Luis Sotolongo, que trabajaba en Filosofía y fue fundador de la Cátedra de Complejidad social. A ese sitio se incorporaron figuras de la iglesia como el Padre René David, Monseñor Riverón, incluso Monseñor Carlos Manuel de Céspedes, a quien entonces conocí. Y eso les dio la oportunidad a un grupo de compañeros de pedirle a Carlos Manuel la creación de un grupo afín a ese en el Arzobispado. Él les pidió que presentaran ese proyecto por escrito y Monseñor se lo presentó al Cardenal Jaime Ortega y éste lo aprobó. Se creó ese grupo en el Arzobispado, pero éramos un grupo que no estábamos dentro del trabajo pastoral, no teníamos plantilla ni nada; de hecho, no éramos institucional, no obstante empezamos a hacer una vez al mes esos trabajos y a preparar la Revista Vivarium que surge justamente en esos momentos y se mantiene viva hasta el día de hoy. Ese es un trabajo importante para mí, todavía sigo realizándolo y me dio una visión alternativa de una visión oficialista de la cultura, porque este grupo ya no pertenece a la cultura como tal, sino que pertenece a la pastoral, que es cultura, pero desde otro punto de vista, porque en el grupo no todo el mundo es católico, en realidad es ecuménico y trasmite una gran riqueza.

Entonces, ¿te quedaste solo con este grupo o mantienes otros trabajos?

Sí, además de este trabajo me mantengo en el ILL en el cual llevo ya veintidós años. Y debo añadir que también me vinculo con la Sociedad de Estudios Cubanos que crea Raúl Forné Betancourt en Alemania; fui su coordinadora en Cuba, gracias a lo cual viajé mucho, pues las reuniones se efectuaban en diferentes países. Estaba respaldada por la iglesia y me apoyaba un trabajo profesional, lo cual me abrió otras vías de acercamiento al estudio de la propia literatura; por ejemplo, comencé una investigación acerca del tema de la luz en Lezama. Y este trabajo me llevó a hacer indagaciones sobre mística poética, que me sirvió como base para desarrollar el tema de la luz, tema en el cual estoy trabajando en estos momentos. Hice un viaje a España con el Padre Marcial, miembro de los Carmelitas Descalzos, y le dije que tenía que ir a Salamanca para investigar sobre Unamuno. Y él me respaldó. Fui y conocí allí a Carmen Ruiz Barrionuevo y hablé con ella para hacer una estancia de investigación y recibí todo su apoyo para esa estancia que comenzó en el 2001 y duró hasta el 2003. A mi regreso no pude hacer mi tesis porque mi tía se partió la cadera y, a partir de ahí, mi vida ha sido un caos porque mi mamá sola no podía cuidar de mi tía y lo tuve que asumir. En el 2008 murió mi mamá, un año antes mi hijo se fue a una beca en España, me quedé prácticamente sola, y por todas estas circunstancias vine a hacer la tesis de la estancia en Salamanca en 2016 y fui allí en ese año para hacer la exposición. Como ves, he tenido una vida profesional bastante activa.

Ya veo. ¿Y en estos momentos en cuántas cosas estás envuelta?

En estos momentos soy la directora en funciones, porque no tenemos plantilla, del Instituto Eclesiástico de Literatura Hispanoamericana y Estética, dos cosas que me gustan.

Me has hablado de tu larga trayectoria laboral, pero no has hablado de publicaciones.

Es verdad. La primera publicación fue en coautoría con Lourdes Rensoli; el libro lo titulamos *José Lezama Lima, una cosmología poética*, en 1990. Era un estudio, desde el punto de vista filosófico, del poemario *Enemigo Rumor*, una suerte de paneo de ese libro, pero Lourdes se fue del país, razón por la cual no se pudo publicar el libro. En realidad, tengo muchas publicaciones, solo voy a nombrar algunas porque creo que he hablado demasiado. Quise siempre publicar mi tesis doctoral' después de trece años la publicó la Editorial Oriente bajo el título de *La incesante temporalidad de la poesía*. Otros títulos: *La cultura y la poesía como nuevos paradigmas filosóficos, de lo cubano en la danza, Danza y poesía. Por una poética del movimiento*. Tengo tres libros de narrativa y muchísimos trabajos en libros colectivos.

¿Y ahora en qué proyecto andas?

En estos momentos estoy haciendo una investigación sobre los escritos de María Zambrano hechos en Cuba, y lo estoy haciendo en coordinación directa con la Fundación María Zambrano.

Veo que, aunque no los nombres, todos tienen una amplia bibliografía, sobre todo con variada temática. Muchas gracias, Ivette.

Gracias a ti por permitirme rescatar cosas que permanecían escondidas en un rinconcito de la memoria.

UNA MULTIPREMIADA POETA

Mariángeles Mora
Córdoba, España, 1952[25]

Conozco a Mariángeles hace más de 20 años. Es una magnífica poeta, muy modesta. Lograr que me permitiera hacerle una entrevista me llevó mucho tiempo. Primero hubo pretextos, excusas, luego hubo razones de salud que lo impidieron hasta que, por fin, en diciembre de 2019 pudimos grabar esta entrevista para ponernos al día con sus últimas publicaciones y los premios recibidos por su obra poética.

Buenos días, Mariángeles, vamos a comenzar por los últimos lauros que has recibido: el Premio Nacional de Poesía y el Premio de la Crítica, aquí en España.
En 2015 me otorgaron el Premio Nacional de la Crítica, el mismo año en que salió mi poemario *Ficciones para una autobiografía*. El premio es por ese libro. Y al año siguiente, 2016, me dieron el Premio Nacional de Poesía por ese mismo libro. Son dos lauros diferentes, cada uno de ellos avalados por distintos jurados. Ese es el último libro que he escrito; después de esos premios han salido algunas antologías. También ha sido publicado *La canción del olvido*, que fue mi segundo poemario, ésta es una nueva edición, con algunas revisiones; se publicó en Madrid, en la Editorial La Palma. Este libro tuvo su primera edición en el año 1985, y la segunda salió el año pasado, en 2018.

Por lo que sé, a partir de esos premios recibidos, has llevado una vida muy intensa, con muchas presentaciones, lecturas, conferencias...
Pues sí. He tenido una vida muy azarosa. He recibido muchas invitaciones para lecturas de mi poesía, me han pedido presentaciones de mis libros, también escribir prólogos para libros de otras personas. Me han llamado para integrar jurados de premios importantes, eso es algo que ocurre cuando te premian con el Nacional de Poesía. He formado parte

---

[25] Entrevista grabada, en Granada, en diciembre de 2019, poco antes de que apareciera en España la pandemia de Covid.

del jurado del Premio Reina Sofía, el Nacional de Poesía, el de El Príncipe de Asturias. Y aunque ya han pasado dos años de mi premiación, este año también me han invitado a formar parte del Reina Sofía. El año pasado se lo dimos a Joan Margarit. También he recibido muchos honores, entre ellos el de Hija Predilecta de Rute, el lugar donde nací (un municipio de Córdoba), también le han puesto mi nombre a una biblioteca de Rute. Me entregaron la bandera de Andalucía. La verdad es que me han dado muchos reconocimientos, entre ellos está también el Premio Mariana Pineda otorgado por el Ayuntamiento de Granada por mi lucha a favor de la igualdad de la mujer. Siempre he sido feminista, porque las mujeres, ya lo sabes, siempre hemos ocupado un segundo plano y tenemos que luchar por la igualdad. No es que una quiera ser más que nadie, solo que haya las mismas oportunidades para todos, no permanecer recluida en el espacio privado, sino también compartir el espacio público porque, además, esa dicotomía privado-público burguesa, es una dicotomía falsa ya que lo privado incide en lo público y viceversa. Parece una tontería, pero no es así, a las mujeres nos dieron el papel secundario de ser "las guardianas" del hogar, contribuir a que el hombre fuera importante mientras nosotras quedábamos a la sombra.

¿Cuándo empezaste a publicar?

Empecé a publicar en los años ochenta, en esos momentos comenzaba aquí el movimiento de las poetas que querían reivindicar el papel de poetas, no ese papel de musas de la poesía de los hombres. Por eso en el libro del que te hablé hace un rato, *La canción del olvido*, quise dejar detrás a la mujer que me habían enseñado a ser, porque tú sabes que la vida nos la conforma la sociedad y la familia, el inconsciente ideológico, la escuela... Y llega un momento en que te percatas de ese entramado y quieres echarlo abajo y ocupar el lugar que tú quieras. Si te interesa ocupar el lugar de lo privado, vale, si ése es tu deseo, pero que también una pueda ocupar un lugar en lo público, sobre todo escribiendo y sentirte autora de tu propia vida. En este libro quise decirle adiós a la chica que me habían enseñado a ser, ahí está el poema "la chica más suave", en él digo que me siento como si estuviera en un andén, viendo pasar los trenes a los que nunca podía subir.

Puedes leerlo ahora, para que quede constancia de cómo eran esos años 80 y la diferencia que se palpa ya en el siglo 21.
Claro, en esos años teníamos esa lucha por la reivindicación y dejar atrás esa educación sentimental que, por cierto, también escribí un poema que se llama así. Voy a leer "La chica más suave":

Perteneces, lo sabes, a esa raza estafada
Que el dolor acaricia en los andenes
Medio mundo de engaño conociste
Y el resto fue mentira.
Has llegado hasta aquí
Huyendo de mil días que pasaron de largo.
Has llegado hasta aquí
Para mostrar a todos tu inefable pirueta
Ridículo equilibrio, ese nado a dos aguas.
Piedra de escándalo
Ese triste espectáculo que ofrecen
Esas gotas de miedo que salpican
Tus insufribles lágrimas.
Aparta.

Este poema pertenece al segundo libro que publicas. ¿Y cuál fue el primero?
El primero fue *Pensando que el camino iba derecho*, es un verso de un soneto de Garcilaso de la Vega, es un título muy expresivo y venía muy bien a mis aspiraciones, porque yo también estaba pensando en cambiar mi vida. Como te darás cuenta, ya desde esos años, empecé con esa concientización porque me vine a Granada entre el 79 y el 80. Matriculé en la Universidad, me relacioné con los poetas granadinos; Luis García Montero, Javier Egea, etc. Recibí clases del profesor Juan Carlos Rodríguez quien, además de ser mi maestro, me abrió los ojos en este sentido del que vengo hablando. Él nos hizo saber sobre el inconsciente ideológico y,

cuando te percatas de esto, escribes de otra manera. Ya sabes que no hay escritura inocente, que está marcada por tu inconsciente.

Cuando escribes los primeros libros ¿aún no tenías conciencia feminista?

Pienso que sí la tenía, pero no aparece en mis primeros libros. Cuando yo vivía en Rute, que fue donde nací, la mayoría de las mujeres estaban en sus casas, aunque había padres que tenían la conciencia de que sus hijas debían estudiar, pero eran los menos, los que siempre estudiaban eran los chicos. Estudié magisterio en mi pueblo, pero tenía que examinarme en Córdoba. Mi padre era médico, tenía cinco hijos, dos varones y tres mujeres, y él tenía la mentalidad de que los varones sí tenían que hacer una carrera, pero las chicas la hacían o no, podíamos hacer lo que quisiéramos. Yo quise estudiar, pero lo único que se podía hacer en Rute era magisterio. También estaba consciente de que mi padre tampoco tenía mucho dinero, por eso pensaba que estudiar era como una gracia concedida. Poco a poco me fui dando cuenta de la diferencia que había entre la educación de los chicos y la nuestra. Nos hacían pensar que teníamos que buscar un marido para seguir adelante, lo cual era una barbaridad, puesto que ésa debe ser una decisión personal. O sea, ya desde esa etapa tenía conciencia feminista, aunque no lo reflejara aun, y sobre todo había escrito poco, y lo hacía para mí, no lo publicaba; tengo varios cuadernos de esa etapa, un libro que hace poco recuperé, lo publiqué en los años 90 bajo el título *Caligrafía de ayer*.

¿Estabas soltera o casada en esos años 80?

Me casé muy pronto, tenía 19 años, allí en Rute, pero nos fuimos a vivir a Barcelona. Quería seguir allí mis estudios; matriculé en Filología Hispánica, me quedé embarazada y tuve que dejarlo porque hice un mal embarazo; después de ese embarazo tuve otra hija y le siguió un niño. Total, que llevé diez años de vida oculta, siendo solo madre, criando a los niños y me fui a Granada y, cuando los niños ya asistieron al colegio, me pude matricular en la Universidad de Granada. Como ya tenía los estudios de magisterio, me perdonaron los dos primeros cursos, o sea matriculé el tercer año. En la Universidad encontré compañeros con las que sigo teniendo buena amistad, como Teresa Gómez. Esa fue la etapa en la que comencé a escribir en serio.

En ese curso donde están Teresa y tú, ¿había otras mujeres poetas?
Teresa y yo fuimos las primeras, pero pronto salió Inmaculada Mansiva, también Aurora Luque que estudiaba en Granada Literatura Clásica. Recuerdo que mi primer libro *Pensando que el camino iba derecho* lo presenté junto con Aurora en el Aula de Poesía de la Universidad.

Entonces, ¿a partir de ese momento seguiste por el camino de la escritura?
Sí, a partir de ahí ya no dejé de escribir y publicar, aunque tardo en publicar entre un libro y otro, quizás para que se me vaya de la cabeza lo que escribí y no repetirme. Y porque no lo necesito.

¿En estos momentos cuántos libros has publicado?
En realidad, no los he contado, está entre ocho o diez, los libros como tales, porque también estoy en varias antologías realizadas por otros estudiosos donde reúnen una selección de diferentes poetas. También tengo plaquettes, cuadernitos...

Además de la poesía, ¿has abordado otros géneros?
He escrito algún cuento. Hice uno que se llama "Cuarto cerrado", un poco surrealista, lo presenté a un concurso que se celebraba en Murcia y ganó el premio. También hay algunos relatos publicados en revistas. Tuve una columna en el periódico de Granada, algunas reseñas y prólogos que me piden y no puedo negarme, aunque realmente lo que me gusta escribir es poesía.

Eres una poeta nata.
Sí, realmente, eso es lo que me gusta escribir: Poesía. Ella me ha hecho ser como soy, o sea, el pensamiento poético, porque la poesía es una manera de pensar, para interpretar la vida y llegar al fondo de las cosas.

Con voz de mujer

Y a través de la poesía has hecho una relación muy bonita con tu hija que es cantante.

Sí. Mi hija es cantante y canta muy bonito, lo digo, aunque no porque sea su madre. Ella canta Jazz, pero no puro, sino mezclado con Pop y algunas otras cosas. Ella había musicalizado algún poema mío, pero era ocasional. Cuando me dieron el Premio Nacional, a ella se le ocurrió escribir algunas canciones con letras de mis poemas; otras son basadas en poemas míos pero con letras suyas. Hay un centro en Madrid de poesía y música llamado Ellas crean y a Cristina se le ocurrió hacer un programita con poemas míos y canciones suyas, porque ella canta y también compone. Y con su compañero, que es un gran pianista, un percusionista y entre los cuatro hacemos un concierto que queda muy bonito. El espectáculo se titula De Ficciones y Canciones. Lo estrenamos en el Museo Arqueológico de Madrid. Lo hemos hecho en varios lugares: En Lucena, en Rute y aquí en Granada nos presentamos en el Palacio del Conde de Gabia y también en un circuito de Jazz

En estos días tienes algo en Madrid

Sí, vamos a hacer el concierto-recital, tal como lo hemos venido haciendo hasta ahora, será en el Instituto Cervantes de Madrid.

Te agradezco, Mariángeles haberme regalado este tiempo, sé que has hecho un esfuerzo pues se nota afectada tu voz.

Es que he pasado unos días hablando mucho. Te agradezco este encuentro que he tenido que posponer más de una vez.

ACADÉMICA CUBANA

Cira Romero
Villa Clara, 1946[26]

La investigadora, y escritora villaclareña Cira Romero Rodríguez fue elegida Miembro correspondiente de la Academia Cubana de la Lengua[27] en junio de 2018. Dos años antes la había entrevistado en su casa del Cerro donde hablamos acerca de su trabajo como investigadora en el Instituto de Literatura y Lingüística de La Habana. Aquí están los resultados de esa primera entrevista y algunas respuestas posteriores a su entrada en la Academia.

Cira, sé que viniste muy jovencita para La Habana. Cuéntame de ese tránsito desde el centro del país hacia la capital.

Efectivamente, soy santaclareña, donde hice todos mis estudios y me gradué en la Universidad de Santa Clara, que entonces era parte de la provincia Las Villas. Allí matriculé la carrera de Letras. Fui del primer grupo que se graduó en esa carrera que entonces no contaba con ningún tipo de especialización, aunque ya hacia los finales se incorporaron asignaturas específicas de Literatura Cubana e Hispanoamericana. Posteriormente cumplí mi Servicio Social durante dos años en el municipio de Cumanayagua, entonces pertenecía a la provincia de Las Villas. A comienzos de la década de los setenta, conocí al narrador habanero Manuel Cofiño que en esos años estaba dirigiendo unos talleres literarios en mi ciudad. Nos enamoramos y vine de la mano del amor para la capital. Ya en octubre de 1970 estaba ubicada en La Habana. Llegué al Instituto de Literatura y Lin-

---

[26] Entrevista grabada en la casa de Cira en el Cerro. Junio, 2016 y actualizada en diciembre de 2019.

[27] La Academia Cubana de la Lengua fue fundada en 1926 con 18 miembros. Solo hombres. En 1957 fue admitida la primera mujer: la poeta habanera Dulce María Loynaz, quien se convierte en su Vice Presidenta en 1972 y su Presidenta desde 1992 hasta su muerte en 1997. A partir de la década del noventa fueron incorporadas otras mujeres. En 2018, de sus 24 miembros activos, 13 son hombres y 11 mujeres.

güística a buscar trabajo. En ese momento lo dirigía el Doctor José Antonio Portuondo quien me recibió con mucho afecto y a quien siempre agradeceré por haberme dado la oportunidad de haber entrado a trabajar como investigadora en esa importante institución donde he permanecido hasta el presente. Ahí me desempeñé y me sigo desempeñando como investigadora de Literatura Cubana. Durante once años fui subdirectora de esa institución. También desde mi llegada a La Habana me vinculé al Instituto Cubano del Libro, que ha tenido gran significación en mi vida como profesional, pues sus directivos escuchan mis propuestas y valoran mis demandas, en la medida de sus posibilidades. Si mi bibliografía ha crecido, se lo debe a ese organismo. Mi trabajo en el Instituto de Literatura y Lingüística (ILL) es variado, requiere tanto de mi investigación individual como en grupos de trabajo colectivo. El doctor Portuondo fue un hombre que desde que se fundó el ILL en el año 1965 se impuso dos misiones en el campo de la literatura: hacer un diccionario de la literatura cubana y una historia de la literatura cubana. Ambas obras se hicieron. El *Diccionario de la literatura cubana*, primer tomo, salió en 1976 y el segundo tomo en 1980, ha sido una obra bastante discutida, muy criticada, porque de él, y no por decisión de la institución, ni siquiera de Portuondo, se suprimieron nombres capitales de nuestra literatura, como por ejemplo Lino Novás Calvo o Guillermo Cabrera Infante, por citar solo dos nombres imborrables de nuestro proceso literario. Te hablo de esto porque trabajé en ese diccionario, no precisamente sobre los autores, sino en instituciones culturales y publicaciones literarias. La segunda obra colectiva en la que participé y de la cual fui coordinadora general, fue la *Historia de la Literatura cubana* en tres tomos: Colonia, República y Revolución, que se publicaron en 2002, 2003 y 2008, respectivamente. Trabajar en estas obras colectivas da mucha experiencia. Además de ser la coordinadora general, trabajé también algunos capítulos de los dos últimos tomos.

Independientemente de estas dos obras colectivas, aún sigo trabajando en otra obra colectiva que no puedo dejar de mencionar: El *Diccionario de obras cubanas de ensayo y crítica*, del cual ya se publicó el primer tomo: Colonia. En estos momentos se está montado el tomo 2 República y el tomo 3 Revolución. Esta es también una obra de carácter colectiva, iniciada con un grupo de investigadores que, por diversas razones, ha ido disminuyendo, de modo que quedamos solo dos investigadores: la doctora Zaida Capote y yo para darle la terminación a esta obra, también de carácter colectivo.

Es muy interesante esta labor colectiva, pues se constituye en una valiosa herramienta de búsqueda primaria.

Si, como no. Paralelamente a este quehacer, he hecho una labor individual de investigación, auspiciadas o no auspiciadas por el ILL. O sea, trabajos personales sobre temas interesantes, que han llamado mi atención y he incursionado en ellos y han resultado entonces obras, libros. Por ejemplo, la investigación sobre Lino Novás Calvo, un autor que he trabajado muchísimo, algo que comencé a hacer justamente impulsada por José Antonio Portuondo. Estos dos hombres fueron grandes amigos y un día Portuondo me llamó a su oficina y me entregó un número de cartas que Lino le había escrito y Portuondo las conservaba. Cuando me las dio me dijo: "léelas con calma y después hablamos". Por supuesto que las leí con calma y luego él y yo hablamos sobre la personalidad y la obra de este autor que, aunque no nació en Cuba, es parte indiscutible de nuestra literatura. Y debido a ese primer acercamiento a estas cartas que conocí de Lino, publiqué un libro que titulé *Laberinto de fuego. Epistolario de Lino Novás Calvo*, que fue publicado por el Centro Pablo de la Torriente Brau. El libro contiene, además de las cartas a Portuondo, otro grupo de cartas de Lino que estaban dispersas en los fondos del ILL. Fue un trabajo arduo, pues tuve que ir a los archivos existentes de diversos autores, como Manuel Navarro Luna, Alfonso Hernández Catá, José Antonio Fernández de Castro, y otros que fueran contemporáneos y amigos de Lino. Así pude conformar ese epistolario. He trabajado en otros epistolarios de diversos autores, lamentablemente éste es un género en extinción debido a las nuevas tecnologías que se han ido adueñando del mundo, sobre todo el correo electrónico. Y esto es lamentable porque la epístola es un género, considerado por algunos como subgénero, yo realmente no lo considero así, que ya se ha perdido. Hice otro epistolario con las cartas de Hernández

Catá a intelectuales cubanos y algunos extranjeros. Y también trabajé con la correspondencia de José Antonio Portuondo, una obra que titulé *Cuestiones privadas,* estos dos últimos publicados por la Editorial Oriente. En este caso el trabajo me condujo por este mundo de la literatura y de la amistad de ambos profesionales. Portuondo nunca dejó copias de sus cartas, sí fue muy cuidadoso al mantener el archivo personal con las cartas que iba recibiendo, incluso con las que le enviaban desde los años 30; él le hizo una ficha a cada una de las recibidas, así pude trabajar, claro, haciendo una selección porque hay libros que tienen su acuse de recibo, eso puede tener alguna importancia, no lo niego, pero acumular en un epistolario esos acuses de recibo, no le veo ningún sentido, salvo excepciones muy particulares, en el caso de Portuondo yo le decía: "¿por qué usted no dejó copias de sus cartas?" y el me respondía algo muy simpático: "hija, porque a mí no me gusta embarrarme las manos". Porque en aquellos años la computación nada tenía que ver a cómo se ha ido desarrollando posteriormente, así para tener copia de lo que se escribía teníamos que emplear el papel carbón, y a él le molestaba embarrarse las manos con aquel papel carbón. Por esa razón no existen las copias de esas cartas por él escritas, lo cual es lamentable, pues es imposible que su epistolario lleve las respuestas de José Antonio Portuondo. Otro autor sobre el que he trabajado mucho es Severo Sarduy, producto de una larguísima e intensa investigación. Un Severo Sarduy, pudiera decirse, desconocido, en un libro que titulé *Severo Sarduy en Cuba. 1953-1961*, publicado por la Editorial Oriente. Para lograr lo que me proponía hice una labor de rastreo en la prensa de esos años que acabo de mencionar para rescatar lo que este autor dejó escrito en la prensa cubana, desde sus trabajos iniciales de poesía, en El camagüeyano, el periódico de su natal Camagüey, así como en los de La Habana, durante su estadía en esta ciudad hasta el año 1959, cuando se produce su salida del país. Pude recuperar todo lo que él escribió en Ciclón, la revista literaria que fundara José Rodríguez Feo, lo que apareció en una antología que preparó Samuel Feijoo de los poetas de Camagüey. En 1959 Severo sale de Cuba con una beca para estudiar crítica de arte. Ese año hay una gran presencia de este autor en diversas publicaciones cubanas, como Revolución, Lunes de Revolución, y otras, fundamentalmente habaneras.

¿Cuántos proyectos de investigación has realizado hasta ahora?

Tengo finalizados siete proyectos de investigación, entre ellos el de la papelería de José María Chacón y Calvo, el de las publicaciones periódicas, desde el primer título publicado en Cuba: El Papel Periódico de La Habana fundado en 1794 a instancias del gobernador español del país don Luis de las Casas, *La narrativa cubana en la primera etapa de la seudo república*, *La obra temprana de Severo Sarduy*, *La obra narrativa de Lino Novás Calvo*, *y La narrativa de la Revolución*. También fui la directora del proyecto de investigación internacional La literatura en América Latina y El Caribe en el que participaron países del entonces campo de países socialistas. Como ya te conté antes, trabajé tanto en el primer Diccionario en dos tomos de la Literatura Cubana, como en la Historia de la Literatura Cubana en tres tomos. Estoy trabajando en un diccionario de obras de ensayo y crítica de la literatura cubana.

Con todos esos trabajos realizados sé que has obtenido algunos premios.

Una no trabaja para los premios, pero, si hay un reconocimiento por lo que has hecho, hay que estar agradecido. Sí, he recibido algunos premios como el José María Chacón y Calvo, de ensayo. El Razón de Ser de investigación literaria y el Premio Memoria que otorga el Centro Cultural Pablo de la Toriente Brau. También tengo la Distinción por la Cultura Nacional, la Medalla Juan Tomás Roig por más de 30 años vinculada a la investigación científica, la Orden Carlos Juan Finlay que otorga el Consejo de Estado por los aportes al estudio de la literatura cubana.

¿Cómo fue tu entrada al Instituto de Literatura y Lingüística?

Llegué al despacho del director de esa Institución con mi diploma de recién graduada de la Escuela de Letras de la Universidad Central de Las Villas; era entonces una perfecta desconocida, pero José Antonio Portuondo no dudó en abrirme las puertas del Instituto de Literatura y Lingüística en el que he permanecido 48 años trabajando y donde sigo activa y agradecida de por vida a ese hombre que tanto me apoyó. No quiero pasar por alto lo que en mi vida ha significado el Instituto Cubano del Libro que siempre me acogió también como una trabajadora más desde 1970. Si mi bibliografía ha crecido, se lo debo a ese organismo y a varias de sus editoriales nacionales y territoriales.

Ahora Cira, cuéntame sobre tu ingreso a la Academia Cubana de la Lengua.

Ante todo, quiero dejar constancia de mi complacencia por acceder al sillón A de la Academia, que fuera ocupado hasta su fallecimiento, por el Dr. Delio Carreras, tan villaclareño como yo, un hombre de personalidad singular y de vastos conocimientos culturales, polígota, entregado al servicio de la Universidad de La Habana, de la cual fue Profesor Emérito. Ingreso oficialmente a esta prestigiosa institución con la disertación que titulé "Lino Novás Calvo entre la certeza y la incertidumbre", pues recobrar a Novás Calvo es contribuir a inscribir un fragmento de nuestro patrimonio en la base insular a la que pertenece y donde jamás dejó de estar. Aunque siempre dudó del valor de sus textos, no pudo abandonar la escritura. Tuvo una vida difícil hecha de golpes y sufrimientos. En sus obras no aparecen los personajes santos, sus héroes preferidos son una especie de diablos, pues decía que son esos los que hacen la historia. La vida de este hombre estuvo llena de sinsabores. Participó en la Guerra Civil Española donde estuvo a punto de ser fusilado por los fascistas. Muchos despreciaban su escritura, la alegría le fue esquiva y la morriña de su infancia, en una aldea gallega, nunca lo abandonó. En 1959 fue jurado de la primera edición del Concurso Casa de las Américas, ese mismo año viajó a Colombia y al año siguiente marchó a Estados Unidos, donde vivió en varios estados y trabajó como profesor de Literatura Hispanoamericana en Centros Universitarios hasta 1973 cuando se jubila.

Sé que has publicado varios textos sobre Novás Calvo. ¿Recuerdas algunos títulos?

Vamos a ver. El primero fue *el comisario ciego y otros relatos*, de Lino Novás Calvo, en 2003, y de ese mismo año *Angusola y los cuchillos*, *Fragmen-*

tos del interior: *Lino Novás Calvo, su voz entre otras voces. Laberinto de fuego, epistolario de Lino Novás Calvo*, 2008 y *Órbita de Lino Novás Calvo*, de ese mismo año.

¿Tienes también otras publicaciones?

Sí, aunque no tengo el orden cronológico de su publicación, pero sí recuerdo los títulos: preparé una antología poética de escritoras cubanas del siglo XIX que titulé *Mi desposado el viento. Quiero que me quieran*, una recopilación de textos de varios autores cubanos sobre la poetisa chilena Gabriela Mistral. Un volumen donde recojo la prosa del cubano Emilio Ballagas que se llama así: *Prosa*. Otro llamado *Moral y sociedad en la prosa de Carlos Loveira*. La correspondencia del escritor cubano Hernández Catá con diversos colegas durante los primeros 40 años del siglo XX: *Compañeros de viaje*. Y posiblemente se me quede alguno fuera. Esos son los que recuerdo ahora.

Pues solo me resta felicitarte por tu ingreso como miembro a la Academia Cubana de la Lengua, un merecido premio a toda esa labor de investigación que vienes haciendo desde hace mucho y darte las gracias por dedicarme todo este tiempo.

TENGO CONCIENCIA FEMINISTA

Concha García
Córdoba, 1956[28]

Conocí a Concha García cuando vino a Granada a participar en un evento dedicado a las poetas españolas en octubre de 2021. Es poeta y tiene un trabajo muy interesante sobre la poesía en la Patagonia argentina, algo que desconocía. Me llamó la atención y le pedí una entrevista que ella me concedió, pese a haber viajado por solo 48 horas a Granada; así, dos horas antes de su partida, nos encontramos en el hotel donde estaba hospedada y grabamos esta agradable conversación.

Buen día, Concha, vamos a comenzar con tus inicios en la escritura.

Mi primer poemario se titula *Otra ley* y fue publicado en 1984. Después vino otro poemario: *Por mí no arderán los quicios ni se quemarán las teas*; éste ganó un premio en la Universidad de León. Es un manifiesto feminista, escrito sin ser yo consciente de que fuera feminista. Realmente es un título pensado en la carta atenagórica de Sor Juana Inés de la Cruz. Después he publicado otros libros; gané el premio Jaime Gil de Biedma con *Ayer y calles*, este fue en el 95; después publiqué *Por menor*, *Desdén*, *Acontecimiento* y el último poemario publicado hasta ahora es *Las proximidades*, de 2016. Simultáneamente a mi poesía, he cultivado la escritura de diarios y crónicas; éstas se publicaron en El correo andaluz y en un libro titulado *Ciudades escritas*. Entre los diarios hay uno dedicado a Uruguay que titulé *Lejanía, cuaderno de Montevideo, Los antiguos domicilios, Desvío a Buenos Aires, Diario de una poeta* y *La Patagonia Argentina*. En estos momentos estoy enfrascada en otro diario, más personal, sobre cómo cambian las emociones cuando pasas de los 50 años, que refleja cómo va cambiado la visión de una mujer cuando mira desde otros ángulos: el cuerpo, la seducción, ya no importan tanto, importan más otras cosas.

---

[28] Entrevista realizada en el Hotel Granada, octubre 9, 2021.

¿Esos diarios son parte de tu propia vivencia o los recreas a partir de las situaciones o emociones de otras personas?

Los recreo, pero a partir de mis propias vivencias, porque estuve viviendo en Montevideo; a Buenos Aires he ido varias veces, y en una de mis estancias di clases en Montevideo sobre poesía española escrita por mujeres, en la Universidad de la República, durante seis meses, y en esa ciudad escribí ese diario en el que hablo sobre todo de poetas uruguayas. Tengo conciencia feminista que sale tanto al escribir mis poemas o cualquier otro trabajo literario. Una visión que tengo desde muy joven. He trabajado en varios sitios, siempre dentro de la enseñanza y la administración; dentro de la administración tuve un cargo medio, alto, en la Universidad Politécnica de Cataluña del cual ya me jubilé para dedicar todo mi tiempo a la escritura y al viaje, que es lo que más me gusta. Siempre que puedo, viajo. He estado en casi todos los países europeos, he ido a Marruecos, que me encanta igual que Portugal. También estuve en Estados Unidos, específicamente en Austin, Texas, donde impartí clases sobre mi propia poesía. Siempre he viajado con mi poesía, no como viajera autónoma, sino con la poesía como mi compañera, en vez de ir con una pareja, la poesía era mi compañera, algo que pienso seguir haciendo. A finales de octubre iré a Turquía a participar en un Festival de Poesía.

¿No has participado en el Festival de Poesía de Cuba?

Sí, fui hace años invitada por la Junta de Andalucía, cuando se celebró a Dulce María Loynaz

¿En su centenario, en 2010?

No, hace ya quince años. No recuerdo muy bien por qué se le rindió homenaje. Eso sí, quedé prendada de Cuba. Me encantó la alegría que tiene la gente allá. Porque en España, específicamente en Barcelona, donde vivo y donde he escrito toda mi obra, en esas ciudades catalanas hay una página como de tristeza, quizás porque todo el mundo va siempre con mucha prisa y porque en los últimos años, creo yo, no se ha asimilado muy bien este fenómeno de los flujos migratorios que ya van siendo el futuro. Se ha parcelado el territorio. Pienso que la falta de mezclas genera la tristeza. En cambio, percibí en La Habana, donde único estuve, percibí una alegría de vivir, incluso estuve paseando por barrios muy modestos y no vi gente triste Yo soy una paseante muy curiosa.

¿Tú naciste en Cataluña?

Yo nací en 1956, no en Cataluña, sino en La Rambla, un pueblo de la provincia de Córdoba; pasé mi infancia en ese hermoso lugar que, desde entonces, lo he llegado a idealizar, tanto como paisaje afectivo como paisaje geográfico. Mi nombre es Concha García, aunque ése no es el que me identifica en mi documento de identidad, realmente es Concepción. Concepción es un nombre muy español, sobre todo entre las mujeres de mi generación. Mis padres eran de La Rambla. Mi abuelo tenía un taller mecánico, era uno de los talleres más importantes de ese pueblo, pero como no supo adecuarse a los cambios tecnológicos de los nuevos tiempos, quedó obsoleto y se fueron a Barcelona donde tenían amigos que les ayudaron a establecerse; allí he pasado la mayor parte de mi vida. Estudié Filología Hispánica en la Universidad de Barcelona y en esa ciudad comencé a publicar mis primeros poemarios.

¿Sigues viviendo en Barcelona?

Después de ese viaje a Turquía que te comentaba, pienso volver a Córdoba, porque quisiera recuperar ese paisaje que, de alguna forma, me obligaron a dejar, porque era niña cuando marchamos a Cataluña. Siempre he buscado en mis viajes ese reflejo de la infancia donde viví en un mundo muy afectivo, allí estaban los abuelos, los tíos y, por supuesto, mis padres. En Barcelona ese mundo afectivo se corta, porque allí no conocía a nadie, salvo a mi propia familia, y además estaba ese paisaje urbano de Barcelona, con esos bloques de edificios que te impedían ver la luz, a pesar de que es una luz muy hermosa, es la luz mediterránea. Quiero ver si puedo establecerme en Córdoba, con nuevos proyectos, como dirigir una colección de poesía, narrativa, diarios, todo alrededor de la escritura de mujeres.

¿Recuerdas cuando nació tu vocación por la poesía?

Con voz de mujer

Creo que nació conmigo, recuerdo cuando estaba en el colegio que me gustaba concursar con poemas. Creo que es importante alentar a las niñas y los niños desde la enseñanza primaria a conocer y escribir poesía y que se les premie y se les escuche para que tengan siempre ese aliento, A mí en esa etapa de mis estudios me alentaron mucho. Cuando tenía 14 y 15 años escribía poemas muy atormentados, por los novios, los amores, esas cosas que suelen suceder en la adolescencia y después, ya adulta, es cierto que mi poesía rompió la sintaxis, sobre todo la perspectiva de la tradición española, es decir el octosílabo, el endecasílabo, los versos raros, etc. Mis poemas rompían todas esas sintaxis con el encabalgamiento, desorden en las frases y algunas estudiosas norteamericanas consideraron que eran una forma muy peculiar de escribir desde el sujeto poético solo femenino, se alteraba el orden lingüístico. Esto no lo hacían los hombres, lo empezamos a hacer las mujeres, y yo lo hice en mis primeros libros. Pero no era consciente, de lo que sí testaba consciente era de que la poesía que leía en aquellos momentos, que podía ser la de la generación del 27, como García Lorca, Gerardo Diego, Antonio Machado, era una poesía que a mí me gustaba como sonaba, pero no me decía nada, no me identificaba. Sí me gustaba el ritmo, la invención de palabras y de situaciones. Fue mucho después que descubrí la poesía escrita por mujeres cuando sentí que algo me empezó a tocar, algo muy íntimo que compartimos todas las mujeres. Por ejemplo, miradas más atentas hacia los espacios cerrados, los espacios cotidianos, miradas más atentas al cuerpo o miradas más atentas a los sentimientos, en el amor y el desamor. O sea, no tenemos una mirada tan alta, no lo miramos todo desde arriba, sino que nuestra mirada es más de tú a tú. Empecé a conocer la poesía de poetas españolas como Ernestina de Champourcín, Juana Castro, poetas de mi generación, como Ángeles Mora, de Granada, que vive aquí hace años, pero también nació en Córdoba. A finales de la década de los 90 nos juntamos un grupo de mujeres poetas, gallegas, catalanas, andaluzas, madrileñas, incluso algunas argentinas, y decidimos crear una asociación para reivindicar el espacio de mujeres en los premios literarios y en los lugares de poder en la cultura. Organizamos los Encuentros de Mujeres Poetas. El primero en vivo fue en 1998, lo organizó la poeta gallega María Xosé Queizán La organización la llevábamos las poetas de ese territorio y se encargaba de pedir dinero a las administraciones, después del primero cada una generaba los encuentros donde tuviera su residencia. Celebramos uno en Córdoba, otro en Málaga, también en las Islas Canarias hicimos otro encuentro. El de Barcelona lo coordiné yo junto con dos compañeras. Y en Granada, también celebramos un encuentro y, fuera de España, coordiné uno en Montevideo y otro en Buenos Aires, con mujeres del Río de la Plata. Pese a que esto se fue extendiendo, apenas nos daban lugar en la prensa, éramos apenas un reducto invisibilisado. Y uno de los más destacados, recuerdo que fue el de Granada, donde asistieron más de cincuenta poetas de todo el mundo, si acaso aparecía una nota al margen cuando se publicaba algo. Por suerte, eso ha ido cambiando con el tiempo, pero lo que pasó, pasó inadvertido, por eso quiero reivindicar aquí que fuimos las poetas pioneras como Juana Castro, Ángeles Mora, Aurora Luque, Elsa López, Noni Benegas, quienes han sido el alma de todo esto.

Y cuando estudiabas en la Universidad, ¿se hablaba dentro de la literatura de las poetas latinoamericanas más reconocidas?

No, en mi época no se enseñaba esa parte de la literatura, la literatura hispanoamericana era una asignatura para todo, pero específicamente de mujeres nada, solo se daban los nombres más destacados del siglo XIX de Latinoamérica, por supuesto, los hombres. A mí no me seducía nada aquella asignatura, pero no te creas que en la española era mucho mejor, porque mujeres ni una. Fue a partir del año dos mil cuando se incorporaron a las mujeres a estas asignaturas, incluso, a mí llegaron a utilizarme como sujeto de estudio, entre las contemporáneas, pero cuando yo estudiaba no se hablaba nada de esto. A mí empezó a interesarme la literatura sudamericana y centroamericana cuando descubro a poetas como Olga Orosco o Dulce María Loynaz porque había menos represión en el lenguaje. En Cuba, cuando estuve allí en una Feria del Libro, descubrí a Carilda Oliver, y me compré su libro de poesía y hablo sobre su poesía en las clases de escritura que doy en una escuela de Barcelona. En España no hay mucha recepción de poetas cubanas, no es como la difusión de las argentinas, que tampoco están todas, pero ya algunas son conocidas.

Tú has viajado bastante con tu poesía; cuéntame de tus experiencias en el viaje que hiciste hace algunos años al sur de Argentina.

Hace seis años hicimos un viaje desde el norte de Uruguay hasta la Patagonia argentina para hacer un documental titulado *Entre dos orillas* para el que entrevistamos a seis mujeres en los lugares donde vivían. No es que me dedique al audiovisual, ésa fue una idea que se me ocurrió con una amiga alemana, ella sí es documentalista, y nos fuimos a hacerlo, financiándolo todo nosotras. Tuvimos la suerte en Montevideo de tener nuestro "cuartel general", vamos a llamarle así, en casa de Ida Vitale y Enrique Fierro, era una casa maravillosa, tenía cinco habitaciones y cada una era una biblioteca de un país latinoamericano. Estaba todo Venezuela, todo Cuba, todo México, todo Argentina. Había días que no salía de esa casa, entusiasmada con tantos libros

¿Qué te motivó a hacer ese documental?

Pues tenía tres ejes temáticos; la emigración, la lengua y cómo las mujeres vivían la poesía, porque ya sabía que en la Patagonia había muchas poetas; en 2003 me invitaron a leer poesía en Buenos Aires, en la casa de Evaristo Carriego, a través de una poeta argentina, Diana Bellessi; ése es mi primer viaje a Argentina y quedé enamorada de ese país. Hicieron una cena y estaba allí un poeta que vivía en la Patagonia, Cristián Aleaga, que vive en una zona muy bonita, y él hacía unos talleres de poesía. Y le dije que me encantaría dar un taller de poesía en la Patagonia. Y me contestó: "Cuando quieras". Eso fue en agosto, cuando hay un frío tremendo, por eso decidimos hacerlo en octubre, cuando está la primavera. Fui allí, nos instalamos en unas casitas de madera, hice mi taller completo porque hacíamos asados y comíamos allí, fue una maravilla. Ahí me empecé a interesar por la poesía de la Patagonia. Conocí a Graciela Cros, para mí la poeta mayor de la Patagonia, allí me hablaron de Irma Acuña, ella es la poeta de referencia en la Patagonia, incluso fue miembro de la Academia Argentina de las Letras en representación de la literatura patagónica. A partir de ese encuentro fui tirando hilos y logré armar dos antologías de poesía de la Patagonia, publicadas en España.

¿De mujeres solamente?

No, las hice incluyendo mujeres y hombres, o sea, de manera equitativa. Pero sí quiero preparar una exclusivamente de mujeres de la Patagonia. Es un terreno muy curioso la Patagonia, por la cantidad de tipologías humanas que encuentras allí, por el afecto que llegas a sentir por su gente.

Volvamos al documental, si te parece bien.

Sí, es que cuando hablo de la Patagonia. me quedo maravillada de nuevo con ese sitio. Como te estaba contando, como ya conocía el lugar y tenía contactos con las poetas de allí, pues hacerlo no nos costó mucho trabajo. Empezamos el documental con Selva Casal, en su casa en Uruguay, después fuimos a Tacuarenbó, otra ciudad de este país, ellas van hablando y salen imágenes del paisaje, sus casas, sus libros; nosotras no salimos para nada. Es como una mirada antropológica, creo que con el tiempo irá adquiriendo mayor importancia. porque hasta ahora esa región es poca conocida fuera de la Argentina, no geográficamente. sino por todo ese mundo cultural que allí se ha desarrollado. No te imaginas la cantidad de poetas que tienen, hacen encuentros frecuentes de poesía. Claro, ahora con la pandemia no se han podido hacer, igual que en todo el mundo, pero hay lugares donde se han celebrado como Neuquén, Bariloche, en Comodoro Rivadavia, he tenido la suerte de estar en todos esos encuentros.

Hablaste hace un rato de unos talleres impartidos, ¿has ejercido como docente en algún instituto o en Universidades?

He sido profesora de secundaria, pero no me quedaba mucho tiempo para mí, entonces hice oposiciones para ser funcionaria y esto me facilitó pedir permisos para hacer estos viajes y estar cubierta porque yo soy Tauro y no he querido nunca que me corten mi independencia. He impartido clases en diferentes universidades donde he hablado de poesía. En España las universidades son muy endogámicas, pero en otros países esto no es así, basta con que tengas un nombre reconocido y que una catedrática te invite a impartir un máster y puedas impartirlo. Yo lo he hecho en la Universidad de Comodoro, en la de Viedma, en la Pantagonia, incluso a través de universidades. En España es difícil que una universidad te invite si no eres parte del profesorado o vienes de otra universidad, esto es un coto cerrado, me parece un gran error, pienso que las universidades deberían de abrirse más. A mí, la poesía me ha dado muchas satisfacciones, también me han pagado los cursos, por supuesto. Sí he sido invitada en universidades españolas, pero para hablar de mi poesía. A Granada he venido ya varias veces y sé que esta Universidad es muy endogámica y muy machista.

Creo que esta es la última pregunta, un tanto más íntima, pero como somos mujeres me gusta saber: ¿te has casado, tienes hijos?

No, nunca me he casado, tampoco tengo hijos. Para mí es muy difícil porque he dedicado mucho tiempo a mis estudios y a la literatura y no he tenido la suerte de encontrar alguien a mi lado que pueda entenderme. También es cierto que me quedé muy traumatizada, porque cuando me iba a casar, ya mi madre había comprado el ajuar de la boda, porque en esa época eran las madres las que empujaban para hacer realidad ese deseo de ellas, pero, en realidad, no me quería casar y salí huyendo, casi como en una película, porque fue antes del día de la boda, me fui a casa de una amiga y le dije que no me quería casar. Eso me dejó muy afectada, no quería que nadie me tronchase mi libertad y mi madre era una mujer andaluza, una madre muy posesiva, muy conservadora y convencional. Ella no quería que estudiara, que no leyera, pero sí que me casara, eso era lo que me imponía. De alguna forma, ése ha sido mi desobediencia a las culturas patriarcales de mi madre. Sí he tenido parejas y respecto a hijos nunca he tenido sentimientos maternales. Tengo tres hermanas y sí tengo sobrinos, sobrinos nietos y estoy encantada de tenerlos y abrazarlos, pero nunca sentí la necesidad de tener hijos. He sido feliz con mis libros, mis viajes, ese mundo que también exige una entrega absoluta, porque todo, de alguna forma lo conviertes en poesía.

Concha, hay algo que quieras dejar sentado en este encuentro, algo que haya pasado o que no hayas podido realizar.

Pues sí, algo que no he podido realizar, es tener un lugar donde estar bien, siempre estoy como las nómadas, yendo de un sitio a otro, es porque no he encontrado un lugar. Lo relaciono con esa infancia mía, cuando me sacaron de mi lugar y sigo buscándolo. Espero encontrar ese lugar, ése es mi gran deseo, para estar tranquila, reflexionar y escribir desde otro lugar más sereno, y escribir, como decía antes, como una mujer a partir de los 50 años, sobre muchas cosas. Eso es lo que no he podido conseguir y me ha inquietado mucho. Estoy siempre pensando: ¿dónde viviré?, ¿aquí, allí? Y por eso me voy a Córdoba ahora y ver si allí logro decir: estoy aquí. Este es mi lugar.

Muchas gracias, Concha por este tiempo que me has regalado, sabiendo que te quedan ya pocas horas aquí.

No, ha sido un gusto para mí.

Con voz de mujer

SOY MÁS NARRADORA QUE POETA

Lourdes de Armas
La Habana, 1960[29]

En una asamblea de escritores previa al Congreso de la UNEAC, en La Habana, conocí a Lourdes de Armas Matos mientras repartíamos las boletas para votar por los delegados propuestos para asistir al evento. Luego fui invitada a una lectura de cuentos de Lourdes en el espacio que lleva en el Centro Hispanoamericano de La Habana el escritor Rodolfo Alpízar. Ese día le pedí a esta narradora hacer una entrevista para mi programa Voces y para el nuevo libro que estoy preparando solamente con mujeres del mundo de la creación. Ella estaba contenta, pues recién había salido en La Habana una nueva edición de su novela *Marx y mis dos maridos*, un título bien sugestivo. Y empezamos nuestra charla justamente por este libro.

Lourdes, se impone comenzar hablando de esta novela Marx y mis dos maridos *que lleva ya unas cuantas ediciones.*

Esta novela ha tenido ya seis ediciones: dos de ellas en Cuba, recién acaba de salir la segunda aquí en La Habana. También ha sido publicada en Canadá, Colombia y España. Estoy feliz porque ha tenido muy buena acogida por parte de los lectores, también por parte de la crítica.

¿Y cómo lograste publicar en otros países?

En Colombia, porque coincidí con un editor colombiano en la Feria del libro mexicano; allí, en ese país nos conocimos, hablamos y él me propuso hacer una edición en Colombia y, claro, acepté. Esta es mi primera novela y no estaba segura de cómo iba a ser recibida. Después que hicieron la primera edición en la Editorial Unión, la directora de esta editorial escribió a una editorial española y por ahí salió. Y la de Canadá fue gracias a la editorial de unos cubanos amigos, ellos la publicaron.

---

[29] Entrevista realizada en la casa de Lourdes de Armas. Reparto Santo Suarez, La Víbora. Febrero de 2020.

Pues, la suerte te ha acompañado: para que una novela tenga varias ediciones, así, casi inmediatamente de haberse publicado en Cuba, es que es muy buena.

Déjame aclararte algo: la primera edición salió en Colombia, en 2007, por Ediciones Aurora. Después de esa fecha salió en Cuba, donde ha tenido dos ediciones en papel y una digital por Cuba literaria.

Bien, como no la he leído, no me cuentes la novela, solo dime de qué trata, cuál es su tema, por qu ese título un tanto intrigante.

Claro, lo primero que te cuento es sobre el título y esto me encanta porque casi ningún hombre se atreve a decirlo bien: ellos no se atreven a decir *Marx y MIS maridos,* dicen Marx y SUS maridos. O Marx y DOS maridos o Marx y LOS maridos, y eso me divierte, por supuesto da risa, porque es ponerlos a ellos en una situación difícil, porque el machismo cubano lo tienen tan interiorizado que no son capaces de decir **mis** maridos, como es realmente el título. Te cuento de qué va la novela. Es la historia de una mujer que va creciendo con la trama, comienza en los años 80, cuando se produce la salida por el Mariel de un montón de cubanos, entre ellos el novio de esa mujer. Ella se queda sola, tiene varias relaciones amorosas y comienza a cuestionar determinados fenómenos de la sociedad, porque ella es marxista, vive en una sociedad atea y participa de ese mundo, al mismo tiempo cuestiona cosas que se han ido transformando y de pronto ella no entiende. Es decir, en la medida en que ella va juzgando, pensando, está teniendo esas relaciones de pareja. Resumiendo: Es una trama de amor, desamor, decepción, angustia, pero siempre con ese sentido del humor que nos caracteriza a nosotros los cubanos, con un poco de ironía y hasta de sarcasmo.

¿Esa es tu primera novela?

Sí, la primera, y como casi todas las primeras novelas que se escriben, esta también tiene cosas autobiográficas, en medio de una trama de amor, desamor, decepción. Y, por supuesto, hay cosas que no viví, pero he visto en otras personas y están también ahí, con una mirada muy personal sobre la sociedad, la vida con sus exageraciones y, por supuesto, ficción e imaginación. Hay de todo. Después de esta edición, o sea en 2017, salió por Ediciones Unión un libro de cuentos que titulé *Sin pudor* y al año siguiente lo publicaron en Miami, en la editorial Unos y Otros, un proyecto de un cubano que vive allá, su nombre es Armando Nubiola, y trata de visibilizar la obra de los cubanos en Miami. A él lo conocí a través de mi amiga, la escritora Dulce María Sotolongo. Él ha convocado a mucha gente para publicar nuestras obras tanto literarias como musicales. El objetivo de su proyecto es justamente visibilizar en Miami la obra de creadores cubanos, incluso me invitó a la Feria del libro de allí, pero la embajada de E.U. no me dio la visa. Ya sabes: somos las escritoras "desvisadas."

Entonces, cuéntame sobre este libro, con otro título que llama la atención.
  Sin pudor es el nombre de un cuento y lo tomé también para nombrar el libro completo. Es un libro dedicado al erotismo, escrito con desenfado sobre las relaciones de pareja. Hay una crítica que lo bautizó como impúdico. Realmente es un libro que no tiene reparos al referirse al cuerpo femenino o al masculino, no es agresivo, hay cierta ironía. Es una mirada femenina a la relación de pareja. En el libro hay un cuento de oficina, llamado "Secretaria". Después de ese libro escribí otra novela: *Miradas inquietantes*, no se ha publicado en Cuba, sí la publicaron en México, en 2017. Allí también me publicaron el poemario *Domingo blanco*; se supone que salga también por la editorial Letras Cubanas. Aunque a veces escribo poemas, me considero más narradora que poeta, lo primero que escribí fueron versos, pero no los publiqué.

Hasta ahora cuántos títulos has publicado.
  Tengo las dos novelas, tres libros de cuentos y el de poesía.

¿Tú eres habanera? Cuéntame sobre tu infancia, tus estudios.
  Sí, soy habanera, nací aquí en Santo Suárez donde ahora mismo estamos. Siempre he vivido en este barrio, salvo un período de 10 años que viví en Alamar. Yo nací el 3 de julio de 1960, soy del signo Cáncer. Estudié en Alemania, cuando existían el bloque de los países miembros de El

CAME; yo tenía 18 años cuando me fui con una beca para estudiar siderometalúrgica, una palabra desconocida para mí y de la cual no tenía la menor idea de qué se trataba, pero me parecía genial poder ir a estudiar allí, con un grupo de muchachones pertenecientes a la Unión de Jóvenes Comunistas (UJC), pues justamente era la dirección nacional de la UJC la que convocaba a sus militantes a superarse. De ese modo nos fuimos todos muy entusiasmados a estudiar aquella carrera que ninguno de nosotros conocía. Y llegamos a Alemania y enseguida descubrimos el misterio. La siderometalúrgica era una fábrica inmensa para hacer el acero. Y los estudios eran para preparar a torneros, fresadores y otros oficios que permitían trabajar en la construcción de equipos industriales. Cuando miré a mi alrededor, me percaté de que los alemanes que estaban allí eran todos muy grandotes, fuertotes, y yo era muy delgadita y me sería prácticamente imposible trabajar con aquellos inmensos equipos, entonces me dejaron trabajando en la oficina y que regresara a Cuba cuando yo quisiera' me quedé un tiempo en esa oficina y aprendí el idioma. Ya al año y medio hablaba bastante bien el alemán y en cuanto hubo un envío para acá, regresé. Ya aquí en La Habana comencé a trabajar en el Ministerio de Trabajo y Seguridad Social, esto me permitió estudiar de verdad, pues el Ministerio tenía planes de superación para sus trabajadores. Estudié Derecho Laboral y trabajé varios años atendiendo la Seguridad social. En esos momentos salió la ley 24 referida a la jubilación, a los derechos de las viudas, y me gustaba hacer ese trabajo que requería de una buena dosis de sensibilidad humana. Por esos años me dieron la militancia. Cuando el jefe de trabajo de mi esfera Francisco Linares fue trasladado como presidente de la firma Habanos, S.A, me pidió que fuera su secretaria ejecutiva. Más tarde se hizo una empresa mixta con España y trabajé con la vicepresidencia financiera, atendía lo que tenía que ver con la comercialización del habano. Ahí estuve 18 años.

¿Cuándo comienzas a escribir?

Enrealidad, siempre escribí paralelamente a lo que estuviera haciendo. Pero publiqué por primera vez en los años noventa cuando gané el Farraluque. Este es un premio de literatura erótica, surgido en Alamar, pero de alcance nacional; convocaba tres géneros: poesía, narrativa y artes plásticas. Yo me enteré enseguida sobre esa convocatoria porque vivía en ese reparto hacía algunos años, y envié el cuento "Pudor". Después gané el premio Pinos Nuevos con una selección de cuentos de oficina que titulé "Zoografía", porque son cuentos de animales, es decir, caracterizo a los personajes como un animal. Son unos diez cuentos, todos referidos a esos animales personas que se pasean por diferentes oficinas, escrito con cierta ironía, un poco de humor…Fue publicado por Letras Cubanas en 2001. A partir de ese momento tomé la literatura más en serio, aunque me costaba mucho trabajo llevar ambas cosas. Y además atender a mis dos hijos, porque soy madre de Enrique Domínguez, que ahora vive en Miami, y de Dafne García que vive en La Habana, es profesora de la Universidad de La Habana. Ella estudió cibernética y da clases en la Facultad de Matemática.

Hemos hablado de tu escritura como narradora y poeta. Has incursionado en otros géneros.

Sí. He escrito pequeños ensayos sobre determinados temas, como la religión, porque estudié teología, y como fui criada dentro de la ideología marxista, necesitaba conocer también sobre las religiones, indagar si alguna de ellas me atraía y el mejor modo de descubrirlo fue acercarme a esos estudios sobre todo para encontrar algún camino que mejorara mi espiritualidad. Pero no encontré nada en la teología para aliviar mi sed de saber y me aparté de ella, pero también del marxismo. Respeto todas las religiones, pero no me quedé con ninguna. Me interesa conocerlas porque todas tienen detrás una cultura, su propio significado. Realmente sí practico alguna, porque de vez en vez voy a que me tiren los caracoles. Otras veces estoy abrumada y entro en una iglesia. Soy cubana y ya lo dijo Don Fernando Ortiz, que nuestra cultura es un ajiaco, por eso aprovecho todo lo que puede tranquilizar o sustentar mi espíritu.

Me estabas contando sobre tus ensayos.

Con voz de mujer

Son pequeños ensayos. Escribí uno sobre la novela de Cofiño *Cuando la sangre se parece al fuego*. También hago periodismo cultural, es decir, entrevistas a escritores para el sitio web de la Unión de Escritores, para visibilizarlos. Ahí también escribo reseñas sobre libros que he leído y me han parecido interesantes para divulgarlos. Solo divulgo los que me gustan, los otros no, porque no me gusta hablar mal de nadie, pero tampoco puedo hablar bien de lo que no me gusta. Esa es la sinceridad que me caracteriza, y eso se nota hasta en mi narrativa, que tampoco quiere decir que sea la verdad absoluta, sí es mi versión de las cosas.

En estos momentos estás en un cargo que tú no esperabas tener.

Es cierto. Estoy al frente de la sección de narrativa, dentro de la asociación de escritores. No, no esperaba eso. Me llamaron a una reunión con los organizadores del Congreso y me propusieron trabajar en el escrutinio de las votaciones. Pero ahí mismo me dijeron que iban a proponerme como candidata, entonces no podía trabajar en el escrutinio, por ser candidata. Y salí electa. De cierta forma me siento halagada y también muy responsabilizada con el cargo. A mí me gusta cumplir con el trabajo, y hacerlo lo mejor que se pueda, por supuesto dentro de las circunstancias o contextos que existan.

¿Desde cuándo eres miembro de la UNEAC?

Desde comienzos de este siglo.

También tienes otra esfera de trabajo, algo relacionado con las mujeres. Háblame de eso.

Sí, es un espacio que abrimos aquí en la sede de la UNEAC, se llama Mirada de mujer. Estamos haciendo encuentros trimestrales con todas las creadoras para hablar de género y que todas aprendamos sobre feminismo, que no es una guerra de mujer contra hombres, aunque algunos, cuando te oyen hablar de estas cosas, te dicen feminista en tono peyorativo, a mí me han dicho feminisma. A veces te acusan de que no te gustan los hombres y otros calificativos. Y a mí me interesa que dentro de esta sociedad se aprenda lo que verdaderamente es el feminismo y que los hombres se unan a la lucha contra la discriminación a la mujer que está en todas partes y muchos hombres no la ven y creen que no existe. Si miramos la cantidad de mujeres en relación con hombres, verás que son más. Pero si miramos la cantidad de hombres y mujeres con cargos, vemos que ellas son muchísimo menos. Aspiro a que en esta sociedad las mesas presidenciales tengan una equidad de géneros sin que tengamos que fajarnos con los hombres, sino que ellos se unan a esta lucha, que es una lucha pacífica, en la que todos logremos compartir con igualdad. A partir del Congreso de la UNEAC se creó la comisión de Cultura, género y equidad, donde tengo el cargo de vicepresidenta. El trabajo a desarrollar es justamente mejorar esta situación, estamos comenzando, todavía no podemos hablar de logros, pero tenemos ya algunas ideas que se irán mejorando sobre la marcha.

¿Quieres decir algo más?
No, creo que todo se ha dicho.

Te agradezco el tiempo y tu sinceridad.
Gracias a ti por hacerme hablar.

ESTAR EN EL MOMENTO ADECUADO

Olalla Castro
Granada, 1979[30]

Antes que a la poeta y cantante Olalla Castro, conocí a sus padres, Eduardo y Reyes, en uno de esos viajes que hago a Granada, pues son muy amigos de mis hijos; ellos me hablaron de su niña poeta a quien vine a conocer hace poco tiempo. Sí sabía que escribía y como recientemente recibió un importante premio, además tenía ya otros también relevantes, quise incluirla en este libro que ya anda cerca de su terminación.

Saludos Olalla, sé que te cuesta trabajo hablar de ti misma, pero esto es una entrevista. Puedes empezar por donde quieras, el último libro publicado o, mejor, el último premio, si te parece bien.

Pues el último premio que gané hace solo una semana, es el Vicente Núñez, un importante poeta de la generación del cincuenta, que otorga la Diputación de Córdoba, con un libro que todavía no ha sido publicado, titulado *Las escritas,* y es el fruto de mi trabajo en los talleres sobre literatura y feminismo que vengo haciendo desde hace unos ocho o nueve años, primero autogestionado, luego con el respaldo de algunas instituciones como el Instituto de la Mujer, o la Diputación de Granada, etc. Esos talleres se programan para dos meses. Como sabes, la crítica literaria feminista se divide en dos ramas. Una, la llamada crítica de imagen de la mujer, repasaba en la literatura escrita por los hombres, la figura de la mujer a lo largo del tiempo, los estereotipos misóginos que han ido apareciendo; y la otra es la ginocrítica, la encargada del estudio de lo escrito por mujeres. En esos talleres, en la primera parte, hago ese ejercicio de imágenes de mujer y repaso todas las imágenes y estereotipos misóginos que atraviesa nuestra cultura, desde la biblia, o desde los primeros textos griegos hasta el cine negro o las novelas de Vladimir Navokov. Es la visión de la mujer como la santa, la puta, la virgen, Eva y Lilit y otros personajes femeninos.

---

[30] Entrevista grabada en la casa de Olalla. Granada. Noviembre 26, 2021.

Con voz de mujer

Y eso es lo que hago, analizar la presencia de esos personajes en la escritura de los hombres, ya sea en la *Odisea*: Penélope, en la *Ilíada*, Elena, en general los textos griegos, los mitos hasta la escritura contemporánea: Flaubert con *Madame Bovary*, Tolstoi con *Ana Karenina*. Ese trabajo me llevó a hacer otro taller específico sobre reescritura. Lo llamé Cuando Penélope no espera. Al hacer esos análisis y relacionarlos con la tradición que existe en la escritura de mujeres desde el medioevo hasta ahora, comprobé que existe una tradición de reescritura. En este taller analizaba cómo las poetas españolas y también latinoamericanas habían ido metiendo en sus textos a estos personajes: la mujer de Lot, Ofelia, repetida constantemente en la poesía, ellas las reescribían para darle voz a esas escrituras. Hice una investigación sobre esas reescrituras como una forma de apropiación cultural; eso me interesó muchísimo y decidí profundizar en esto tan interesante y me propuse hacer un libro para poner voz a esas escritas e intentar imaginar cuál habría sido la historia si la hubieran contado ellas. La primera parte de este libro es sobre todos estos personajes reescritos y la segunda va intentando dar voz a las escritoras, usurpando la voz desde lo ficcional a todas las grandes escritoras que me apasionan, intentando hacer un ejercicio metapoético, indagando cuántas cosas puede ser la poesía, o qué pudo ser escribir para todas estas mujeres, conociendo su vida o viendo sus obras. Está pendiente de publicarse.

Entonces este libro recién premiado, ¿es un poemario, una antología, es ensayo?

Pues, como casi todos mis libros, es "un entre lugar", está a caballo de varios géneros, está escrito en prosa poética, no es poesía versificada, lo cual me dio mucho dolor de cabeza porque no sabía hasta qué punto podría ganar un premio, pues realmente es un libro inusual, además está entre la ficción y la historia, lo que lo convierte en un híbrido. Hice mi tesis doctoral sobre Enrique Vila-Mata, un autor muy leído en México, escribe meta literatura, hace ejercicios de hibridación textual que están entre lo narrativo y/o ensayístico, y yo he escrito, apoyándome en esa manera suya, este libro en el que hay un poco de historia, de literatura, de guión de cine…

¿Entonces, está escrito en prosa poética?

No exactamente, porque la prosa poética es prosa; mi libro es poesía solo que no está versificado, incluso cuando estás leyéndolo puedes saber dónde está el corte de verso, es claramente poético.

Este es el último y, si está recién premiado, obviamente está sin publicar. Hablemos entonces de los que ya tienes publicados.

Voy a hablar de poesía y ensayo, que es lo que escribo básicamente. El primer poemario que publiqué fue *La vida en los ramajes*, obtuvo el Premio Nacional de Poesía Miguel Hernández y se publicó en el año 2013. El segundo fue en 2017, porque en ese lapso estuve haciendo mi tesis doctoral en Sevilla donde estudié periodismo que me sirvió solo para entender que no quería ser periodista, porque me pareció una profesión terrible en su realidad. Claro, yo tenía la imagen de esos periodistas literarios de los años 60 y 70, como Capote, o lo que había visto en mi casa con mi padre que tiene esa faceta de escritor y periodista. Y matriculé periodismo porque pensaba que tenía que ver con la escritura y, a lo largo de la carrera, me di cuenta que no tenía nada que ver, pues lo que hacía era matar todo intento de creatividad. Todas las prácticas que hice eran horribles, nada de creatividad, solo parafrasear los teletipos que se reciben de las grandes compañías informativas como Europa Press y otras por el estilo, y fue suficiente para tomar la decisión de no ser ese tipo de periodista. Cuando terminé la tesis, vine a Granada y aquí estudié teoría de la literatura. Hice la tesina y los cursos de doctorado de aquellos momentos, algo que desapareció cuando surgieron los Máster. En estos años se me cruzó en el camino la música. Desde los 18 años estuve en grupos musicales cantando. Y al acabar la tesina me vi en la encrucijada de seguir mi carrera universitaria, para lo cual era necesario pedir la beca, o hacer realidad mi sueño que, en ese momento, era la música. Yo era cantante (lo mismo melódico que rapeada) y ya había estado en algunos grupos; en ese momento me fui a Barcelona, con una mano alante y otra atrás, como se dice popularmente, a buscarme la vida hasta lograr mi propósito. Trabajé en distintos sitios para subsistir; en librerías, en escuelas, talleres, en lo que apareciera. Y, por carambolas de la vida, estuve en el momento adecuado, en el sitio adecuado: conocí a un chico que estaba grabando un disco con su grupo y me dijo que necesitaba una chica que le hiciera los coros y cantara algunos trozos. Me fui con ellos al estudio para hacer lo que me pidieron, pensando que iba a ser solo eso, algo muy puntual para ese disco. A ellos les gustó como quedó y una semana después me pidieron unirme a ellos, pues les gustaría otra voz en el grupo, solo tenían un chico que cantaba, él era hijo de madre catalana y padre argelino y vivió en Argelia hasta los 14 años y a esa edad vino a Barcelona, fue el fundador de ese grupo, llamado Nur, en árabe es luz, la misma mezcla suya. Hacíamos una música con temas tradicionales árabes mezclados con rock, con rap, y con música urbana, más occidental. Me quedé con ellos cinco años, fue un golpe de suerte, tuve la experiencia más bonita de mi vida. Hicimos muchísimos conciertos, no solo aquí en España, también viajamos por África, estuvimos en Marruecos, Argelia, Jordania. Llegamos a varios países de Latinoamérica y también de Europa. Fue muy bonito y emocionante disfrutar lo que haces y poder vivir de eso. Pero las cosas cambiaron cuando la crisis económica del 2010; tuvimos meses complicados, sin poder hacer conciertos y este chico, el armador del grupo, decidió no seguir adelante. Para mí fue un golpe, porque estaba en Barcelona buscando eso, la música, y no quería irme; encontré otra vez un trabajo para subsistir, pero ya en 2012 decidí regresar a Granada y retomar la tesis que había dejado a medias e intentar volver a tomar el camino académico.

¿Durante esos años de música en Barcelona no escribiste?

En ese tiempo de Barcelona viví para mi música. Escribí canciones. Siempre escribí, desde niña, en mi casa siempre se ha escrito, tenía a mi padre de referente; yo de adolescente también lo hacía, pero escribía para mí, lo mismo en un diario, que un cuento, todo para mí. Era algo que me apasionaba, pero nunca lo enfoqué como profesión. Tenía mis cositas escritas en mi ordenador, pero ya te digo, nunca lo pensé como algo más serio. En 2012, justo en ese tiempo que se me acabó la música, empecé en serio a escribir mi primer libro de poesía allí en Barcelona.

Yo había asistido a algunos talleres de escritura y, cuando empecé en serio a escribir el libro, pensé profesionalizarlo y vivir de eso, algo que nunca había pensado pudiera ocurrir con la escritura, como sí sabía que se podía lograr con la música, como así fue. Cuando terminé ese primer libro me dije que no podía ir a ninguna editorial para que lo publicaran, pues no era conocida y nadie se iba a arriesgar a publicarlo, entonces pensé presentarlo a premio. En esos años se convocaban premios para menores de 35 años, lo que da más oportunidades a los más jóvenes de ganar, pues no tienen la competencia con los escritores de más edad, los de más experiencia, lógicamente. Y como todavía no había llegado a esa edad, pues lo presenté y gané, claro ya había presentado en otros concursos y no recibí nada, porque siempre cuando uno concursa y no gana, no habla de eso. Ya se sabe que, en nuestra sociedad, el capital quiere que hablemos sólo de los éxitos, de todo lo divino y luminoso, con caras sonrientes. Nunca quiere que hablemos del fracaso. Creo que también hay que reivindicar el fracaso, porque a través del fracaso puedes conseguir el triunfo. Si es que triunfar es algo. En mi caso, tengo claro para qué utilizo los premios, es simplemente para poder seguir escribiendo. Si tuviera una nómina de mi trabajo, no podría dedicarle a la escritura las horas que le dedico. He elegido lo que he elegido porque es la manera de permitirme estar más tiempo escribiendo. Ganar un premio, me da un colchoncito económico y con eso y las cosas que me invento puedo permitirme quizás estar tres meses sin trabajar, solo escribiendo un libro que me va a llevar un año de escritura. Eso no se lo pude permitir una persona con un trabajo fijo y vive de esa nómina. Por eso presento los libros a premios, a veces se ve como algo denostado. Hay gente que te mira mal por presentar tus libros a premios.

Independientemente del beneficio material que te reporte el ser premiado, está también esa satisfacción espiritual que se recibe cuando se gana un premio.

Para mí sí es muy importante, sobre todo el hecho de que gente que no te conoce y lee el texto desde ese blanco que posee el texto no firmado, pues eso impide la subjetividad, el odio o cualquier sentimiento que influya en su decisión, eso me fascina. Y cuando te dan un premio te legitiman, ante ti misma, porque las mujeres tenemos esta cosa tan terrible de haber sido educadas para legitimarnos ante la mirada ajena.

Pienso que eso quizás ocurra con más fuerza o más frecuentemente entre las mujeres, pero esto ocurre también entre los hombres, yo lo he visto también entre ellos. He vivido en un medio donde me he percatado de ese fenómeno.

Sí, por supuesto que se puede dar también, pero pienso que, en esta sociedad machista, ellos tienen una autoestima más fuerte, están educados en una cierta vanidad que nosotras no tenemos; a nosotras cuando asoma algo de esa vanidad se nos ha afeado, históricamente se nos afeaba hasta destacar. Ya lo decía Virginia Wolf, que era como si las mujeres tuvieran que esconder sus méritos porque si no las acusaban de presumidas, ostentosas, cosa que a los hombres nadie los molesta por más narcisistas que sean. Es desde ese punto de vista que siento que a nosotras nos cuesta más legitimarnos nosotras mismas. Y es una pena porque existen mujeres que son buenísimas intelectuales, poetas, ensayistas, brillantes y tienen problemas de autoestima, que escriben un libro y dicen: "No sé, no estoy segura si está bien". En fin, que no tienen ese convencimiento que tienen ellos. Y me parece muy legítimo que ellas digan: "Estoy muy segura de lo que estoy haciendo". Creo que las mujeres tenemos que luchar por ese puntito de seguridad y de vanidad también.

Volcamos a tus libros, hablaste de 2017 pero no del libro.

Pues ese es un poemario *Los sonidos del barro*, con un poco de narratividad como todos mis poemas, luego vino *Bajo la luz, el cepo*, publicado en la Editorial Hiparión, en 2018. Este ganó el Premio Antonio Machado en Baeza. Este sí es muy narrativo, además está en la frontera entre ficción e historia, porque son cuatro acontecimientos reales ocurridos en la segunda mitad del siglo XIX. Uno es "La expedición perdida del capitán Franklin", le siguen "Por la ruta de Siskiyou" sobre la fiebre del oro en Estados Unidos y "Las histéricas de La Salpetriére" transcurre en una clínica donde recluían a mujeres histéricas, y el cuarto "La leprosería de la isla de Molokai", que es una isla hawaiana donde concentraban a los leprosos. Con estas cuatro historias monto cuatro personajes: dos mujeres, un adolescente en ese tránsito que se le pide que sea un hombre, pero él mantiene esa visión esquinada, todavía no masculinizada. Y un último personaje del que no se dice si es hombre o mujer. Hice carambolas lingüísticas para evitar todos los sufijos de género delatores, fue un ejercicio divertido. Me interesa mucho que cada una de los lectores lo interprete de una manera. Hay personas que me han dicho: "Yo pensé que era una mujer porque tenía las manos pequeñas y la cara fina", y otras me dicen: "Yo pensé que era un hombre por esto y por lo otro". Y eso me hace gracia y me complace ver cómo tenemos la necesidad de identificar a los personajes en un género u otro. Ese es el libro que estimo, quedó más redondo y, por ahora, es el que más me gusta de los que he escrito.

También te debe haber costado buen tiempo de investigación. Cuéntame cómo llegas a la concepción de ese libro.

Bajo la luz, el cepo nació de un deseo de seguir indagando en las cuestiones teóricas que venían preocupándome desde hacía años, plasmadas ya en mi tesis doctoral sobre la narrativa de Enrique Vila-Matas y en mi ensayo *Entre-lugares de la Modernidad*, pero hacerlo desde la poesía, porque sabía que tratar de decir desde ahí, desde el discurso poético, apartarme un poco de lo puramente reflexivo, intelectual, iba a alumbrar otros aspectos, a dar a luz un nombrar diferente. La idea de fondo seguía siendo la misma: la de llevar a cabo una crítica a la Modernidad occidental como supuesto proyecto utópico, emancipador, que se acabó convirtiendo en el sostén del sistema capitalista, patriarcal y colonialista que llega hasta nosotras. Elegí un periodo muy concreto: la segunda mitad del siglo XIX, porque lo considero el momento clave en que el proyecto de la Ilustración está en su máximo desarrollo, es el momento de mayor optimismo, de mayor fe en ese concepto de razón, de ciencia, de progreso, pero, a la vez, es el momento en que ese proyecto empieza a mostrar sus fisuras, a dejar patente que no es el emancipador de la humanidad que pretendía ser, sino que deja a más de la mitad de la humanidad fuera y en su nombre se pueden llevar a cabo los peores horrores (como más tarde se verá con las bombas nucleares o las cámaras de gas). Lo que se escondía tras esa supuesta luz del proyecto burgués blanco y patriarcal de la Modernidad eurocéntrica, era una cultura predadora que confunde descubrir con destruir, y, en nombre del progreso, es capaz de someter toda diferencia; una cultura voraz; explotadora, que genera constantemente a sus propias subalternas para alimentarse de ellas, que sobrevive sometiéndolas.

El libro trata de señalarnos de dónde venimos, cuál es nuestro legado y nuestra carga. De qué somos culpables, de qué somos víctimas, cuáles han sido y son nuestros errores. Es un libro marcado por el fracaso de una civilización presuntuosa que se creyó en la cúspide de la historia y no supo ver esos cepos en los que estaba atrapada. Es la historia del dolor que padecieron quienes llegaron a creerse esa fábula del progreso hegeliana y se dieron de bruces con una realidad que no ofrecía salidas si eras mujer, pobre o si tenías la desgracia de pertenecer a los pueblos originarios de aquellos lugares que los occidentales invadimos y esquilmamos fingiendo descubrirlos o fundarlos.

El primer episodio sobre el que empecé a escribir fue el de la fiebre del oro en Estados Unidos. Me parecía una metáfora perfecta de la fábula capitalista. Cuando lo hice no tenía claro lo que después armé. Solo con esos poemas acabados pensé en la posibilidad de indagar en otros episodios históricos de la misma época, que me sirvieran también para denunciar los otros aspectos de la fábula moderna occidental. Decidí que serían cuatro episodios de diez poemas cada uno (no me preguntes por qué, siempre decido las estructuras de mis libros con un afán extraño de simetría; no obedece a nada más, pero siempre me pliego a ese esquema). Vinieron a mi cabeza las histéricas de Charcot, que ya había estudiado para mis talleres sobre literatura y feminismo, y supe que quería ubicar otro de los capítulos del libro en la clínica de La Sâlpetrière. Estuve investigando y basé mi personaje en Hersilie Rouy, quien estuvo encerrada allí bajo la supervisión del doctor Charcot, y escribió sobre su experiencia como paciente *Yo no soy la señorita Chevalier, memorias de una loca,* donde relata su batalla jurídica contra la administración para recuperar su libertad (estuvo 14 años encerrada sin diagnóstico ni justificación alguna).

Al episodio de la expedición perdida del capitán Franklin llegué buscando algún hecho que me sirviera para denunciar el afán colonialista de Occidente. Ese capítulo, donde todos acabaron muertos y, según las evidencias científicas, comiéndose los unos a los otros, me parecía perfecto para simbolizar el canibalismo de nuestra cultura. Para el personaje protagonista me inspiré en Jeanne Baret, la primera mujer que en el siglo XVIII navegó alrededor del mundo, disfrazada de hombre. Imaginé a una mujer en la expedición perdida de Franklin que hubiese vivido la misma impostura y armé a ese personaje que huye del destino que esa época reservaba a las mujeres para colarse como un polizón en ese mundo de hombres conservando, eso sí, la distancia, la sensibilidad y la lucidez que le permite esa mirada esquinada, ese estar dentro y fuera a la vez de lo que está sucediendo.

En aquel momento, yo estaba padeciendo un brote agudo de artritis y estaba muy atravesada por el dolor físico, reflexionando mucho sobre la enfermedad. Quería que uno de los episodios hablase de eso y encontré la isla de Molokai como caída del cielo. Me sirvió para retratar esa Modernidad que solo quería mostrar sus grandes triunfos, y lo que hacía con los enfermos era apartarlos, esconderlos, aislarlos del resto de la sociedad. Al ser un símbolo del fracaso de esa medicina que prometía poder curarlo todo, la enfermedad se aparta para que nadie pueda verla. Lo feo se esconde. La enfermedad se convierte en una amenaza para la sociedad moderna, imbuida en el paradigma de la salud.

Anterior a este libro se publicó en la editorial Pre-textos *Inventar el hueso*, que ganó el premio Unicaja de Poesía y fue publicado por la editorial Pre-textos.

O sea, que todo lo que has publicado ha ganado premio.

Así es, todo ha ganado premio, porque como te he dicho, me presento a premio cuando creo que puedo ganarlo, porque me esfuerzo para que quede lo mejor posible, con una dignidad que lo avale.

Claro, cuando se manda a un concurso, se hace pensando en la posibilidad de ganar, pero de eso no se tiene certeza.

No, pero he tenido la suerte de que haya sido así. Los dos últimos que te he nombrado los mandé a esas dos editoriales porque quería publicar ahí, pues son las mejores editoriales de poesía. Ahí me la jugué y corrí el riesgo, pero la suerte estuvo de mi lado. También publiqué un ensayo con parte de mi tesis doctoral en la Editorial Siglo xx. La tesis se titulaba "Entre-lugares de la modernidad" y se centraba en la obra de Vila Matas con una primera parte teórica donde se hacía un análisis sobre ese debate entre la modernidad – posmodernidad, buscando eso: un entre-lugares, pues en esta visión neoliberal, posmoderna, en la que se nos dice que no hay historia, que no hay verdad, ni tampoco el relato de las utopías modernas cerradas, la ilustración --- yo creo que el mundo nos está pidiendo que nos interroguemos de nuevo acerca de qué hacer con él. De cómo vivir, sobre todo desde un punto de vista ético y moral.

¿Y cuándo no ganas premios cómo sobrevives?

Pues gracias a mis trabajos de subsistencia, esos de los que ya te conté que he hecho a lo largo de mi vida en distintas etapas. Cuando terminé la tesis doctoral, uno de mis trabajos de subsistencia fue como limpiadora en bares, luego trabajé como correctora en distintas editoriales y en empresas de edición y autoedición, de esas que ahora hay tantas. Este trabajo creció y me permitió dejar los otros. Y ahora vivo de dar conferencias y charlas, sobre todo de poesía de mujeres. Voy estudiando, investigando y preparando esas charlas que doy en institutos, con adultos, jóvenes, niños. Hago talleres para adolescentes sobre la vida de García Lorca, que titulé: Lorca a ritmo de Rap. Es una manera de enganchar a los chavales para que conozcan la obra y la vida de Federico; establezco el vínculo a través de la crítica social y el apoyo a los oprimidos y oprimidas, en la obra de Lorca, enfatizo mucho su respaldo a los afroamericanos, a los gitanos, a las mujeres, lo vinculo al Rap pues explico que ese movimiento nació en Brookling y en todos los barrios latinos y afroamericanos y que, al principio, hacía lo mismo, pero ya se sabe que el sistema capitalista fagocita todo lo que comienza siendo un movimiento subversivo y al rap lo ha fagocitado del todo y lo ha convertido en algo terrible y comercial, con unas letras terroríficas, de gánsteres, machistas, horrorosas. Pero en sus inicios y aun en sus versiones underground, el hip hop y el rap hacen una música de reivindicación, anti racista y de protesta contra el sistema, por eso puedo vincular la obra de Lorca con esta música, así los voy enganchando y al final los hago escribir un rap sobre Lorca, así se les quedan los conceptos un poco mejor y se les hace más ameno lo que están escuchando. Utilizo el rap como herramienta pedagógica. Hago otro taller sobre la violencia de género y hago lo mismo con el rap. En la primera parte teórica les hablo sobre qué es la violencia de género, el machismo y luego los hago hacer un rap con todo lo que se padece con este flagelo. A mí el rap me parece una herramienta potente para llegar a las personas más jóvenes, es algo que ellos entienden, conocen, les gusta y lo aprovecho para formarlos. Quiero hacer uno de rap y literatura para enseñar las figuras retóricas a través del rap, figuras que ya ellos utilizan, porque he oído desde un oxímoron, una metáfora, una sinécdoque, por eso pienso que hasta puede ser una buena herramienta para los profesores de literatura, creo que tiene muchas posibilidades. Y lo que hago, cuando ya tengo montado un taller, es proponérselo a las instituciones, al ayuntamiento, a la diputación de cultura. Y los talleres de escritura me los gestiono yo misma. Hago uno o dos cada año en un laboratorio de escritura. Lo he hecho en diferentes locales de Granada, en un mercado social, en varias librerías; donde me den cobijo, ahí me meto. Y últimamente lo estoy haciendo online, gracias a que hemos empezado a entender que se pueden hacer cosas online, pues para este tipo de cosas viene muy bien, lo mismo puede darle clases a alguien que está en Barcelona, o en Valencia o en Madrid.

¿Tú eres granadina pura?
   Sí, granadina pura, nací en esta ciudad, el uno de febrero de 1979. Soy acuario y mi mamá también es acuario, ella es del cinco.

Ha sido muy interesante este encuentro, te agradezco todo el tiempo que me has regalado.
   Gracias a ti.

LAS POSIBILIDADES DE TRABAJO DE LA ANTROPOLOGÍA

Ana Vera Estrada
Santiago de las Vegas, La Habana, 1957[31]

Hace muchos años conozco a Ana Vera, siempre fue una persona callada, de frágil apariencia, que cuando habla parece que susurra. Es una persona muy modesta, me dio siempre la impresión de ser una persona tímida. Sin embargo, cuando conoces el trabajo que ha desarrollado, las investigaciones que ha llevado a cabo, uno se percata de la capacidad, habilidad y entrega para indagar sobre asuntos escabrosos, sobre todo en los últimos tiempos, como pueden ser las entrevistas a personas de barrios marginales o los seminarios sobre política cultural en este país, un tema muy en boga desde hace décadas por la cantidad de proyectos, medidas, cambios y contradicciones vividas en nuestra patria en los últimos sesenta años.

Vamos a comenzar con tus estudios, Ana.

Me gradué de Lengua francesa en 1975. Mi primera intención era trabajar sobre la literatura de lengua francesa del Caribe y pude publicar unos pequeños cuadernitos sobre esa lengua en países del Caribe. Obtuve una beca del Ministerio de Educación Superior para hacer mi tesis de doctorado en la Universidad Carolina de Praga y allí estuve dos años, entre 1980 y 1982. Cuando regresé con mi flamante título de la Carolina, pensé que con eso en la mano podría salir a cualquier lugar que quisiera ir, porque el título tiene paridad en cualquier lugar. En realidad, no fui a ninguna parte, me quedé en Santiago de las Vegas, donde nací y donde siempre he vivido. Ya aquí intenté ubicarme en algún lugar donde se pudiera ejercitar mi especialidad, pero a comienzos de 1983 ninguna institución tenía plazas para recién graduados porque estaban "congeladas" las plantillas, como se decía entonces, y por eso regresé al puesto que ocupaba antes de pasar la beca, que era como directora del movimiento de aficionados del Ministerio de Cultura, o sea el mismo trabajo para frustración mía. Intenté entrar

---

[31] Entrevista grabada en el Centro Juan Marinello, EL Vedado, La Habana. Febrero de 2020.

al Instituto de Literatura y Lingüística, aunque no estaba especializada en literatura cubana; aquí tampoco fue posible por el mismo problema de las plazas y finalmente decidí vincularme con el área de investigaciones del Ministerio de Cultura que, en esa época empezaba a estructurarse; había un grupo que estaba haciendo el mapa etnográfico de Cuba que se publicó mucho después, en el año dos mil, y pasamos al Instituto Juan Marinello cuyo objetivo, en aquella época, tenía la misión de cultivar las relaciones con los países socialistas, y claro, a la caída del campo socialista, pues tuvo que reorientar su perfil y se convirtió más en un centro de investigación que de promoción cultural. Pertenezco al área de investigaciones culturales desde que me gradué en 1975; estuve el primer año en el Consejo Nacional de Cultura. Luego de esa larga vida dentro de las investigaciones culturales del Ministerio, quise trabajar en el grupo de investigaciones sobre la cultura cubana que llevaba Moreno Fraginals en el Instituto Superior del Arte (ISA), un perfil muy interesante, ya histórico cultural, con una base historiográfica muy profunda, muy bien pensada, pero tampoco pude conseguirlo. En los últimos veinte años descubrí la antropología, descubrí las posibilidades que tiene el trabajo con las fuentes vivas. Hice algunos trabajos con Aimara Perera y una antropóloga sueca, Mona Rosendah, que estuvo por aquellos años aquí en La Habana; hicimos un pequeño proyecto sobre historias de vidas cotidianas, a partir de memorias de mujeres ancianas en el pueblo de Bejucal. Fue una experiencia enriquecedora, y un acercamiento a lo que podía ser la perspectiva antropológica sobre la investigación cultural. Después hice otro trabajo en La Habana Vieja, con la misma idea de trabajar con personas de la tercera edad, de un mismo lugar, para recoger la memoria comunitaria de las últimas décadas de la República. Cómo vivía la gente de las clases menos favorecidas, la clase obrera, la gente joven, la vida política de aquellos años. Reuní unos treinta testimonios de esas personas que no recuerdo por qué nunca se publicaron. Hice interesantísimas entrevistas con vecinos del barrio Jesús María, de los que viven en el entorno de la Catedral, en fin, diversos barrios del Centro histórico. Ese es un trabajo inédito que hice el mismo año de la visita a Cuba del Papa Juan Pablo, esto fue en 1998, ese fue el gran acontecimiento cultural de ese año, todas las puertas de las casas tenían carteles de bienvenida, pegatinas, y mucha gente contaba de la emoción que sintieron cuando lo vieron, de cuándo se les acercaron y él les dio la mano, cosas así, que son únicas en la vida de una persona. Yo no tenía conciencia de que, para la gente de allí, eso era lo más importante que había ocurrido en su vida. Después me interesé por lo que sucedía en los centrales azucareros, cuando se cerraron tantas fábricas entre los años 2001 y 2002. Empecé en Matanzas, en uno de estos centrales, cuya investigación se convirtió en un libro, experiencia que no he podido repetir. Hice un estudio posterior en el central Lavandero, en Artemisa. Ese trabajo me lo solicitó el propio Ministerio de Cultura después que terminé el de Matanzas.

¿Cómo se titulan esos libros?

El libro primero, el de Matanzas, se llama *Guajiro del siglo xxi* y lo publicó la editorial del Instituto Juan Marinello. Me parece que se ha leído bastante. La Dra. Pogolotti publicó un comentario en el que decía que el estudio de las comunidades rurales o semirurales es una tarea reciente en las investigaciones culturales, Ana Vera ha dado un primer paso, hay que seguir trabajando en esa dirección. El segundo libro sobre el central de Artemisa no está publicado porque no tuve las condiciones para completar el estudio. Ni siquiera me pude quedar allí porque no tenía confianza con nadie como para habitar en un sitio, y había además mucha pobreza; sin embargo, logré obtener testimonios conmovedores. Las visiones que me transmitieron del pasado reciente, de cómo funcionaba el central en los años anteriores a la revolución y cómo funcionó después que se desmontó y, en consecuencia, toda la población quedó desprotegida. El gobierno de las comunidades azucareras está compartido con la empresa y, mientras eso fue así, era la empresa la que garantizaba la vida de la comunidad, pero al ocurrir ese desmantelamiento, se perdió la brújula. Hice entrevistas cortas y hubiera querido hacer muchas más. Estos testimonios eran muy fuertes. Es un género difícil de publicar. He tenido polémicas entre la historia oral, que es lo que quiero hacer, y la gente que lo homologa con el testimonio. Pero el testimonio es un trabajo de autor, presentado a partir de fuentes orales, pero no solo de esas fuentes, sino también de fuentes documentales de todo tipo, mientras que la historia oral tiene como fuente primaria fundamental la fuente oral, esto es, la narración de las personas que fueron testigos directos del asunto que se está estudiando. Déjame aclarar que todo este trabajo lo hice sin una formación universitaria, en estas cuestiones soy autodidacta, el trabajo me llevó por ese camino y la institución que me acoge como investigadora me permitió hacerlo. Tuve también algunos años muy concentrados en estudios de familias, anterior al tema azucarero, y he publicado varios libros sobre ese tema; son compilaciones de seminarios que se hacían mensualmente aquí en el Instituto y donde participaron todos aquellos que tanto en La Habana como en el resto del país estaban haciendo investigaciones sobre temas de familia, bien en temas de perfil psicológico, historiográfico, antropológico, sociológico, incluso hay enfoques económicos.

Entonces si tienes varios libros publicados, nombra algunos, por los menos los que para ti son más importantes.

Sí, tengo unos cuántos. El primero que publiqué obtuvo el Premio Pinos Nuevos, allá por el año 1996, que titulé *Raíz familiar*. Es un libro de relatos. Después vino *Cuaderno sobre la familia*. Es un libro que veo citado alguna vez. Y salió gracias a la visión de futuro que tuvo Pablo Pacheco, quien era el director del Marinello, en esos momentos. Luego, en la primera década de este siglo, fueron saliendo todos los demás, hay uno en México, uno en España y los restantes, tres o cuatro, los publicó el propio Instituto Juan Marinello. Uno de los libros es sobre la violencia familiar preparado por el equipo del Departamento de Sociología de la Universidad de La Habana. Yo estoy satisfecha, pese a lo rudo de ese trabajo que significa compilar libros, pues los resultados son muy positivos, todos han sido muy consultados. En cada uno de ellos puede haber uno o hasta tres textos míos; de todas formas, trabajé también con los otros autores para que aquello tuviera una coherencia interna. No los edité, pero logré darles una coherencia externa pues formaban parte de la colección que fundamos Pablo Pacheco y yo, conjuntamente con la Universidad de Murcia, en el año 1999 en el Seminario Hispano Cubano de Familia, Identidad Cultural y Cambio Social. Ese seminario funcionó durante cinco años, mes tras mes, con conferencias magistrales y debates excelentes en los cuales todos aprendimos; éramos un grupo de mujeres académicas mayoritariamente y un público de la calle que asistía como espectador. El resultado visible de esa experiencia son esos libros, que llegaron a siete volúmenes y, como son de múltiples autores, no puedo asignármelos como míos, aunque en todos están también mis trabajos. El perfil de los míos incluidos ahí, están entre lo historiográfico y lo sociológico. Para llegar a eso tuve que aprender mucho acerca de la industria azucarera en Cuba, sobre el consumo de azúcar en el mudo. Y textos de sociólogos importantes del Siglo XX. Fue un trabajo de aprendizaje autodidacta, el cual me adentró en el mundo azucarero y me ayudaron mucho también los debates que hicimos en la cátedra azucarera de la Facultad de Química de la Universidad de La Habana, constituida por expertos de primera línea, tanto de la propia Facultad como de empresas; son ingenieros, economistas, expertos en temas azucareros. Y, por supuesto, leí textos fundamentales como *El ingenio*, de Moreno Fraginals, una obra que está tan bien escrita que su lectura no solo te da nuevos conocimientos, sino te produce placer. Igual que los libros de Carmen Barcia, libros escritos de manera hermosa. Puedo decir que el tema azucarero lo cerré este año con un documental que hizo el cineasta Michael Chanan, con un equipo de la Universidad de Londres. Ellos hicieron un estudio sobre el cambio climático en Caibarién, a partir de entrevistas con vecinos del lugar y con la participación de especialistas de La Habana. Filmaron allá y aquí. El documental se llama "Vivir entre ciclones". La idea es metafórica, porque se sabe que Caibarién, en los últimos cincuenta años, ha caído en un marasmo económico, en el cual es un pequeño detalle el cierre de sus centrales. Y, como me invitaron a participar, quise introducir ese tema. Hice un breve recorrido por algunos sitios de esa región y armé un taller pequeño que se hizo en la Fundación Núñez Jiménez y el Documental se presentó en el Festival de cine del año 2019.

¿Qué hiciste específicamente para el documental?

De acuerdo con la ponencia que di en ese taller en la que hablé del tema del desmantelamiento de los centrales y expliqué el tema de la reorientación profesional para sus trabajadores, esta parte fue lo que pusieron en el documental. Es un trabajo interesante, aunque no está centrado en el tema azucarero, su enfoque fundamental es en un tema muy vigente en el mundo: el del cambio climático y su incidencia en los proyectos turísticos territoriales de esa región que están desarrollándose. El documental es muy interesante, no es recreativo, pero se aprende mucho con él.

¿Y en estos momentos en qué andas'?

En los últimos tiempos estoy muy vinculada con este debate sobre las políticas culturales. Estoy, junto con Mildred de la Torre, llevando un seminario, empezamos en septiembre pasado y hemos seguido haciéndolo cada mes, invitamos a un experto que hable en cada sesión sobre un tema; ya han pasado por ahí Sergio Valdés con el tema de la lengua, María Isabel Andaduro sobre la política cultural, a partir de las ideas de Armando Hart; también Rafael Hernández con la cultura de los años 60. Pedro Pablo Rodríguez habló sobre la cultura en José Martí y me disculpen los ponentes cuyos nombres no retengo en la memoria, pero todos han sido encuentros muy ricos, se hacen debates con las personas que asisten aquí mismo, en el Marinello, donde se hacen estos seminarios los primeros lunes de cada mes; vamos a estar alimentándolos hasta julio. Y en septiembre veremos qué otra cosa hacemos, quisiéramos mantener el seminario porque ha tenido muy buena repercusión. Y aunque ya pudiera jubilarme, tengo deseos de seguir trabajando, sobre todo en una idea que ya se debatió en estos seminarios, sobre la cultura de los años 60, creo que ahí queda mucho por ver. Hay varias cosas interesantes que se están recopilando ahora para conocer testimonios de la época.

¿Ana Vera es habanera? Pregunta con rimita.

Sí, pero no nací en el centro de la capital, nací en Santiago de las Vegas, un municipio a 20 kilómetros de la Habana. Y soy de esas ya extrañas personas que viven en la misma casa donde nació y donde ya vivían sus padres desde antes de 1959; yo nací en 1957, y la revolución le dio la propiedad a mi madre y de ella la heredé yo y ahí sigo viviendo. Con los festejos por el 500 aniversario de la fundación de La Habana, me beneficié pues ocurrió una mejoría en el transporte urbano que me permite trasladarme con facilidad hasta acá. Me casé dos veces y, aunque no tengo hijos propios, sí tengo hijos y nietos ajenos. Mi primer matrimonio fue entre 1971 y 1975, cuando hacía la carrera de Letras y el segundo entre 1997 y 2004. Tengo los sobrinos, hijos de mi hermano, que me han dado lindos nietos. Esa es la familia que tengo. Claro, tengo también excelentes amigos que llenan la otra parte de la vida.

Tengo curiosidad por saber si cuando fuiste a la Universidad Carolina sabías checo o lo aprendiste allí.

No, lo estudié aquí. Pasé la escuela preparatoria que existía en aquella época para formar a los estudiantes que íbamos a hacer estudios superiores en los países socialistas. Yo matriculé checo, recibí clases en ese idioma durante seis meses con unas profesoras de nacionalidad checa, excelentes. Pero, cuando llegué a Praga, realmente no entendía nada y mucho menos me entendían a mí, es una lengua muy compleja. Solo al cabo de tres meses de estar allí pude desenvolverme, más o menos bien, por mí misma, sin la ayuda de otros cubanos que llevaban ya algún tiempo allí, entre ellos Max Figueroa, que era un gran lingüista, él me ayudó muchísimo en esos primeros meses, fuimos grandes amigos. Max tenía gran conocimiento de ese idioma, lo hablaba con una precisión extraordinaria. Tenía gran talento para las letras y las lenguas. Allí estudié casi tres años. En esos años pasaron muchos cubanos, muy pocos de humanidades, una profesora del Pedagógico de Matanzas, otra profesora de La Habana y dos o tres filólogos más. Y los demás que pertenecíamos a ese colectivo de posgrado, eran casi todos médicos, químicos, ingenieros. Ese grupo fluctuaba entre 20 y 35 personas de manera permanente. Antes de salir a hacer ese posgrado, ya había cursado algunos al finalizar la carrera de Letras en la Habana, a finales de 1975, para perfeccionar los estudios literarios, como Metodología de la investigación y algunos en francés con unos profesores franceses llegados a La Habana, por esa época. Creo que fui la más joven doctorada del Ministerio de Cultura, junto a Jesús Guanche. Él y yo salimos en el mismo año para doctorarnos, él para la Unión Soviética y yo para Checoslovaquia; también salió Orlando Suárez Tajonera, un poquito mayor que nosotros, y fue para el Instituto de Etnología de Moscú. Y cuando regresé con mi flamante título de Doctora en Filología, tenía apenas 30 años. Hice mi tesis de graduación sobre la novela *Mi compadre el general sol*, del autor haitiano Alexis Jacques Stephan; él fue un gran seguidor de las ideas de Jacques Roumain, el fundador del Partido Comunista de Haití, luchador por los derechos de sus compatriotas. Yo armé el libro con esa tesis, pero se quedó sin publicar junto con otros que se han quedado así, inéditos.

¿Quieres añadir algo más, algo que te interese resaltar?

No, creo que está lo más importante, además he hablado bastante, fíjate que hasta he estado tosiendo.

Pues lo dejamos aquí, Ana Vera, muchas gracias por tu tiempo.

Con voz de mujer

LA PINTURA SIEMPRE HA ESTADO MUY CERCA DE MÍ

Cristina Fonollosa
Barcelona, Cataluña, 1951[32]

Conocí a la pintora, ilustradora y grabadora Cristina Fonollosa, cuando estuve en Holguín, en el año 2014, y entre mis entrevistadas en esa fecha estuvo la poeta Belkis Méndez, quien hacía poco más de un año había publicado un pequeño libro con las cartas que le escribiera Dulce María Loynaz, cuya portada y diseños interiores los realizara la pintora catalana Cristina Fonollosa, que vivía en Holguín. Y al ver el precioso libro con tan bellas ilustraciones quise entrevistar a la autora de esas pinturas. En más de tres ocasiones quedamos en vernos, pero por diversas causas no pudo realizarse el encuentro. En 2020 viajé a España con la intención de irme a Barcelona, pero el COVID lo impidió; lo mismo que en el 2021. No quería dejarla fuera de este segundo volumen de entrevistas a mujeres creadoras; envié a Cristina un cuestionario y ella tuvo la paciencia de grabar sus respuestas por fragmentos y enviarlas a través del correo electrónico para conservar las propiedades de la voz. Gracias a ello podemos ahora disfrutar de sus palabras.

Soy catalana de nacimiento, nací en Barcelona, en la calle Venezuela número 69, donde ahora es la zona olímpica de Barcelona. Mi nombre completo es María Cristina Fonollosa Ibáñez; en realidad no utilizo ningún nombre artístico, pues poniendo en mis cuadros, en mis pinturas, simplemente Cristina Fonollosa, es más que suficiente. Mis padres, aunque han vivido toda la vida en Cataluña, no son catalanes. Mi madre nació en Barcelona, pero sus padres, mis abuelos, eran andaluces, de un pueblecito de Almería, se mudaron a Barcelona, y cuando mi abuela Lola se quedaba embarazada se iba a Valencia a parir, así mi padre nació allí y a los poquitos días lo llevaron a Barcelona donde se crió; de ese modo tanto mi madre, que nació en Barcelona, como mi padre, siempre vivieron en Barcelona. Yo empecé a dibujar desde pequeña porque mi padre era ilustrador de libros, fue uno de los más importantes de ese oficio aquí en Barcelona. Él fundó un estudio de ilustradores que llamó Estudio Fonollosa y

---

[32] Entrevista enviada por correo electrónico. Diciembre 23 de 2021.

en esa época enseñó el oficio de ilustradores que luego se hicieron importantes haciendo publicidad y cosas variadas en el mundo de los libros.

Hice todos mis estudios en Barcelona; en su universidad me licencié en Historia del Arte, y en la Escuela Massana estudié Artes y Oficios, esta carrera no la terminé porque realmente me aburría allí. Desde mi adolescencia dibujaba, pues tenía muy cerca el ejemplo de mi padre, y tenía otra referencia también muy cercana, la de mi tía Concha Ibáñez. La visitaba con mucha frecuencia y me encantaba lo que ellos hacían, así me nació esta pasión por la pintura y empecé muy joven utilizando los materiales de ellos y muy pronto empecé a dibujar y a crear mis propias pinturas.

Me casé muy joven y pronto tuve a mi primer hijo Ciro y después nació Violeta, así en esos primeros años de casada no tenía mucho tiempo para pintar, pero en cuanto tuve un poquito de tiempo, en la medida que ellos crecieron y demandaban menos atención, pues volví a trabajar en mi gran pasión que es dibujar y pintar. Mis hijos ya están de padres, tengo dos nietos, uno que tiene 19 y el otro ya tiene 15 años, estoy contenta con mis hijos y mis nietos.

Holguín en mi vida:

Mi primer viaje a Cuba fue con un grupo de grabadoras catalanas del FAD (Fomento de Artes Decorativas), una agrupación muy importante de Barcelona. Éramos mi tía Concha Ibáñez, una pintora paisajista, muy importante, y yo. Éramos Vocales de grabado, y fuimos invitadas a viajar allí por Raúl Pupo, que entonces era el subdirector de las Romerías de Mayo, en Holguín, justamente para participar en esas Romerías, cuyo director era Alexis Triana. Nosotras hicimos un espectáculo que fue el grabado en la calle. Utilizamos el asfalto y sobre él dibujamos como si fuera un cortón o un hierro, encima pusimos un papel y unas mantas y una apisonadora le pasó por encima a las mantas y al papel y quedaron unos grabados espléndidos, la verdad. Fue un espectáculo impresionante, algo muy bonito. Esas eran las locuras de Alexis Triana que se podían hacer en las Romerías.

En Holguín debo estar viviendo ya hace como veinticinco años, pero yendo y viniendo continuamente porque tengo a mi madre y a mis hijos y nietos acá, me he pasado la vida montada en los aviones, a los cuales les tengo un terror horroroso, pero no me queda otro remedio que subirme ahí y decir: "Que sea lo que Dios quiera", porque allí está Julio, mi marido.

Cuando yo llegué a Holguín como vocal de grabado, Julio era el director del Taller de Grabado de Holguín donde se hacían las cosas más importantes culturales, ya que Julio es un gran promotor cultural y él mismo un artista. Ganó muchas veces como pintor y dibujante los premios más importantes en esa provincia. Él es una personalidad muy importante en el mundo de la cultura holguinera. Ahora han cambiado mucho las cosas, pero hace 25 años eran diferentes. Ahora es diputado por Holguín a la Asamblea Nacional, hace ya tres o cuatro legislaturas. Como nosotras éramos grabadoras catalanas y él era el director del taller de grabado, era nuestro anfitrión Y nos procuró todos los materiales para que pudiéramos hacer el espectáculo del grabado en la calle.

Ahí nos conocimos, él se acababa de divorciar de su esposa Elena Guarch y madre de su segundo hijo Pablo Y nos hicimos amigos de todos los grabadores del taller. Y nos procuró todos los materiales para que pudiéramos hacer el espectáculo del grabado en la calle. Yo me hice amiga de Raúl Pupo y su esposa, vicepresidente de la AHS y de Romerías de mayo y me invitaron al año siguiente a venir como pintora y grabadora a las romerías. Más adelante Julio vino a Cataluña al ayuntamiento de Santa Vicencs Dels Horts como delegado cultural o algo así y ya estando en Cataluña iniciamos una relación amorosa. El volvió a Cuba y me dijo si yo iba a volver a participar en cualquier cosa de cultura. Yo regresé a Cuba y nos hicimos pareja. Él no podía viajar a Barcelona porque la Embajada española ponía muchas trabas, era yo quien iba y venia. Pero yo no tenía dinero para ir y venir y entonces decidimos casarnos si yo me adaptaba a vivir en Cuba, Julio tenía claro que él no se iba de su tierra.

Una de las coas más bonitas que he hecho en Holguín fue la ilustración para el libro de Belkis Méndez con las cartas de la poeta cubana Dulce María Loynaz. El diseño lo organizó el poeta Luis Yussef, quien también lo editó; él es una persona muy inteligente, muy trabajador. Mis ilustraciones las hice especialmente para ese libro, y están impregnadas del ambiente de la casa de Dulce María Loynaz, de los balcones, la noche, las palmeras, los objetos enriquecidos de su casa, los vestidos, los abanicos, quedó precioso, la verdad. Pienso que leyendo la poesía de Dulce María me impregné de esa cantidad de cosas tan ricas y por eso me quedó tan bonitamente ilustrado.

¿Qué representa Holguín para mí? Pues representa mi otra casa, mi casa natal es Barcelona en Cataluña, tengo raíces en Andalucía, porque como ya dije, de allá son mis abuelos y los genes te llaman. A mí me encanta Cádiz. Y si no viviera en Cuba y en especial en Holguín, viviría en Cádiz, esta tierra es muy parecida a Cuba, Cadiz se parece a Cuba en muchas cosas. Y, naturalmente, para mí Holguín es muy importante porque es mi otra casa. Allí tengo mi casa, a mi esposo, mi trabajo, tengo amigos. En estos veinticinco años que llevo ahí, imagina tú la cantidad de cosas que he hecho.

Recuerdos de infancia:

Mi infancia fue muy feliz, hay episodios que nunca he podido olvidar. Nosotros teníamos familiares en un pueblecito al lado del mar, lo que sería como el de Gibara, en Holguín, eran tíos míos, y como siempre me ha gustado el mar, mis padres me enviaban en todas las vacaciones allí, a Calet de Mar, así se llama ese pueblecito que siempre recuerdo. La casa de mis tíos era una casa de pescadores, muy cerquita del mar. Mi infancia, ya te digo, fue muy feliz. En Barcelona mi padre nos llevaba a museos, al zoológico, nos paseaba mucho a todos sus hijos, hablaba mucho con nosotros, nos explicaba todo lo que preguntábamos, nos hizo estudiar inglés, mi madre también hablaba mucho con nosotros. Cuando teníamos un problema acudíamos a ella; siempre ha estado ahí, ha sido el soporte de toda la familia. Ya está muy mayor, ha estado viviendo un tiempo conmigo en Cuba, pero quiso regresar a Barcelona y aquí está. Ha sido una mujer muy trabajadora, muy valiosa, muy inteligente. En realidad, todo lo que soy se lo debo a las mujeres de mi familia. Aunque también a mi padre. En mi casa se vivía un alto nivel cultural justamente por los trabajos que se hacían. A lo mejor en otras casas se les daba importancia a otras cosas, pero en la mía los comics, los libros, la televisión, la ópera el canto, la música, el cine, todas esas cosas estaban siempre a flor de piel. Mi padre era un hombre muy ilusionado. Cuando él llegaba de trabajar decía a mi madre: "Arregla a los niños que nos vamos al cine". Y eso era un día normal, podía ser un martes o un miércoles, cuando ya todos los niños de mi colegio a lo mejor estaban durmiendo o haciendo los deberes, pues nosotros nos íbamos al cine con mi padre. Era un ambiente muy rico, muy cultural, hacíamos muchas cosas. Estoy muy satisfecha de los padres que tengo.

Empecé a pintar muy pronto. A comienzos de los años setenta ya pintaba profesionalmente. Así que llevo ya bastante tiempo en esta profesión; mi primera exposición fue en 1980, en Barcelona, figúrate, acabo de cumplir setenta años, de modo que puedo decir que hace más de cuarenta años que pinto y hago exposiciones profesionales, tanto individuales como colectivas y he ganado algunos premios. También he trabajado la cerámica, he hecho algunas esculturas. He trabajado el diseño en las carátulas de discos, en abanicos. Y un trabajo muy bonito que yo llamo Aleluyas donde narro la vida de una persona. He trabajado mucho, tengo un currículo muy extenso, la gente me conoce por mi trabajo.

Las aleluyas:

"Ha ilustrado al estilo de las antiguas "aleluyas" (vidas ilustres ilustradas, narradas en verso) las vidas de Antonio Machado (por encargo de la Junta de Andalucía); de Mercedes de Prat de Rodríguez Aguilera; de Miguel Hernández (por encargo de la Fundación Miguel Hernández, Alicante); de José María Hinojosa (por encargo del Centro Cultural Generación del 27, Málaga); sobre las Romerías de Mayo de Holguín (por encargo de la Asociación Hermanos Saiz, Cuba); y de José María El Tempranillo (por encargo de Fundación sobre el desarrollo de la ruta Pueblos del Tempranillo, Andalucía), entre otras".[33] También he escrito cuentos. Y en Holguín trabajo en la radio y a veces en televisión, hablando siempre de cultura, ése es el tema que siempre manejo, es un trabajo gratificante que

---

[33] Añadidos del blog personal de Cristina Fonollosa.

la gente respeta y disfruta, te das cuenta cuando vas por la calle y la gente te dice: "me gustó mucho ese trabajo que hiciste, aprendí mucho de ti". Y claro, esas cosas te estimulan y te enriquecen.

Exposiciones de mi obra:

He expuesto mi obra por medio mundo; expuse en Nueva York, en Venezuela, Paris, Suiza, Francia, Inglaterra, Alemania, Italia, Holanda. Por supuesto, en España y en Cuba. Sí he hecho infinidad de exposiciones, mi currículo es extenso, yo calculo que habré hecho alrededor de doscientas exposiciones personales en mil lugares y colectivas más de trescientas. He tenido unos cuantos premios. En Barcelona obtuve un premio muy importante por ilustración. En Figueras, donde viví muchos años, me dieron en 1964 el Premio de Pintura del Casino Bemestral. En Cuba también he sido premiada. En Holguín me dieron el Electa Arenal por mi trabajo como pintora y también el Angelote, igualmente por mi pintura y por mi trabajo como divulgadora de la cultura en general. Y otros que no me acuerdo, sé que tengo unos cuantos.

"Algunos de los premios recibidos a su pintura son: el Concurso de Grabado del Excmo. Ateneo de Sevilla; de ilustración en el Premio Caterina Albert i Paradís de Barcelona; de pintura en el Salón Iberoamericano Electa Arenal de Holguín (Cuba); en el Primer Salón de Pintura Religiosa Diócesis de Holguín, de edición en la Feria del Libro de Holguín; de pintura en la Galería Barcelona, de Barcelona; de promoción cultural y pintura; y uno de los premios más relevantes del arte cubano: el premio Angelote de Oro, en Holguín" (del blog).

Trabajo docente:

He sido profesora de pintura en diferentes escuelas públicas y privadas. También he impartido cursos de grabado, porque soy grabadora. También he dado muchos talleres de pintura, incluso impartí un curso de cabezudos o cabezones en una escuela rural, donde había un frío que pelaba, porque nevaba. También en la Universidad de Barcelona impartí algunos cursos de pintura, sobre esos cursos de verano que suelen hacerse en las universidades. La verdad es que he hecho muchísimas cosas.

Sobre mi obra te copio lo que aparece en mi blog:

"A través del estilo naïf, también llamado primitivo o ingenuo, reinterpreta los imaginarios de la vida cotidiana, desde una perspectiva original, fantástica y poética, expresando el amor, el abandono, el deseo, la soledad, el juego. Sus temáticas van desde las escenas familiares de madres con hijos a los paisajes de islas mediterráneas, escenas bíblicas almodovarianas, alcobas antillanas, sirenas inventadas desde el folclore caribeño o vírgenes patronas de libros, gatos, planetas o animales raros. Sus ilustraciones y grabados han acompañado obras y cuentos de escritores españoles y latinoamericanos como Antonina Rodrigo, Mercedes de Prat, Dulce María Loynaz, Alfonso Sánchez o Luís Caissés".

ME INTERESA TODA LA ESCRITURA FEMENINA

Zaida Capote

LaHabana, 1967[34]

Zaida Capote Cruz es investigadora, ensayista y crítica literaria. Nos conocemos hace ya algunos años, sin embargo, no nos vemos con frecuencia, excepto en las actividades que programa Casa de las Américas. Quería entrevistarla porque sí conocía de su trabajo como investigadora y ensayista, pero llegó la COVID y el encierro; hace apenas unos días pude entrevistarla, aunque compartiendo todos los protocolos previstos para cuidarnos mutuamente.

Comencemos por tu trabajo en el Instituto de Literatura y Lingüística donde has desarrollado una destacada labor.

Cuando me gradué en Licenciatura en Letras en la especialidad de Literatura Hispánica, en la Universidad de La Habana, me ubicaron en el Archivo Nacional; allí estuve solo dos meses porque entré a trabajar en el Instituto de Literatura y Lingüística donde he permanecido treinta años; aun sigo laborando en este centro donde he hecho casi de todo lo concerniente a mi especialidad. Por supuesto al comienzo apenas tenía experiencia, como una joven recién graduada; cuando uno termina una carrera apenas tiene una formación adecuada, ésa se va adquiriendo en la práctica diaria. Yo creo que el espacio laboral es muy importante para la formación de los jóvenes, algo que hay que promover. En mi caso ha sido una escuela tremenda trabajar en este Instituto. Allí he investigado sobre temas diversos. Recién llegada comencé a laborar en un diccionario biográfico dirigido por Ricardo Hernández Otero; nunca se publicó, pero como entrenamiento estuvo bien para mí y los datos se mantienen aquí para consultas del departamento, es muy útil para nuestro trabajo cotidiano. Colaboré también en la Historia de la Literatura Cubana que, para mí, fue muy importante porque era una historia previamente concebida; yo no participé

---

[34] Entrevista grabada en el amplio salón de la biblioteca del Instituto de Literatura y Lingüística. Diciembre 2, 2020.

en esa concepción y debí sumarme al trabajo hecho por especialistas con mucha más capacidad y experiencia que la mía. Y fue muy interesante porque me tocó trabajar con la literatura surgida a partir de 1988, o sea es el período de los 90, una década muy dramática en Cuba, que tuvo gran reflejo en la literatura de ficción. Me tocó trabajar el cuento y pienso que eso marcó mi proyección en cuanto a intereses, pues desde ese momento empecé a leer autores de la diáspora. O sea, preparándome para escribir sobre ese período de la historia amplié muchísimo mi campo de intereses. He trabajado sobre el siglo XIX, la obra de Gertrudis Gómez de Avellaneda. Me interesa toda la escritura femenina, sobre todo la narrativa y un poco el ensayo. No suelo trabajar poesía ni teatro. Yo adoro a Carpentier y toda la narrativa cubana. Y volviendo al tema de la formación de los jóvenes en sus primeros trabajos, he tenido interpelaciones que te ponen retos porque aun no tienes la capacidad o crees que no la tienes y al final terminas desarrollándola. Por ejemplo, cuando estaba por hacer la tesis de doctorado, el investigador Enrique Saínz me había sugerido hacerla sobre *Jardín*, la novela de Dulce María Loynaz, porque por su propia experiencia él sabía que esa obra estaba desatendida. Para mí fue un descubrimiento, y no te voy a decir que sea una especialista, porque para eso me falta bastante, pero sí que descubrí un poco de Dulce María. Aunque me costó mucho, disfruté todo ese tiempo de trabajo. Me sirvió para mi tesis de doctorado y aprendí de su mundo y del de sus coetáneos. También debo agradecer al Dr. José Antonio Portuondo, quien dirigía el ILL cuando yo entré, que me permitiera hacer una especialización sobre estudios de la mujer, que me ha servido mucho en mi labor como investigadora y, por supuesto, durante estos años, he ido transitado por todos esos escalones que te impone la academia por delante; ya hoy soy Investigadora Titular aquí en el Departamento de Literatura

Y en estos momentos, ¿en qué estás trabajando?

En un tema interesante y motivador sobre la diáspora. Al principio te hablé de la narrativa de la diáspora, pero en el ensayo estamos igual de ignorantes porque es una literatura que no circula y sigue demandando una atención, porque en esa ensayística se habla mucho de Cuba. Pienso que tenemos esta deuda pendiente, tanto como investigadores como difusores culturales.

¿Cuántos libros tienes publicados?

El primero que publiqué fue un librito por un premio que gané en el concurso Pinos Nuevos, que ahora es nuestro, pero en aquellos años se hacían con una editorial argentina. El libro se llama *Ensayos ajenos*, y le puse así porque alí estás mi tesis sobre Mario Vargas Llosa, un ensayo sobre *El Arpa y la sombra*, de Carpentier y un trabajo sobre la mujer que hice cuando pasé aquellos estudios en El Colegio de México; allí trato sobre la imagen de la mujer en la cultura cubana, y va desde Eliseo Diego hasta Silvio Rodríguez, Pablo Milanés, todo muy somero, pero le tengo cariño porque fue el primer librito que publiqué. El año pasado se cumplieron 25 años de su salida en esa editorial en la que publicaron casi todos los integrantes de mi generación. En 2008 apareció *La nación íntima*. Antes de eso hice una selección con Susana Montero de estudios de género en Cuba que se llamó *Con el lente oblicuo*; Susana hizo la mayor parte del trabajo, yo colaboré con ella. Pienso que ese libro marcó un hito porque, por primera vez, aparecieron juntas esas visiones desde la literatura. Y en *La nación íntima* aparecen algunos trabajos sobre escritura femenina y nación, ése era el enfoque predominante. En la primera parte aparecen autobiografías femeninas, porque cuando hice mi especialización en estudios de la mujer en México, mi tesis final fue sobre autobiografía y biografía y cómo las relaciones de género intervienen en la obra literaria. Tenía ya gran bagaje teórico sobre ese tema y aproveché el fragmento dedicado a la autobiografía, qué significaba la autobiografía para las mujeres, porque este género suele verse como más femenino que la biografía, en el sentido de que es una indagación íntima y añadí textos escritos a lo largo de esos años, como el Renée Méndez Capote y la *Memoria de una cubanita que nació con el siglo*, porque suele hablarse de la escritura del Yo, incluidas como biografías. Hay que deslindar dónde se expresa la individualidad y cómo estás filtrando quién tú eres. Qué pones en primer lugar. Eso mismo que estoy haciendo yo ahora: estoy contándote quien soy. Es impresionante porque las teóricas y las críticas de otras culturas, como la inglesa y la francesa, habían encontrado que frecuentemente algunas mujeres acuden a la figura del padre para explicar quiénes son, es decir, ésta es una constante, no siempre es así. Pero había esa pregunta sobre cómo escribir la propia vida. Y a mí me motiva saber qué cosa es ser cubano, y cómo esas mujeres vinculaban ese espacio íntimo a la idea de ser en Cuba y vivir en Cuba. Es un libro del que también estoy bastante satisfecha. Creo que cuando una revisa los títulos que ha ido publicando, tienes idea de quién ha sido esa persona, de cómo se ha movido en la vida, qué intereses le movían en un momento específico. Yo mantengo aquellos intereses y eso me conforta porque veo que no estaba errada, me de tranquilidad mirar atrás y poder decir: todavía eso puede ser una preocupación para mí. Cuando escribí la tesis en 2005 me embullé y la mandé al Concurso Alejo Carpentier y lo gané, lo cual me vino muy bien económicamente, pues está bien dotado y es una manera de que te lean tus iguales sin saber quién eres y que te escojan. También el premio significó un lanzamiento de esa novela de Dulce María, porque circuló bastante y creo que contribuyó a variar un poco la visión que se tenía de esta autora de que era una mujer enclaustrada, romántica, y la verdad es que había de eso, pero también mucho opuesto. Creo que la crítica literaria es una práctica ciudadana, o sea, la crítica tiene el deber de poner en primer plano problemas de la cotidianidad, problemas de la cultura nacional, problemas de nuestra relación con esa cultura, desde una perspectiva productiva, para entender quienes somos y por qué somos como somos. En este caso me interesaba rescatar lo que Dulce María podía aportarle a la nación cubana, en el sentido de rebeldía, aunque parezca que no, en el sentido de ser una mujer que se impuso a su época, como ella misma dice en el prólogo a *En el jardín*; podía haberse dedicado a jugar cartas en los casinos domingueros. Pero ella fue una mujer que se tomó muy en serio la escritura, eso se demuestra en esa novela. Cuando trabajé con los manuscritos, un trabajo intenso de cinco años que me obligó a usar espejuelos, porque esos manuscritos estaban en papeles de los años veinte que estaban medio quemados, escritos a lápiz, con muchas tachaduras, con parches que ella solía ponerles de otro papel distinto, corrigiendo su propia escritura, con notas al margen. La verdad es que fue agotador ese estudio. Me han dicho que puse muchas notas a esa edición crítica, que ni me acuerdo cuántas son, creo que son más de mil en una versión que tengo, aunque al final puse las más significativas y no puse en muchos casos adiciones que ella hizo y que no quedaron registradas. Las tengo guardadas y no sé si un día me decida a trabajar sobre eso, ya que fue su voluntad no ponerlas. Este ha sido un trabajo agotador, pero muy gratificante porque contribuyó a cambiar la perspectiva sobre esta autora y esa única novela que a mí me parece equiparable a *Los pasos perdidos* de Carpentier, pues veo la misma intención en ambas, son de la misma época, y ella, a su manera, hizo lo mismo que Carpentier. Fina García Marruz, además de ser una excelente poeta es una magnífica crítica, vio en esa novela de Dulce María una relectura de la novela de la tierra. Y basándome en esa percepción tan aguda de Fina, empecé a trabajar esa línea y claro, sí está. Y también me hizo pensar en la escritura femenina como algo recluido en lo autobiográfico, ceñido a los conflictos íntimos de una protagonista. Esta novela no sale de un mundo para darnos una visión muy subjetiva, está muy insertada en su época. Tampoco su lectura es fácil, pero es una de las grandes novelas cubanas.

El año pasado entregué a la Editorial Oriente *Estado crítico,* una colección de ensayos y artículos centrados sobre todo en la escritura de mujeres, saldrá en la Colección Mariposa. Es una compilación de textos ya publicados indistintamente sobre autoras caribeñas y latinoamericanas, por supuesto, ahí están las cubanas. Es un trabajo que me gusta mucho. Y ahí están tres trabajos sobre la vejez, escrito por tres cubanas: Ena Lucía Portela, Aida Bahr y Lourdes González. Además del libro de Méndez Capote, me leí las memorias de Lola María Jiménez, en su versión original publicadas en la revista Bimestre Cubano y *Bellita sencillamente,* que no es estrictamente una autobiografía, pero sí es un recuento de una vida desde la perspectiva de su protagonista, mediada por la hija, Daysi Rivera Castilla, que hace la recopilación de esas memorias. Bellita es un personaje que nunca hubiera entrado en un examen canónico de autoras cubanas de clase media, educadas dentro de una concepción ilustrada. Bellita es una mujer que aprende por su cuenta, que vive situaciones muy duras; ella tiene la herencia de la abuela esclava, es una vida completamente diferente a la de otras mujeres, ella ni siquiera tiene conciencia de su experiencia como mujer en el contexto nacional, por eso no se sienta a escribir sus memorias, es su hija quien lo hace. Sin embargo, me pareció importante poner a Bellita junto a Renée Méndez Capote, es decir ponerla a ella al mismo nivel de las otras vidas. Esa es la importancia de ese librito. Hay una segunda parte donde trabajo a autoras específicas como Camila Henríquez Ureña y Ofelia Rodríguez Acosta. Por cierto, hace poco, revisando ese libro, me di cuenta de que yo anunciaba un próximo libro: *Eros y emancipación: ejes del feminismo cubano*, que nunca escribí, donde pretendía exponer cómo las relaciones sexuales, amorosas, de las mujeres muchas veces condiciona su visión de cómo son ellas en el contexto nacional. Encontré una constancia muy dramática que es el suicidio como una salida a su enfrentamiento ante la vida. Hay un recorrido que va desde personajes en novelas de Gómez de Avellaneda hasta Ana Lidia Vega. Eso fue un descubrimiento para mí, fue como encontrar rutas para abordar esos temas desde otra perspectiva. Es un libro que me complace, además, porque tiene una nota inicial y otra final sobre el tema del cuerpo de las mujeres y su integración al discurso, y la nota final cerraba con una reflexión sobre cómo el cuerpo femenino en las prácticas sociales, o sea, cuando una se casa, el modelito tradicional de que el padre te entrega al marido, algo horroroso si te pones a pensar en el sentido simbólico de tal acción, que se ha ido perdiendo, aunque ahora se está imponiendo otra vez toda esa parafernalia. En el último acápite de ese libro trabajé el tema del vínculo de la virilidad, que es muy caro a la política cubana, con la defensa de la nación. Son reflexiones sobre la contemporaneidad que no tiene que ver directamente con la literatura, pero es ver cómo la figura de la mujer puede ser vista en la vida social, y cómo entender algunos gestos políticos.

¿El doctorado lo hiciste en México?

El doctorado lo hice aquí en La Habana, el título dice: Doctor en Ciencias Filológicas, a la manera rusa, y la tutora fue Luisa Campuzano; en México hice una especialización de estudios sobre la mujer.

¿Cuántos libros has publicado hasta ahora?

Con voz de mujer

Son tres. *Tres ensayos ajenos, Contra el silencio*, es el estudio sobre *Jardín*, y *La nación íntima*. Ah, son cuatro porque *Loynacianas* apareció en la editorial Extramuros. Este es un cuadernito que armé con lo que me quedó de la edición crítica de *Jardín*. Hice también, un prologuito a la edición de una novela de Matilde Serao, novelista italiana que Dulce María había alabado. *Loynacianas* reúne las relaciones de Dulce María con otras mujeres. Aquí voy comparando *Fe de vida*, su libro autobiográfico, con las memorias de Renée Méndez Capote, de las que ya hablamos, comparando también *Jardín* con *Ella no responde*, de Matilde Serao cuya traducción hizo Dulce María. Esa novela la publicamos en Vigía, la editorial matancera, con la traducción de Dulce María, naturalmente. En esta traducción de la cubana te das cuenta de que hay puntos de contacto con *Jardín*, porque en ella hay también un amor asfixiante, posesivo. Matilde Sarao fue una periodista y novelista importante de finales del siglo XIX hasta el primer cuarto del siglo XX; fue incluso propuesta para el Premio Nobel de Literatura. Y el cuarto ensayo es la comparación de *Un verano en Tenerife*, de Dulce María con los libros de viaje de Ofelia Rodríguez Acosta.

¿En estos momentos sobre qué estás trabajando?

Acabo de terminar esto sobre lo que te hablaba hace un rato, sobre el índice del ensayo de la diáspora. Es una compilación de títulos de los ensayos de la diáspora, con una introducción acerca de los temas tratados con más frecuencia, una evaluación general, digamos. Quiero proponer que se haga un estudio general de la diáspora en Cuba, porque creo que es importante integrar esa producción al ámbito cultural cubano, pero integrar todos los géneros que se han tratado en la diáspora, de todas las especialidades de las ciencias sociales, claro, la diáspora que hay en todos los países. Eso sería un trabajo bien grande, creo que el SIGMA sería la institución rectora, pero debe articular varios ministerios, no solo para entender nosotros cómo funciona la diáspora, para entender esa diversidad que no es solo geográfica, sino también ideológica, cultural, etc. Sino también para articular una política del estado cubano frente a la diáspora. Yo creo que eso es urgente, muy urgente, no podemos esperar a que el mundo cambie, porque eso no va a suceder, los que tenemos que cambiar somos nosotros. Tenemos que ganarnos a muchas personas que están dispuestas a integrarse al curso de las leyes cubanas, de la economía cubana. Pienso que sería muy útil para los dos lados. Esa es una propuesta que salió de ese trabajo que comencé con Cira Romero, que fue éste del que te estoy hablando sobre la diáspora, que terminé sola porque Cira se jubiló. Ese es un proyecto que surge de la necesidad de integrar esa producción ensayística de la diáspora, en el *Diccionario de Obras Cubanas de Ensayo y Crítica*, que lo considero como mi obra magna, porque fue un esfuerzo tremendo y, como ya estaba con más experiencia, me tocó ser la directora de ese proyecto, entre otras cosas porque es un género del cual no se suele hablar porque es justamente la crítica literaria y el ensayo su cuerpo. Y cuando se habla de la literatura cubana casi nunca se menciona el ensayo y la crítica. Hay muchos eventos que premian la poesía, el teatro, la narrativa, pero el ensayo y la crítica están muy depauperados, aunque en este diccionario te das cuenta que están ahí, pero no son muy visibilizados. Y el ensayo y la crítica son géneros que traen al ámbito cultural discusiones y problemas que sobrepasan el mero hecho literario Yo recuerdo un ensayo de Manuel de la Cruz hablando sobre el dilema del estilo y te das cuenta que está abordando la anexión o la independencia de Cuba, o sea, los problemas políticos candentes en esos momentos. Pasa igual con la narrativa de la violencia, cuando se postuló un modo de narrar distinto en la novela de la revolución que produjo una serie de debates, o la polémica sobre si existe o no la literatura femenina. Son discusiones que traen al ámbito literario problemas y confrontaciones que están en la vida pública. Y pienso que ésa es una perspectiva que no se puede dejar de lado cuando se habla de literatura, menos del ensayo y la crítica. Este último trabajo del diccionario del ensayo y la crítica fue muy gratificante cuando lo terminamos, pero en el tiempo de redacción fue demasiado demandante, fue agotador, mucho tiempo trabajando, investigando, empezamos en el 2009 y han salido dos tomos, uno en el 2013 y el otro en 2015. Y hay un tercer tomo que todavía no está terminado, con esto del ensayo de la diáspora nos hemos demorado más, porque el diccionario lo que hace es una ficha de cada libro, o artículo o ensayo. Una ficha descriptiva, una valoración breve y la bibliografía, pero hay gran cantidad; el primer tomo, que es

Colonia, tiene cien registros, el segundo, República, tiene dos volúmenes. Ahora estamos en la tercera etapa que comienza en 1959. Con el triunfo de la revolución cambian las instituciones culturales y también se producen nuevas discusiones o valoraciones del fenómeno cultural. Esas circunstancias inciden en el crecimiento de esos trabajos, llevamos años revisándolos, editándolos y ahora con el proyecto de la diáspora hemos incluido nuevos títulos, todavía no está listo para salir.

Por lo que me cuentas, éste es un trabajo colectivo que tú diriges.

Sí, es un equipo que yo dirijo, el trabajo es colectivo; son varios compañeros de aquí del Instituto, pero que ha variado, en el primer tomo trabajaron algunos miembros que ya no están, se redujo un poquito para trabajar en el segundo tomo, pero entonces entraron algunos jóvenes que ingresaron aquí al Instituo, y para el tercero se volvió a quedar más pequeño, porque éste es un trabajo duro y algunos buscaron otros proyectos, además no siempre son amables las discusiones, porque hay muchos prejuicios. Te pongo un ejemplo. El artículo que escribió Julio Antonio Mella sobre el poema "La zafra" de Agustín Acosta, uno de estos miembros del equipo dijo que no se debía publicar porque era un trabajo político. Y sí, es un trabajo muy político que cambió el modo de entender el compromiso de la literatura, fue muy influyente en su momento. Mella no era un crítico literario, pero participó en ese debate literario de cómo llevar a la literatura los problemas sociales de Cuba, un tema que en esos momentos estaba en una discusión permanente. Ese tipo de desencuentro dentro del grupo de trabajo propició confrontaciones personales y hasta la salida de algunos, como te dije. La tarea de investigación es muy difícil, no sólo por la dedicación que conlleva, sino porque hay que cumplir un método de trabajo y cuando se trabaja en colectivo hay que discutir y aplicar ese método de confrontación hasta que se entiendan entre todos y se apruebe por todo el colectivo. Eso es un proceso engorroso, en el que la sensibilidad a veces sufre porque se dicen cosas que a ti puede no gustarte cómo te lo están diciendo, pero eso no es malo, porque se escuchan todas las opiniones, porque todas son útiles. Creo que es un método fructífero. A mí me enseñó muchísimo sobre la literatura cubana, en esos géneros específicos. Creo que quedó con una excelente amplitud para propiciar un curso de estilística-ideológico, discusión de temas de la literatura cubana desde el ensayo y la crítica y espero terminar pronto la edición con Cira Romero que fue la coordinadora; yo dirigí el proyecto y el diccionario, estamos ya en el tercer tomo, a ver cuándo puede salir. Además de esta labor de investigación, me he propuesto organizar congresos y eventos culturales. Por ejemplo, preparé uno con Marta Lesmes sobre palabras de los noventa, convocando a los jóvenes escritores de entonces. Lo hicimos en coordinación con la Asociación Hermanos Saíz (AHS). Y tiempo después coordiné, con los compañeros de mi departamento y la colaboración del Instituto Cubano del Libro y el Ministerio de Cultura, además de la Uneac y otras instituciones que se fueron sumando, la jornada para conmemorar los cuatro siglos de la literatura cubana, que se cumplieron en 2008, y quedé muy satisfecha porque se hicieron nuevos vínculos, hubo presentaciones de libros, tuvo muchos participantes, tú estuviste allí. Creo que fue algo digno para conmemorar la fecha. Y en 2014 para el bicentenario del nacimiento de Gertrudis Gómez de Avellaneda se hizo un Congreso Internacional y el Gobierno cubano adquirió un Álbum de autógrafos de ella, que guarda la Biblioteca Nacional, algo muy importante para la nación cubana y yo quería hacer una edición facsimilar del álbum, sin haberlo visto y hasta se lo propuse a la Unesco. Pero cuando me enfrenté al problema técnico, me di cuenta que es muy difícil hacer el facsimilar por el tema de la ortografía de época, pues no tenemos los recursos técnicos. Vamos a hacer una edición común, con el texto del álbum y las notas que suelen llevar este tipo de publicación. Eso está pendiente.

Y también trabajas sobre feminismo.

Sí, este año comencé un proyecto que se llama Universo del feminismo en los años 30. Universo del feminismo en el siglo XX. Aquí trabajo con Raiza Rodríguez, una joven investigadora, y se nos acaba de sumar una recién graduada. Raiza va a trabajar la figura de Mirta Aguirre, desde el ensayo y la crítica, y yo voy a trabajar sobre Ofelia Rodríguez Acosta, sobre la cual ya he escrito, pero en este caso quiero hacer algo semejante a las Örbitas de Ediciones Unión, hacer una selección de lo que ella produjo, porque como narradora creo que ha sido muy productiva, movió multitudes. Era una mujer que admiro mucho, igual que a Dulce María, que, aunque fueran diferentes, veo afinidades entre ellas. Ofelia tenía preocupaciones sociales, muy evidentes, hablaba con total trasparencia, como me gusta hablar a mí. Uno de sus primeros textos fue conferencia del año 32, que quiero incluir en esta selección y tiene un título llamativo: "La tragedia social de la mujer", donde dice cosas impresionantes, parecen escritas hoy. Todavía estamos discutiendo de dónde proviene la desigualdad de las mujeres y en aquella época ella ya tenía una claridad sobre el problema. Como Camila, yo acabo de evaluar un trabajo que me mandaron de Chile, y estoy fascinada con el ensayo sobre El feminismo de Camila que ellos hacen. Tanto Mirta como Camila tenían una formación proveniente del marxismo. Fueron mujeres muy sagaces, con una formación política muy clara y que se jugaban muchas veces el pellejo en las miles de cosas que hicieron. Tenían la capacidad de ver el prisma social, incluso el prisma económico donde estaba el sojuzgamiento de la mujer. Ellas tienen una gran significación para el enfrentamiento posterior feminista. Tenían una cultura, una formación intelectual muy sólida, además, se daban a los demás.

Quieres decir algo más.
Creo que hemos hablado bastante.

Entonces muchas gracias y que puedas terminar todos esos proyectos pendientes.

Otras publicaciones de Argus-*a*:

Alicia Montes y María Cristina Ares, compiladoras
Régimen escópico y experiencia.
Figuraciones de la mirada y el cuerpo
en la literatura y las artes

Adriana Libonatti y Alicia Serna
De la calle al mundo
Recorridos, imágenes y sentidos en Fuerza Bruta

Laura López Fernández y Luis Mora-Ballesteros (Coords.)
Transgresiones en las letras iberoamericanas:
visiones del lenguaje poético

María Natacha Koss
Mitos y territorios teatrales

Mary Anne Junqueira
A toda vela
El viaje científico de los Estados Unidos:
U.S. Exploring Expedition (1838-1842)

Lyu Xiaoxiao
La fraseología de la alimentación y gastronomía en español.
Léxico y contenido metafórico

Gustavo Geirola
Grotowski soy yo.
Una lectura para la praxis teatral en tiempos de catástrofe

Alicia Montes y María Cristina Ares, comps.
Cuerpo y violencia. De la inermidad a la heterotopía

Gustavo Geirola, comp.
Elocuencia del cuerpo.
Ensayos en homenaje a Isabel Sarli

Con voz de mujer

Lola Proaño Gómez
Poética, Política y Ruptura.
La Revolución Argentina (1966-73): experimento frustrado
De imposición liberal y "normalización" de la economía

Marcelo Donato
El telón de Picasso

Víctor Díaz Esteves y Rodolfo Hlousek Astudillo
Semblanzas y discursos de agrupaciones culturales
con bases territoriales en La Araucanía

Sandra Gasparini
Las horas nocturnas.
Diez lecturas sobre terror, fantástico y ciencia

Mario A. Rojas, editor
Joaquín Murrieta de Brígido Caro.
Un drama inédito del legendario bandido

Alicia Poderti
Casiopea. Vivir en las redes. Ingeniería lingüística y ciber-espacio

Gustavo Geirola
Sueño Improvisación. Teatro.
Ensayos sobre la praxis teatral

Jorge Rosas Godoy y Edith Cerda Osses
Condición posthistórica o Manifestación poliexpresiva.
Una perturbación sensible

Alicia Montes y María Cristina Ares
Política y estética de los cuerpos.
Distribución de lo sensible en la literatura y las artes visuales

Karina Mauro (Compiladora)
Artes y producción de conocimiento.
Experiencias de integración de las artes en la universidad

Jorge Poveda
La parergonalidad en el teatro.
Deconstrucción del arte de la escena
como coeficiente de sus múltiples encuadramientos

Con voz de mujer

Gustavo Geirola
El espacio regional del mundo de Hugo Foguet

Domingo Adame y Nicolás Núñez
Transteatro: Entre, a través y más allá del Teatro

Yaima Redonet Sánchez
Un día en el solar, expresión de la cubanidad de Alberto Alonso

Gustavo Geirola
*Dramaturgia de frontera/Dramaturgias del crimen.
A propósito de los teatristas del norte de México*

Virgen Gutiérrez
Mujeres de entre mares. Entrevistas

Ileana Baeza Lope
Sara García: ícono cinematográfico nacional mexicano, abuela y lesbiana

Gustavo Geirola
Teatralidad y experiencia política en América Latina (1957-1977)

Domingo Adame
Más allá de la gesticulación. Ensayos sobre teatro y cultura en México

Alicia Montes y María Cristina Ares (compiladoras)
Cuerpos presentes. Figuraciones de la muerte, la enfermedad, la anomalía y el sacrificio.

Lola Proaño Gómez y Lorena Verzero / Compiladoras y editoras
Perspectivas políticas de la escena latinoamericana. Diálogos en tiempo presente

Gustavo Geirola
Praxis teatral. Saberes y enseñanza. Reflexiones a partir del teatro argentino reciente

Alicia Montes
De los cuerpos travestis a los cuerpos zombis. La carne como figura de la historia

Con voz de mujer

Lola Proaño - Gustavo Geirola
¡Todo a Pulmón! Entrevistas a diez teatristas argentinos

Germán Pitta Bonilla
La nación y sus narrativas corporales. Fluctuaciones del cuerpo femenino en la novela sentimental uruguaya del siglo XIX (1880-1907)

Robert Simon
To A Nação, with Love: The Politics of Language through Angolan Poetry

Jorge Rosas Godoy
Poliexpresión o la des-integración de las formas en/desde La nueva novela *de Juan Luis Martínez*

María Elena Elmiger
DUELO: Íntimo. Privado. Público

María Fernández-Lamarque
Espacios posmodernos en la literature latinoamericana contemporánea: Distopías y heterotopíaa

Gabriela Abad
Escena y escenarios en la transferencia

Carlos María Alsina
De Stanislavski a Brecht: las acciones físicas. Teoría y práctica de procedimientos actorales de construcción teatral

Áqis Núcleo de Pesquisas Sobre Processos de Criação Artística
Florianópolis
Falas sobre o coletivo. Entrevistas sobre teatro de grupo

Áqis Núcleo de Pesquisas Sobre Processos de Criação Artística
Florianópolis
Teatro e experiências do real (Quatro Estudos)

Gustavo Geirola
El oriente deseado. Aproximación lacaniana a Rubén Darío.

Con voz de mujer

Gustavo Geirola
Arte y oficio del director teatral en América Latina. Tomo I México - Perú

Gustavo Geirola
Arte y oficio del director teatral en América Latina. Tomo II. Argentina – Chile – Paragua – Uruguay

Gustavo Geirola
Arte y oficio del director teatral en América Latina. Tomo III Colombia y Venezuela

Gustavo Geirola
Arte y oficio del director teatral en América Latina. Tomo IV Bolivia - Brasil - Ecuador

Gustavo Geirola
Arte y oficio del director teatral en América Latina. Tomo V. Centroamérica – Estados Unidos

Gustavo Geirola
Arte y oficio del director teatral en América Latina. Tomo VI Cuba- Puerto Rico - República Dominicana

Gustavo Geirola
Ensayo teatral, actuación y puesta en escena. Notas introductorias sobre psicoanálisis y praxis teatral en Stanislavski

Argus-*a*
Artes y Humanidades / Arts and Humanities
Los Ángeles – Buenos Aires
2022

www.ingramcontent.com/pod-product-compliance
Lightning Source LLC
Chambersburg PA
CBHW020631220526
45464CB00001B/102